Les Technologies de l'intelligence

Du même auteur

Guide de l'informatisation :
informatique et société
(J.-P. Durand, P. Lévy, J.-L. Weisberg)
Belin, 1987

La Machine univers
Création, cognition et culture informatique
La Découverte, 1987
Seuil, coll. « Points Sciences », 1992

L'Idéographie dynamique :
vers une imagination artificielle ?
La Découverte, 1991

De la programmation considérée
comme un des beaux-arts
La Découverte, 1992

Les Arbres de connaissances
(en collaboration avec M. Authier)
La Découverte, 1992

Pierre Lévy

Les Technologies de l'intelligence

L'avenir de la pensée à l'ère informatique

La Découverte

EN COUVERTURE :
photo Rob Atkins © The Image Bank

ISBN 2-02-013091-2
(ISBN 2-7071-1664-4, 1re publication)

A Pacifique

Introduction

Face à la technique

De nouvelles manières de penser et d'être ensemble s'élaborent dans le monde des télécommunications et de l'informatique. Les relations entre les hommes, le travail, l'intelligence elle-même dépendent en effet de la métamorphose incessante de dispositifs informationnels de tous ordres. Ecriture, lecture, vision, audition, conception, apprentissage sont saisis par une informatique de plus en plus perfectionnée. La recherche scientifique ne se conçoit plus sans un appareillage complexe qui redistribue les anciens partages entre expérience et théorie. Il émerge en cette fin du XXe siècle une *connaissance par simulation* que les épistémologues n'ont pas encore recensée.

A l'époque contemporaine, la technique est une des dimensions fondamentales où se joue la transformation du monde humain par lui-même. L'incidence de plus en plus prégnante des réalités techno-économiques sur tous les aspects de la vie sociale, mais aussi les déplacements moins visibles qui s'opèrent dans la sphère intellectuelle, nous obligent à reconnaître la technique comme un des thèmes philosophiques et politiques majeurs de notre temps. Or, force est de constater le décalage proprement hallucinant entre la nature des problèmes posés à la collectivité humaine par le cours mondial de l'évolution technique et l'état du débat « collectif » à ce sujet, ou plutôt du débat *médiatique*.

Une raison historique permet de comprendre ce décalage. La philosophie politique et la réflexion sur la connaissance se sont cristallisées à des époques où les techniques de transformation et de communication étaient relativement stables ou semblaient évoluer dans une direction prévisible.

A l'échelle d'une vie d'homme, les agencements sociotechniques constituaient un *fond* sur lequel se déroulaient les événements politiques, militaires ou scientifiques. Si certaines stratégies pouvaient se cristalliser explicitement autour d'une innovation technique, le cas restait néanmoins exceptionnel [77]*. Tout a commencé à changer avec la révolution industrielle, mais malgré les analyses de Marx et de quelques autres, le secret en est resté bien gardé. Le XXe siècle n'a élaboré de réflexion profonde qu'au sujet des moteurs et des machines-outils, alors que la chimie, les perfectionnements de l'imprimerie, la mécanographie, les nouveaux moyens de communication et de transport, l'éclairage électrique transformaient le milieu de vie des Européens et déstabilisaient les autres mondes. Le bruit des applaudissements au progrès couvrait la plainte des perdants et masquait le silence de la pensée.

Aujourd'hui, personne ne croit plus au progrès, et la métamorphose technique du collectif humain n'a jamais été si évidente. Il n'y a plus de *fond* sociotechnique, sinon la scène des médias. Les assises mêmes du fonctionnement social et des activités cognitives se modifient à une vitesse que chacun peut percevoir directement. On compte en termes d'années, de mois. Pourtant, bien que nous vivions en démocratie, les processus sociotechniques font rarement l'objet de délibérations collectives explicites, encore moins de décisions prises par l'ensemble des citoyens. Une réappropriation mentale du phénomène technique nous semble un préalable indispensable à l'instauration progressive d'une techno-démocratie. C'est à cette réappropriation que nous voulons contribuer ici, sur le cas particulier des technologies intellectuelles.

On objectera peut-être que l'évolution de l'informatique se prête assez mal à un quelconque débat démocratique ou à des décisions « politiques ». Il nous semble pourtant que l'informatisation des entreprises, la création du réseau télématique ou « l'introduction » des ordinateurs dans les écoles peuvent se prêter à bien des débats d'orientation, donner lieu

---

* Les chiffres entre crochets renvoient à la bibliographie générale en fin de volume. On trouvera d'autre part à la fin de chaque chapitre le rappel des titres cités ou utilisés dans chacun d'eux.

à de multiples conflits et négociations où technique, politique et projets culturels s'entremêlent de manière inextricable. Prenons le cas de l'informatique scolaire en France. Au cours des années quatre-vingt, des sommes considérables ont été dépensées pour équiper les établissements et former les professeurs. Malgré plusieurs expériences positives soutenues par l'enthousiasme de quelques enseignants, le résultat global est fort décevant. Pourquoi ? Certes, l'école est une institution fondée depuis cinq mille ans sur le parler/dicter du maître, l'écriture manuscrite de l'élève et, depuis quatre siècles, sur un usage modéré de l'imprimé. Une véritable intégration de l'informatique (comme de l'audiovisuel) suppose donc l'abandon d'un habitus anthropologique plus que millénaire, ce qui ne peut se faire en quelques années. Mais les « résistances » du social ont bon dos. Le gouvernement a choisi le matériel de la plus mauvaise qualité, perpétuellement en panne, faiblement interactif, se prêtant peu aux usages pédagogiques. Quant à la formation des enseignants, elle s'est limitée aux rudiments de la programmation (d'un certain style de programmation, car il y en a beaucoup...), comme si c'était là le seul usage possible d'un ordinateur !

A-t-on tiré les leçons des nombreuses expériences antérieures en la matière ? A-t-on analysé les transformations en cours de l'écologie cognitive et les nouveaux modes de constitution et de transmission du savoir afin d'orienter à long terme l'évolution du système éducatif ? Non, on s'est dépêché de faire entrer les premières machines venues dans les classes. Plutôt que de conduire un véritable projet politique accompagnant, utilisant et infléchissant tout à la fois l'évolution technique, tel ministre a voulu donner l'*image* de la modernisation, et n'a obtenu, effectivement, que des images. Une conception totalement erronée de la technique et de ses prétendues « nécessités », auxquelles on a cru (ou fait croire) qu'il fallait « s'adapter », a empêché le gouvernement et la direction de l'Education nationale d'imposer de fortes contraintes aux constructeurs de matériels et aux concepteurs de logiciels. Ils n'ont pas été forcés d'inventer. Leurs commanditaires semblent n'avoir pas compris que la politique et la culture peuvent passer par le détail d'une interface matérielle, ou par des scénarios de logiciels bien conçus.

Or, je tenterai de montrer dans ce livre qu'il n'y a pas d'informatique en général, ni d'essence figée de l'ordinateur, mais un champ des nouvelles technologies intellectuelles, ouvert, conflictuel et partiellement indéterminé. Rien n'est joué d'avance. Les dirigeants des multinationales, les gestionnaires avertis et les ingénieurs créatifs savent parfaitement (ce que semblait ignorer la direction de l'Éducation nationale) que les stratégies victorieuses passent par les moindres détails « techniques », dont aucun n'est méprisable, et qui sont tous indissolublement politiques et culturels en même temps que techniques...

Il ne s'agit donc pas ici d'une nouvelle « critique philosophique de la technique », mais plutôt de la mise au jour de la possibilité pratique d'une techno-démocratie, qui ne pourra s'inventer que sur le terrain. La philosophie politique ne peut plus ignorer la science et la technique. Non seulement la technique est un enjeu politique, mais elle est encore, et de part en part, *une micro-politique en acte*, comme nous le verrons en détail sur le cas des interfaces informatiques.

La question de la technique occupe une position carrefour. Si elle conduit à un réexamen de la philosophie politique, elle incite également à revisiter la philosophie de la connaissance. Nous vivons aujourd'hui une redistribution de la configuration du savoir qui s'était stabilisée au XVIIe siècle avec la généralisation de l'imprimerie. En défaisant et refaisant les écologies cognitives, les technologies intellectuelles contribuent à faire dériver les grands socles culturels qui commandent notre appréhension du réel. Je montrerai que les catégories usuelles de la philosophie de la connaissance telles que le mythe, la science, la théorie, l'interprétation ou l'objectivité dépendent étroitement de l'usage historique, daté et situé de certaines technologies intellectuelles. Qu'on m'entende bien : la succession de l'oralité, de l'écriture et de l'informatique comme modes fondamentaux de gestion sociale de la connaissance ne s'opère pas par simple substitution, mais plutôt par complexification et déplacement de centres de gravité. Le savoir oral et les genres de connaissance fondés sur l'écriture existent encore, bien entendu, et subsisteront sans doute toujours. Il ne s'agit donc pas ici de prophétiser quelque catastrophe culturelle dont l'informatisation serait la cause, mais d'utiliser les travaux récents de la psychologie cognitive et de l'histoire des procédés d'inscription pour analyser précisément l'articulation entre genres de connaissance et technologies intellectuelles. Cela ne nous conduira nullement à une version quelconque du *déterminisme* technologique, mais à l'idée que des techniques d'enregistrement et de traitement des représentations *rendent possibles* ou *conditionnent* certaines évolutions culturelles tout en laissant une grande marge d'initiative et d'interprétation aux protagonistes de l'histoire.

C'est finalement à une interrogation sur les partages de l'être les plus fondamentaux que nous conduira notre réflexion sur les technologies intellectuelles. Qu'en est-il de la distinction bien tranchée entre le sujet et l'objet de la connaissance lorsque notre pensée est informée jusqu'en ses tréfonds par des dispositifs matériels et des collectifs sociotechniques ? Institutions et machines informationnelles se lovent au plus intime du sujet. La progression multiforme des technologies de l'esprit et des moyens de communication peut être interprétée comme un *processus métaphysique moléculaire*, redistribuant sans relâche les relations entre sujets individuels, objets et collectifs. Qui pense ? Est-ce le sujet nu et monadique, face à l'objet ? Sont-ce les groupes intersubjectifs ? Sont-ce encore les structures, les langues, les *épistémé* ou les inconscients sociaux qui pensent en nous ? En développant le concept d'*écologie cognitive*, je défendrai l'idée d'un collectif pensant hommes-choses, collectif dynamique peuplé de singularités agissantes et de subjectivités mutantes, aussi loin du sujet exsangue de l'épistémologie que des structures formelles qui ont fait les beaux jours de la « pensée 68 ».

Dans son livre *Entre dire et faire* [98], Daniel Sibony a montré à quel point l'objet technique et plus généralement l'immense machinerie du « faire » contemporain étaient imprégnés de désir et de subjectivité. Sans récuser l'approche tout à fait passionnante tentée par Sibony, j'ai poursuivi l'objectif inverse : faire voir combien de *choses* et de *techniques* habitent l'inconscient intellectuel, jusqu'au point extrême où le sujet de la pensée ne se distingue plus qu'à peine (mais se distingue encore) d'un collectif cosmopolite [1] à replis et volutes dont chaque parcelle est

1. Le mot *cosmo-politès*, qui signifie citoyen du monde (du *cosmos*), a été forgé par les philosophes cyniques et repris par les stoïciens. Loin de ne considérer que son appartenance à la communauté politique athénienne ou romaine, le sage stoïcien se savait et se voulait citoyen d'une cité à la dimension de l'univers, n'excluant rien ni personne, ni l'esclave, ni le barbare, ni l'astre, ni la fleur. On prône dans cet ouvrage un retour à la grande tradition antique du cosmopolitisme non seulement pour des raisons de simple humanité, mais aussi en vue d'une pleine intégration des dimensions techniques et écologiques dans la réflexion et l'action politiques.

à son tour mélangée, marbrée ou panachée de subjectivité blanche ou rose et d'objectivité noire ou grise.

En accord avec cette conception de l'intelligence, j'ai bien souvent *laissé la technique penser en moi* (comme l'ont fait mes illustres prédécesseurs Lewis Mumford et Gilbert Simondon) plutôt que de me pencher sur elle ou de la critiquer. Que le philosophe ou l'historien doive acquérir des connaissances techniques avant d'en parler, c'est la moindre des choses. Mais il faut aller plus loin, ne pas en rester à un « point de vue sur... » pour s'ouvrir à de possibles métamorphoses *sous l'effet* de l'objet. La technique, et les technologies intellectuelles en particulier, ont bien des choses à enseigner aux philosophes sur la philosophie et aux historiens sur l'histoire.

Que vaudrait une pensée qui ne serait jamais transformée par son objet ? Peut-être qu'en écoutant les *choses*, les rêves qui les précèdent, les délicats mécanismes qui les animent, les utopies qu'elles entraînent à leur suite, nous nous rapprochons du même coup des êtres qui les produisent, en usent et les échangent, tissant ainsi le collectif mixte, impur, sujet-objet qui forme le milieu et la condition de possibilité de toute communication et de toute pensée.

Du mauvais usage de l'abstraction

Avant d'aborder le thème principal de ce livre, qui est le rôle des technologies informationnelles dans la constitution des cultures et l'intelligence des groupes, il me semble nécessaire de clarifier un certain nombre d'idées sur la technique en général, technique qui est aujourd'hui l'objet de bien des préventions.

Ces dernières années, en effet, nombre d'ouvrages de réflexion sur ce sujet sont parus en langue française. Parmi eux, se dégage un groupe important qui partage une orientation globalement antitechnicienne. Jacques Ellul, Gilbert Hottois, Michel Henry et, peut-être à un moindre degré, Dominique Janicaud ont en commun la conception d'une science et d'une technique détachées du devenir collectif de l'humanité, s'autonomisant pour revenir s'imposer au social avec la force d'un destin aveugle. La technique incarne chez eux la forme contemporaine du mal. Malheureusement, l'image de la technique comme puissance mauvaise, inéluctable et séparée se révèle non seulement fausse, mais catastrophique ; elle désarme le citoyen face au nouveau prince qui sait très bien, lui, que les redistributions du pouvoir se négocient et se disputent sur *tous* les terrains et que rien n'est définitif. En portant une condamnation morale *a priori* sur un phénomène artificiellement séparé du devenir collectif et du monde des significations (de la « culture »), cette conception interdit de penser à la fois la technique et la techno-démocratie.

A l'heure où des dizaines de travaux empiriques et théoriques renouvellent complètement la réflexion sur la technoscience il n'est plus possible de répéter, avec ou sans variantes, Husserl, Heidegger ou Ellul. La science et la technique représentent un enjeu politique et culturel trop important pour être laissé aux frères ennemis (scientistes ou contempteurs de la science) qui s'accordent à voir dans l'objet de leurs louanges ou de leur blâmes un phénomène étranger au fonctionnement social ordinaire.

Il n'y a pas de « Technique » derrière la technique, ni de « Système technicien » sous le mouvement de l'industrie, mais seulement des individus concrets situables et datables. Il n'existe pas non plus de « Calcul », de « Métaphysique », de « Rationalité occidentale », ni même de « Méthode » qui puissent expliquer l'importance croissante des sciences et des techniques dans la vie collective. Ces entités transhistoriques vagues, ces pseudo-acteurs sont en réalité dépourvus de toute efficacité et ne donnent symétriquement aucune prise à la moindre action réelle. Face à ces abstractions, nul ne peut évidemment ni négocier ni lutter. Même avec les meilleures intentions du monde, toute théorie, explication ou projet qui ferait appel à ces macro-concepts spectaculaires et creux ne peut que brouiller les cartes, épaissir le rideau de fumée qui met les princes modernes à l'abri des regards et décourager les citoyens de s'informer et d'agir.

Il n'y a guère plus de progrès vers des analyses concrètes à expliquer le déploiement de la technoscience par l'économie, la société, la culture ou l'idéologie. On obtient alors ces fameux schémas où l'Économie détermine la société qui détermine l'idéologie dont fait partie la science qui s'applique en technique, qui modifie l'état des forces productives, qui détermine en retour l'économie, etc.

Même un diagramme tissé d'étoiles entrecroisées et muni de toutes les boucles de rétroaction que l'on voudra resterait encore mystificateur. Car ce que l'on relie par des flèches, ce sont des *dimensions d'analyse*, ou pis : des angles de vue figés en disciplines.

Par la voix de Heidegger, la faculté de philosophie prétend contrôler la faculté des sciences : la vérité des sciences est dans la métaphysique. Mais les autres facultés veulent aussi leur part, et voici les sciences assiégées par les facultés de théologie, d'histoire, de sociologie, de linguistique, d'économie, par les écoles d'ingénieurs, les laboratoires d'anthropologie, etc. On peut imaginer toutes les permutations que l'on voudra dans les rôles d'assiégés et d'assaillants : la technique ou la religion déterminant l'économie, cette dernière déterminant la métaphysique, et ainsi de suite.

C'est pourquoi il n'y a pas plus de sens à prétendre que l'essence de la technique est ontologique (Heidegger), que l'essence du capitalisme est religieuse (Max Weber) ou que la métaphysique dépend de l'économie en dernière instance (marxisme vulgaire). Ni la société, ni l'économie, ni la philosophie, ni la religion, ni la langue, ni même la science ou la technique ne sont des forces réelles, ce sont, répétons-le, des dimensions d'analyse, c'est-à-dire des abstractions. Aucune de ces macro-entités idéales ne peut déterminer quoi que ce soit parce qu'elles sont *privées de tout moyen d'agir*.

Les agents effectifs sont des individus situés dans le temps et l'espace. Ils se livrent aux jeux des passions et des ivresses, aux manèges du pouvoir et de la séduction, aux raffinements compliqués des alliances et des retournements d'alliances. Ils se transmettent par quantité de *moyens* une foule de messages qu'ils se font un devoir de tronquer, fausser, oublier et réinterpréter à leur manière. Ils s'échangent un nombre infini de *dispositifs matériels* et d'*objets* (voilà la technique !) qu'ils transforment et détournent perpétuellement.

Dans le fleuve tumultueux du devenir collectif, on discerne bien des îlots de permanence, des accumulations, des irréversibilités, mais à leur tour ces stabilités, ces tendances longues ne se maintiennent que par le travail constant de collectivités et par la réification éventuelle de celui-ci dans des *choses* (re-voilà la technique !) durables ou aisément reproductibles : bâtiments, routes, machines, textes sur papier ou bandes magnétiques...

Au service des stratégies changeantes qui les opposent et les rassemblent, les êtres humains utilisent en effet de toutes les façons possibles des entités et des forces non humaines telles qu'animaux, plantes, levures, pigments, montagnes, fleuves, courants marins, vent, charbon, électrons, machines, etc. Et tout cela dans des circonstances infiniment diverses. Répétons-le, la technique n'est que la dimension de ces stratégies qui passent par des acteurs non humains.

La technique participe pleinement de l'ordre culturel, symbolique, ontologique, ou axiologique

Il n'y a aucune distinction réelle bien tranchée entre l'homme et la technique, ni entre la vie et la science, ou entre le symbole et l'opération efficace ou la poïésis et l'arraisonnement. Il est toujours permis d'introduire des distinctions à des fins d'analyse, mais il ne faudrait pas prendre les *concepts* que l'on vient de forger à certaines fins précises pour des *régions de l'être* radicalement séparées.

On peut par exemple, à la suite de Kant, distinguer entre un domaine empirique (ce qui est perçu, ce dont on fait l'expérience) et un domaine transcendantal (ce par quoi l'expérience est possible, ce qui structure la perception). Dans sa *Critique de la raison pure*, Kant attribuait cette fonction de structuration du monde perçu à un sujet transcendantal anhistorique et invariable. Aujourd'hui, quoique l'on reconnaisse des caractéristiques cognitives universelles pour toute l'espèce humaine, on pense généralement que les manières de connaître, de penser, de sentir sont largement conditionnées par l'époque, la culture, les circonstances. On appellera *transcendantal historique* ce qui structure l'expérience des membres d'une collectivité donnée. On peut à bon droit souligner la différence entre les choses dans leur matérialité ustensile et les récits, symboles, structures imaginaires et façons de connaître qui les font apparaître ce qu'elles *sont* aux yeux des membres des diverses sociétés considérées.

Mais lorsque l'on range d'un côté les choses et les techniques et de l'autre les hommes, le langage, les symboles, les valeurs, la culture ou le « monde de la vie », alors la pensée commence à déraper. Une fois de plus, on réifie une différence d'angle de vue en frontière séparant les choses mêmes. Une entité peut être *à la fois* objet d'expérience et source instituante, en particulier si elle relève de la technique.

Le comble de l'aveuglement est atteint lorsque les anciennes techniques sont déclarées culturelles et imprégnées de valeurs tandis que les nouvelles sont dénoncées comme barbares et contraires à la vie. Tel qui condamne l'informatique ne penserait jamais à critiquer l'imprimerie et encore moins l'écriture. C'est que l'imprimerie et l'écriture (qui sont des techniques !) le *constituent* trop pour qu'il songe à les désigner comme étrangères. Il ne voit pas que sa manière de penser, de communiquer avec ses semblables, et même de croire en Dieu (comme nous le verrons dans la suite de ce livre) sont conditionnées par des procédés matériels.

Plus profondément, la technique participe pleinement du transcendantal historique. Pour ne prendre que cet exemple classique, on sait que l'espace et le temps tels que nous les percevons et vivons aujourd'hui en Europe ou en Amérique du Nord ne résultent pas seulement de discours ou d'idées sur le temps et l'espace, mais également de tout un immense agencement technique comprenant les horloges, les voies de communication et de transport, les procédés de cartographie et d'impression, etc.

Michel Serres a suggéré dans *La Distribution* [97] que la machine à vapeur était non seulement un objet, et un objet technique, mais qu'on pouvait également l'analyser comme le modèle thermodynamique par lequel des auteurs comme Marx, Nietzsche, ou Freud pensaient l'histoire, le psychisme, ou la situation du philosophe. J'ai moi-même tenté de montrer dans *La Machine univers* [71] que l'ordinateur était aujourd'hui l'un de ces dispositifs techniques par lesquels nous percevons le monde, et cela non seulement sur un plan empirique (tous les phénomènes appréhendés grâce aux calculs, perceptibles à l'écran, ou traduits en listings par la machine), mais encore sur un plan transcendantal, car l'on conçoit aujourd'hui de plus en plus le social, le vivant ou les processus cognitifs avec une grille de lecture informatique.

L'expérience peut être *structurée* par l'ordinateur. Or la liste des objets qui sont en même temps des structures transcendantales est indéfiniment longue. Le télégraphe et le téléphone ont servi à penser la communication en général. Les servomécanismes concrets et la théorie mathématique de l'information ont servi de support à la vision cybernétique du monde, etc. Les produits de la technique moderne, loin de ne se prêter qu'à un usage instrumental et calculable, sont bien des sources majeures d'imaginaire, des entités participant pleinement à l'institution de mondes perçus.

Si certaines manières de voir et d'agir semblent partagées par de larges populations pendant longtemps (autrement dit s'il y a des cultures relativement durables), cela tient à la stabilité d'institutions, de dispositifs de communication, de manières de faire, de relations à l'environnement naturel, de *techniques* en général, et à une foule indéterminée de *circonstances*. Ces équilibres sont fragiles. Que, dans une situation historique donnée, Christophe Colomb découvre l'Amérique, et c'est la vision européenne de l'homme qui se trouve bouleversée, le monde précolombien d'Amérique qui menace ruine (non seulement l'empire des Incas mais leurs dieux, leurs chants, la beauté de leurs femmes, leur manière d'*habiter* la terre). Le transcendantal historique est à la merci d'un voyage en bateau. Que des groupes sociaux répandent un nouveau dispositif de communication, et tout l'équilibre des représentations et des images se trouve transformé, comme on l'a vu dans le cas de l'écriture, de l'alphabet, de l'imprimerie, ou des moyens de communication et de transport modernes.

Lorsqu'une circonstance comme un changement technique déstabilise l'ancien équilibre des forces et des représentations, des stratégies inédites, des alliances inouïes deviennent alors possibles. Une foule disparate d'agents sociaux explorent les nouvelles possibilités à leur profit (et au détriment d'autres agents), jusqu'à ce qu'une nouvelle situation se stabilise provisoirement, avec ses valeurs, ses morales et sa culture locales. En ce sens, le changement technique est l'une des principales forces intervenant dans la dynamique de l'écologie transcendantale. La technique n'est pas synonyme d'oubli de l'être ou de désert symbolique, c'est au contraire une corne d'abondance axiologique, ou une boîte de Pandore métaphysique.

Commencée à la fin du XVIIIe siècle, la présente mutation anthropologique est comparable seulement à la révolution néolithique qui vit en quelques siècles l'apparition de l'agriculture, de l'élevage, de la ville, de l'État et de l'écriture. Parmi toutes les transformations fondamentales qui ont affecté les pays développés à l'époque contemporaine, relevons la disparition du monde agricole, l'effacement de la distinction ville/campagne au profit d'un réseau urbain omniprésent, un nouvel imaginaire de l'espace et du temps sous l'influence des moyens de transport rapides et de l'organisation industrielle du travail, le déplacement des activités économiques vers le tertiaire et l'influence de plus en plus directe de la recherche scientifique sur les activités productives et les modes de vie. Les conséquences à long terme du succès foudroyant des instruments de communication audiovisuels (depuis la fin de la Seconde Guerre mondiale) et des ordinateurs (depuis la fin des années soixante-dix) restent aujourd'hui insuffisamment analysées. Une chose paraît sûre : nous vivons aujourd'hui une de ces époques charnières où tout l'ordre ancien des représentations et des savoirs bascule pour faire place à des imaginaires, à des modes de connaissance et à des styles de régulation sociale encore mal stabilisés. Nous vivons un de ces rares moments où, à partir d'une nouvelle configuration technique, c'est-à-dire d'un nouveau rapport au cosmos, s'invente un style d'humanité.

Aucune réflexion sérieuse sur le devenir de la culture contemporaine ne peut ignorer l'incidence énorme des médias électroniques (notamment la télévision) et de l'informatique. Dans *La Machine univers*, comme dans le présent livre, j'ai restreint mon propos aux ordinateurs.

On ne trouvera donc ici ni apologie ni critique de l'informatique en général, mais un essai d'évaluation des enjeux anthropologiques liés à l'usage croissant des ordinateurs : le transcendantal historique au risque de la prolifération des logiciels.

Deux ordres de raisons m'ont poussé à entreprendre la rédaction de cet ouvrage deux ans à peine après la publication, sur un thème assez proche, de *La Machine univers*. Tout d'abord, au plan des idées, un certain nombre de critiques justifiées ont été faites à mon travail précédent. Telle qu'elle était décrite dans *La Machine univers*, l'évolution technique semblait obéir par voie d'isomorphie ou d'analogie à une structure abstraite et dégagée des aléas du devenir historique, celle du « calcul ». De plus, cette structure calculante était identifiée à l'Occident. J'avais institué la culture occidentale, depuis son origine grecque, dans une position de surplomb, une position « calculante », précisément, au lieu de l'analyser comme le résultat provisoire d'une dynamique écologique complexe et de l'enchaînement contingent de circonstances historiques. Le problème des traductions, des médiations concrètes par lesquelles l'essence calculante de la culture grecque se serait conservée jusqu'à nous en s'amplifiant et se durcissant en technique puis en informatique, ce problème capital, dis-je, n'était malheureusement pas posé, ou de manière trop allusive. Est-ce à dire que ce nouveau livre serait purement et simplement la critique du premier ? Non, car je soutiens toujours la plupart des thèses développées dans *La Machine univers*, et notamment la critique des théories formelles et technicistes de la pensée et du cosmos. Je veux seulement signaler au lecteur que le travail sur les implications culturelles de l'informatique a été repris en partant du point le plus faible de l'ouvrage précédent, celui qui touche aux transmissions, aux traductions et aux déformations qui modèlent le devenir social. Voici donc un livre sur les interfaces.

Quant au second ordre de raisons, il tient à un changement de position de l'analyste vis-à-vis de son objet. L'auteur de *La Machine univers* avait certes mené un long et minutieux travail d'enquête sur l'informatique, sa théorie, ses réalisations et ses usages ; mais il le faisait en sociologue, en historien ou en philosophe, c'est-à-dire, qu'on le veuille ou non, *de l'extérieur*. L'auteur du présent ouvrage, en revanche, a participé à la réalisation de deux systèmes experts [1] en tant qu'ingénieur de la connaissance (ou cogniticien) et il est activement impliqué dans plusieurs projets de multimédias interactifs à support informatique. En devenant un acteur de l'évolution technique (aussi faiblement que ce soit), il a découvert que la marge de liberté en ce domaine était beaucoup plus importante qu'on ne le dit généralement. Les prétendues « nécessités techniques » ne sont la plupart du temps que le masque de projets, d'orientations délibérées ou de compromis passés entre diverses forces antagonistes, dont la plupart n'ont rien de « technique ». Or la perspective de *La Machine univers* était quelque peu paradoxale, car, indéterministe et antimécaniste dans les ordres physique, biologique et cognitif, elle maintenait des manières de nécessités dans l'ordre culturel, auquel appartient la technique.

En abandonnant une position d'observateur extérieur, ne risquais-je pas de perdre du même coup tout recul, tout esprit critique ? Bien au contraire, car, comme nous le verrons, les critiques les plus radicales et les plus efficaces du courant prin-

1. *De la programmation considérée comme un des beaux-arts*, La Découverte, 1992.

cipal de l'évolution de l'informatique se sont situées sur le terrain même de la technique. Les inventeurs, ingénieurs, scientifiques, entrepreneurs et investisseurs qui contribuent à édifier le technocosme où nous vivons désormais sont animés de véritables *projets politiques* concurrents, ils se réfèrent à des *imaginaires* antagonistes de la technique et des rapports sociaux. Si le devenir de la cité contemporaine dépend au moins autant de l'évolution technoscientifique que du résultat des élections, je ne quittais pas le domaine de la critique sociale ou de l'interrogation philosophique en me rapprochant du cœur de l'activité technique.

La première partie de ce livre, « La métaphore de l'hypertexte », est consacrée à l'informatique de communication dans ce qu'elle a de plus original par rapport aux autres médias. Nous verrons en particulier que l'*hypertexte* (dont le concept sera amplement défini et illustré) représente sans doute un des avenirs de l'écriture et de la lecture. Mais, loin de se limiter à une simple peinture des nouvelles techniques de communication à support informatique, les pages qui suivent entrelacent toujours un fil réflexif au fil descriptif. Qu'est-ce que la communication ? Qu'est-ce que le sens ? En suivant l'histoire de l'ordinateur individuel, nous verrons que la création technique peut être pensée sur le modèle de l'interprétation et de la production du sens, qui renvoie lui même à une théorie hypertextuelle de la communication.

Ce n'est pas la première fois que l'apparition de nouvelles technologies intellectuelles s'accompagne d'une modification des normes du savoir. Dans la deuxième partie de ce livre : « Les trois temps de l'esprit, oralité, écriture, informatique », nous prendrons donc une certaine distance par rapport aux évolutions contemporaines en les resituant dans une continuité historique.

D'où jugeons-nous l'informatique et les styles de connaissance qui lui sont apparentés ? En analysant tout ce qui, dans notre manière de penser, dépend de l'oralité, de l'écriture et de l'imprimerie, nous découvrirons que nous appréhendons la *connaissance par simulation*, propre à la culture informatique, avec les critères et les réflexes mentaux liés aux technologies intellectuelles antérieures. Mettre en perspective, relativiser les manières de penser théoriques ou critiques qui perdent aujourd'hui du terrain, voilà qui facilitera peut-être l'indispensable travail de deuil qui nous permettra de nous ouvrir à de nouvelles façons de communiquer et de connaître.

La thèse soutenue dans ce livre porte sur une histoire plus fondamentale que celle des idées : celle de l'intelligence elle-même. Les collectifs cosmopolites composés d'individus, d'institutions et de techniques ne sont pas seulement des milieux ou des environnements pour la pensée, c'en sont les véritables *sujets*. Dès lors, l'histoire des technologies intellectuelles conditionne (sans toutefois la déterminer) celle de la pensée. C'est là le thème principal de l'*écologie cognitive* dont on esquisse le programme dans la troisième et dernière partie de ce livre. En proposant une approche écologique de la cognition, mon principal espoir est de contribuer à renouveler le débat en cours sur le devenir du sujet, de la raison et de la culture.

Bibliographie

CASTORIADIS Cornélius, *L'Institution imaginaire de la société*, Le Seuil, Paris, 1975.

Commission mondiale sur l'environnement et le développement, *Notre avenir à tous* (Rapport BRUNDTLAND), Éditions du Fleuve — Les publications du Québec, Montréal, 1988.

DEBORD Guy, *La Société du spectacle*, Buchet-Chastel, Paris, 1967.

DEBORD Guy, *Commentaires sur la société du spectacle*, Gérard Lebovici, Paris, 1988.

ELLUL Jacques, *La Technique ou l'Enjeu du siècle*, Armand Colin, Paris, 1954.

ELLUL Jacques, *Le Système technicien*, Calmann-Lévy, Paris, 1977.

ELLUL Jacques, *Le Bluff technologique*, Hachette, Paris, 1988.

ESPRIT, numéro d'août-septembre 1983, dossier : *La techno-démocratie, mode d'emploi*.

HEIDEGGER Martin, *Essais et conférences* (trad. André Préaux), Gallimard, Paris, 1958.

HENRI Michel, *La Barbarie*, Grasset, Paris, 1987.

HOTTOIS Gilbert, *Le Signe et la technique*, Aubier, Paris, 1984.

JANICAUD Dominique, *La Puissance du rationnel*, Gallimard, Paris, 1985.

LÉVY Pierre, *La Machine univers, création, cognition et culture informatique*, La Découverte, Paris, 1987, et Le Seuil, coll. « Points Sciences », Paris, 1992.

MCNEILL William, *The Pursuit of Power Technology : Armed Forces and Society since A.D.1000*, University of Chicago Press, Chicago, 1982.

MUMFORD Lewis, *Technique et civilisation*, Le Seuil, Paris,1950.

SERRES Michel, *Hermes IV. La distribution*, Minuit, Paris, 1977.

SIBONY Daniel, *Entre dire et faire, penser la technique*, Grasset, Paris, 1989.

SIMONDON Gilbert, *Du mode d'existence des objets techniques*, Aubier, Paris, 1958.

I

La métaphore de l'hypertexte

1

Images du sens

Produire le contexte

La première fonction de la communication n'est-elle pas la transmission d'informations ? Certes, mais plus fondamentalement l'acte de communication définit la situation qui va donner sens aux messages échangés. La circulation d'information n'est souvent qu'un prétexte à la confirmation réciproque de l'état d'une relation. Lorsque, par exemple, nous discutons du temps qu'il fait avec un commerçant de notre quartier, nous n'apprenons strictement rien sur la pluie ou le beau temps mais nous nous confirmons mutuellement que nous entretenons de bonnes relations, que cependant notre intimité n'a pas dépassé un certain degré puisque nous parlons de sujets anodins, etc.

Ce n'est pas seulement en déclarant que « la séance est ouverte », ou dans quelques occasions exceptionnelles que l'on agit en parlant. Par ses actes, ses attitudes, ses paroles, chaque personne participant à une situation stabilise ou réoriente la représentation que s'en font les autres protagonistes. Sous ce rapport, action et communication sont presque synonymes. La communication ne se distingue de l'action en général que parce qu'elle vise plus directement le plan des représentations.

Dans l'approche classique des phénomènes de communication, les interlocuteurs font intervenir le contexte pour interpréter les messages qui leur sont adressés. A la suite de plusieurs travaux en pragmatique et en micro-sociologie de la communication, on propose ici une inversion de la problématique habituelle : loin de n'être qu'un adjuvant utile à la compréhension des messages, le contexte est la cible même des actes de communication. Dans une partie d'échecs, chaque nouveau coup éclaire d'une lumière nouvelle le passé de la partie et réordonne ses futurs possibles ; de même, en situation de communication, chaque nouveau message remet en jeu le contexte et son sens. La situation sur l'échiquier à un moment donné permet certes de comprendre un coup, mais l'approche complémentaire selon laquelle la succession des coups construit peu à peu la partie traduit peut-être encore mieux l'esprit du jeu.

Le jeu de la communication consiste, au moyen de messages, à préciser, ajuster, transformer le contexte que partagent les partenaires. On n'a rien réglé en disant que le sens d'un message est « fonction » du contexte, puisque le contexte, loin d'être une donnée stable, est un enjeu, un objet perpétuellement reconstruit et négocié. Mots, phrases, lettres, signaux ou grimaces interprètent chacun à sa manière le réseau des messages antérieurs et tente d'influer sur la signification des messages à venir.

Le sens émerge et se donne en situation, il est toujours local, daté, transitoire. A chaque instant, un nouveau commentaire, une nouvelle interprétation, un nouveau développement peut modifier le sens qu'on avait donné à une proposition (par exemple) lorsqu'elle avait été émise...

Si ces idées ont quelque validité, les modélisations systémiques et cybernétiques de la communication dans une organisation sont pour le moins insuffisantes. Elles consistent presque toujours à désigner un certain nombre d'agents d'émission et de réception, puis à tracer le chemin de flux informationnels, avec autant de boucles de rétroaction que l'on voudra.

Les diagrammes systémiques réduisent l'information à une donnée inerte et décrivent la communication comme un processus unidimensionnel de transport et de décodage. Pourtant, les messages et leurs significations s'altèrent en se déplaçant d'un acteur à l'autre du réseau et d'un moment à l'autre du processus de communication.

Le diagramme des flux d'information n'est que l'image figée d'une configuration de communication à un instant donné, c'est même généralement une interprétation particulière de cette configuration, un « coup » dans le jeu de la communication. Or, la situation dérive perpétuellement sous l'effet des changements de l'environnement et d'un processus ininterrompu d'interprétation collective des changements en question. Identité, composition et objectifs des organisations sont donc périodiquement redéfinis, ce qui implique une révision des capteurs et des informations pertinentes qu'ils sont censés recueillir, ainsi que des mécanismes de régulation qui orientent les différentes parties de l'organisation vers leurs buts. C'est à cette métamorphose parallèle de l'organisation et de son environnement que tient le pouvoir instituant de la communication ; on voit qu'elle est bien mal représentée par les diagrammes fonctionnels des flux d'information.

Parce qu'elles transforment les rythmes et les modalités de la communication, les mutations des techniques de transmission et de traitement des messages contribuent à redéfinir les organisations. Ce sont des coups décisifs, des « méta-coups », si l'on peut dire, dans le jeu de l'interprétation et de la construction de la réalité.

Éclairs

Les acteurs de la communication produisent donc continûment l'univers de sens qui les unit ou les oppose. Or la même opération de construction du contexte se rejoue à l'échelle d'une micro-politique interne aux messages. Cette fois-ci, les joueurs ne sont plus des personnes mais des éléments de représentation. S'il s'agit par exemple de communication verbale, l'interaction des mots échafaude des réseaux de signification transitoires dans l'esprit d'un auditeur.

J'entends un mot, cela active immédiatement dans mon esprit un réseau d'autres mots, de concepts, de modèles, mais aussi d'images, de sons, d'odeurs, de sensations proprioceptives, de souvenirs, d'affects, etc. Par exemple, le mot « pomme » renvoie aux concepts de fruit, d'arbre, de reproduction ; il fait surgir le modèle mental d'un objet plutôt sphérique avec une queue sortant d'un creux, recouvert d'une peau à la couleur variable, contenant une pulpe comestible et des pépins, se réduisant à un trognon quand on l'a mangé ; il évoque aussi le goût et la consistance des différentes espèces de pomme, la granny plutôt acide, la golden souvent farineuse, la melrose délicieusement parfumée ; il rappelle des souvenirs de pommiers noueux dans les prés normands, de tartes aux pommes, etc. Le mot pomme est au centre de tout ce réseau d'images et de concepts qui, de proche en proche, peut s'étendre à l'ensemble de notre mémoire. Mais seuls les nœuds sélectionnés par le contexte seront activés assez fort pour émerger à notre conscience.

Sélectionnés par le contexte, qu'est-ce à dire ? Prenons la phrase : « Isabelle mange une pomme, pour les vitamines. » Comme le mot « pomme », les mots « mange » et « vitamines » activent des réseaux de concepts, de modèles, de sensations, de souvenirs, etc. Seront finalement sélectionnés les nœuds du mini-réseau centré sur la pomme que les autres mots de la phrase auront activés en même temps ; dans ce cas : les images et les concepts liés à la nourriture et à la diététique. S'il s'était agit de « pomme de discorde » ou de « pomme de Newton », les images et les modèles mentaux associés au mot pomme auraient été différents. Le contexte désigne donc la configuration d'activation d'un grand réseau sémantique à un moment donné. Réitérons ici la conversion du regard déjà tentée pour l'approche macroscopique de la communication : on peut certes prétendre à bon droit que le contexte sert à déterminer le sens d'un mot, il est encore plus judicieux de considérer que chaque mot contribue à produire le contexte, c'est-à-dire une configuration sémantique réticulaire qui, lorsqu'on s'y arrête, se révèle composée d'images, de modèles, de souvenirs, de sensations, de concepts et de morceaux de discours. En prenant les termes de texte et de lecteur au sens le plus large possible, on dira que l'objectif de tout texte est de provoquer chez son lecteur un certain état d'excitation du grand réseau hétérogène de sa mémoire, ou bien d'orienter son attention sur une certaine zone de son monde intérieur, ou encore de déclencher la projection d'un spectacle multimédia sur l'écran de son imagination.

Non seulement chaque mot transforme, par l'activation qu'il propage le long de certaines voies, l'état d'excitation du réseau sémantique, mais il contribue également à construire ou à remodeler la topologie même du réseau ou la composition de ses nœuds. Quand j'avais entendu Isabelle déclarer, en ouvrant une boîte de raviolis, qu'elle ne se préoccupait pas de diététique, je m'étais forgé une certaine image de son rapport à la nourriture. Mais en apprenant qu'elle mangeait une pomme « pour les vitamines », je suis obligé de réorganiser une partie du réseau sémantique qui la concerne. Plus généralement, chaque fois qu'un chemin d'activation est emprunté, certaines connexions sont renforcées, tandis que d'autres tombent doucement en désuétude. L'immense réseau associatif qui constitue notre univers mental est en métamorphose permanente. Les réorganisations peuvent être temporaires et superficielles lorsque, par exemple, nous déplaçons d'une seconde à l'autre le foyer de notre attention à l'audition d'un discours, ou profondes et permanentes comme dans les cas où nous disons que « la vie » ou « une longue expérience » nous ont appris quelque chose.

Le sens d'un mot n'est autre que l'écheveau scintillant de concepts et d'images qui luisent un instant autour de lui. La rémanence de cette clarté sémantique orientera l'extension du graphe lumineux déclenché par le mot suivant, et ainsi de suite, jusqu'à ce qu'une forme particulière, une image globale brille un instant dans la nuit du sens. Elle transformera peut-être imperceptiblement la carte du ciel, puis disparaîtra pour laisser place à d'autres constellations.

Six caractères de l'hypertexte

Chacun à leur échelle, les acteurs de la communication ou les éléments d'un message construisent et remodèlent des univers de sens. En nous inspirant de certains logiciels contemporains, que nous décrirons abondamment dans la suite de cette partie, nous appellerons ces mondes de signification des *hypertextes*.

Comme nous le verrons, la structure de l'hypertexte ne rend pas compte seulement de la communication. Les processus sociotechniques, notamment, ont également une forme hypertextuelle, ainsi que bien d'autres phénomènes. L'hypertexte est peut-être une métaphore valant pour toutes les sphères de la réalité où des *significations* sont en jeu.

Afin de préserver les chances de multiples interprétations du modèle de l'hypertexte, nous proposons de le caractériser par six principes abstraits.

1. Principe de métamorphose

Le réseau hypertextuel est sans cesse en construction et en renégociation. Il peut rester stable un certain temps, mais cette stabilité est elle-même le fruit d'un travail. Son extension, sa composition et son dessin sont un enjeu permanent pour les acteurs concernés, que ceux-ci soient des humains, des mots, des images, des traits d'images ou de contexte, des objets techniques, des composants de ces objets, etc.

2. Principe d'hétérogénéité

Les nœuds et les liens d'un réseau hypertextuel sont hétérogènes. Dans la mémoire on trouvera des images, des sons, des mots, des sensations diverses, des modèles, etc., et les liens seront logiques, affectifs, etc. Dans la communication, les messages seront multimédias, multi-modaux, analogiques, digitaux, etc. Le processus sociotechnique mettra en jeu des personnes, des groupes, des artefacts, des forces naturelles de toutes tailles, avec tous les types d'association que l'on peut imaginer entre ces éléments.

3. Principe de multiplicité et d'emboîtement des échelles

L'hypertexte s'organise sur un mode « fractal », c'est-à-dire que n'importe quel nœud ou n'importe quel lien, à l'analyse, peut lui-même se révéler composé de tout un réseau, et ainsi de suite, indéfiniment, le long de l'échelle des degrés de précision. Dans certaines circonstances critiques, des effets peuvent se propager d'une échelle à l'autre : l'interprétation d'une virgule dans un texte (élément d'un micro-réseau documentaire), s'il s'agit d'un traité international, peut se répercuter sur la vie de millions de gens (à l'échelle du macro-réseau social).

4. Principe d'extériorité

Le réseau ne possède pas d'unité organique, ni de moteur interne. Sa croissance, et sa diminution, sa composition et sa recomposition permanente dépendent d'un extérieur indéterminé : adjonction de nouveaux éléments, branchements sur d'autres réseaux, excitations des éléments terminaux (capteurs), etc. Par exemple, pour le réseau sémantique d'une personne écoutant un discours, la dynamique des états d'activation résulte d'une source externe de mots et d'images. Dans la constitution du réseau sociotechnique interviennent tout le temps des éléments nouveaux qui n'y appartenaient pas l'instant d'avant : électrons, microbes, rayons X, macromolécules, etc.

5. Principe de topologie

Dans les hypertextes, tout fonctionne à la proximité, au voisinage. Le cours des phénomènes y est affaire de topologie, de chemins. Il n'y a pas d'espace universel homogène où les forces de liaison et de déliaison, où les messages pourraient circuler librement. Tout ce qui se déplace doit emprunter le réseau hypertextuel tel qu'il est, ou est obligé de le modifier. Le réseau n'est pas dans l'espace, il *est* l'espace.

6. Principe de mobilité des centres

Le réseau n'a pas de centre, ou plutôt, il possède en permanence plusieurs centres qui sont comme autant de pointes lumineuses perpétuellement mobiles, sautant d'un nœud à l'autre, entraînant autour d'elles une infinie ramification de radicelles, de rhizomes, fines lignes blanches esquissant un instant quelque carte aux détails exquis, puis courant dessiner plus loin d'autres paysages du sens.

Bibliographie

ANDERSON John R., *Cognitive Psychology and its Implications* (2e édition), W.H. Freeman and Company, New York, 1985.

BADDELY Alan, *Your Memory : a User's Guide*, McGraw-Hill, Toronto, 1982.

COULON Alain, *L'Ethnométhodologie*, PUF, Paris, 1987.

DELEUZE Gilles, GUATTARI Félix, *Mille Plateaux. Capitalisme et schizophrénie*, Minuit, Paris, 1980.

GARFINKEL Harold, *Studies in Ethnomethodology*, Prentice Hall, Englewood Cliffs, New Jersey, 1967.

JOHNSON-LAIRD Philip N., *Mental Models*, Harvard University Press, Cambridge, Massachusetts, 1983.

QUÉRÉ Louis, *Des miroirs équivoques*, Aubier Montaigne, Paris, 1982.

STILLINGS Neil *et al.*, *Cognitive Science. An Introduction*, MIT Press, Cambridge, Massachusetts, 1987.

WINKIN Yves (textes recueillis et présentés par), *La Nouvelle Communication*, Le Seuil, Paris, 1981.

2

L'hypertexte

Memex

L'idée de l'hypertexte a été énoncée pour la première fois par Vannevar Bush en 1945 dans un article désormais célèbre dont le titre était « *As We May Think* » [62]. Bush était un mathématicien et physicien réputé qui avait conçu, dans les années trente, une calculatrice analogique ultra-rapide et qui avait joué un rôle important dans le financement de l'Eniac, la première calculatrice électronique numérique. A l'époque où l'article paraît, notre auteur se trouve à la tête de l'organisme chargé de coordonner l'effort de guerre des scientifiques américains pour le compte du Président Roosevelt.

Pourquoi « *As we may think* »? Selon Bush, la plupart des systèmes d'indexation et d'organisation des informations en usage dans la communauté scientifique sont artificiels. Chaque item n'y est classé que sous une seule rubrique et le rangement y est purement hiérarchique (classes, sous-classes, etc.). Or, dit Vannevar Bush, l'esprit humain ne marche pas ainsi, il fonctionne par associations. Il saute d'une représentation à l'autre le long d'un réseau enchevêtré, trace des pistes bifurquantes, trame une toile infiniment plus compliquée que les banques de données d'aujourd'hui ou les systèmes d'information à fiches perforées de 1945. Bush reconnaît qu'on ne peut sans doute pas répliquer le processus réticulaire qui sous-tend l'exercice de l'intelligence. Il propose seulement de s'en inspirer. Il imagine donc un dispositif, dénommé *Memex*, pour mécaniser le rangement et la sélection par association à côté du principe de l'indexation classique.

Il faut d'abord constituer un immense réservoir documentaire multimédia, comprenant aussi bien des images, des sons et des textes. Certains dispositifs périphériques faciliteraient l'intégration rapide de nouvelles informations, d'autres permettraient de transformer automatiquement la parole en texte écrit. La deuxième condition à remplir serait la miniaturisation de cette masse documentaire, et pour cela Bush prévoit notamment l'utilisation du microfilm et de la bande magnétique, que l'on venait de découvrir à l'époque. Tout devrait tenir dans un ou deux mètres cubes, l'équivalent du volume d'un meuble de bureau. On accéderait aux informations par l'intermédiaire d'un écran de télévision muni de haut-parleurs. En plus des accès classiques par indexation, une commande simple permettrait à l'heureux propriétaire d'un *Memex* de nouer des liens indépendants de toute classification hiérarchique entre une information quelconque et n'importe quelle autre. Une fois le lien établi, chaque fois qu'un item particulier serait visualisé, tous ceux qui lui ont été rattachés pourraient être instantanément rappelés, par simple pression d'un bouton. Bush nous peint l'utilisateur de son dispositif imaginaire traçant des pistes transversales et personnelles dans l'immense continent broussailleux du savoir. Ces liens, que l'on n'appelle pas encore hypertextuels, matérialisent dans la mémoire auxiliaire du scientifique qu'est le *Memex* une part capitale du processus même de la recherche et de l'élaboration de connaissances nouvelles. Bush imagine même une nouvelle profession, une sorte d'ingénierie des ponts et chaussées au pays des publications, dont la mission serait d'aménager des réseaux de communication au sein du corpus immense et toujours croissant des sons, des images et des textes enregistrés.

Xanadu

Au début des années soixante, les premiers systèmes militaires de téléinformatique venaient à peine d'être installés, les ordinateurs n'évoquaient pas encore les banques de données, encore moins le traitement de texte. C'est pourtant à cette époque que Theodore Nelson invente le terme d'hypertexte pour exprimer l'idée d'écriture/lecture non linéaire sur un système informatique. Depuis cette époque, Nelson poursuit le rêve d'un immense réseau accessible en temps réel contenant tous les trésors littéraires et scientifiques du monde, une sorte de Bibliothèque d'Alexandrie de l'univers contemporain. Des millions de personnes pourraient utiliser *Xanadu* pour écrire, s'interconnecter, interagir, commenter les textes, films et enregistrements sonores disponibles sur le réseau, annoter les commentaires, etc. Ce qu'on pourrait appeler le stade suprême de la messagerie prendrait en charge une bonne part des fonctions remplies aujourd'hui par l'édition et le journalisme classiques *Xanadu*, en tant qu'horizon idéal ou absolu de l'hypertexte, serait une sorte de matérialisation du dialogue incessant et multiple que l'humanité entretient avec elle-même et avec son passé.

Quoique des milliers d'hypertextes aient été élaborés et consultés depuis les premières visions de Vannevar Bush et de Theodore Nelson, aucun d'eux n'a pour l'instant l'ampleur quasi cosmique imaginée par ces pionniers, et cela pour trois raisons. Tout d'abord, sur un plan strictement informatique, on ne sait pas encore programmer des bases de données au-delà d'un certain ordre de grandeur. Les algorithmes efficaces en deçà d'un certain seuil pour gérer une grande quantité d'informations se révèlent impuissants à traiter les gigantesques masses de données impliquées par des projets comme ceux de *Xanadu* ou *Memex*. Deuxièmement, l'indexation, la numérisation et le formatage uniforme de l'information aujourd'hui dispersée sur une foule de supports différents supposent la mise en œuvre de moyens matériels perfectionnés, la réunion de nombreuses compétences et surtout beaucoup de temps ; c'est dire qu'elle serait extrêmement coûteuse. Enfin, et ce n'est pas la moindre des difficultés, la constitution d'hypertextes géants suppose un travail minutieux d'organisation, de découpage, de mise en scène, d'accompagnement et d'orientation de l'utilisateur, et cela en fonction de publics très divers. Or qui, en 1990, possède les compétences nécessaires au plan de la *conception* d'hypertextes à vocation universelle puisque, dans le domaine du multimédia interactif tout, ou presque, reste à inventer ?

On ne trouve donc pas aujourd'hui d'hypertextes universels mais des systèmes de taille modeste dans des domaines bien particuliers, comme l'édition d'ouvrages à caractère encyclopédique sur CD-ROM (le disque compact numérique), la formation et divers logiciels d'aide au travail collectif. Voici deux exemples de ce qu'il est possible de réaliser aujourd'hui.

Moteur !

Un apprenti mécanicien voit apparaître sur l'écran devant lui le schéma d'un moteur en trois dimensions. A l'aide d'un pointeur commandé par une souris, il désigne une pièce particulière du moteur. La pièce change alors de couleur tandis que son nom, le carburateur par exemple, vient s'inscrire à l'écran. Le jeune mécano clique de nouveau sur le carburateur. La pièce grossit alors jusqu'à occuper tout l'écran. L'apprenti choisit dans un menu l'option « animation ». Un film de synthèse au ralenti montre alors l'intérieur du carburateur quand il est en fonction, les flux d'essence, d'air, etc. étant représentés avec des couleurs différentes, de manière qu'il soit facile de comprendre leurs rôles respectifs. Pendant que le film se déroule, une voix off explique le fonctionnement interne du carburateur, expose son rôle dans l'organisation générale du moteur, évoque les pannes possibles, etc.

Le mécano interrompt le film et retourne à la vue initiale du moteur en choisissant l'option « retour au départ » dans le menu. Cette fois-ci, au lieu de commencer son exploration en désignant l'image d'un organe (ce qui lui permettait d'en connaître le nom, puis de prendre connaissance de son fonctionnement), il choisit l'option « montre-moi » et tape sur le clavier : « le culbuteur ». Le culbuteur est alors coloré de manière à faire contraste dans le schéma d'ensemble du moteur, et l'apprenti peut continuer son exploration... S'il avait choisi l'option « simulation de pannes » au lieu de « montre-moi », il aurait vu se dérouler un petit film représentant un client amenant sa voiture et décrivant les divers bruits bizzares et irrégularités de fonctionnement qui l'ont décidé à venir chez le garagiste. Après quoi notre apprenti aurait eu le choix entre un certain nombre de tests, d'essais et de vérifications pour déterminer précisément la panne et la réparer. S'il avait décidé de « faire tourner le moteur au ralenti et d'écouter », par exemple, il aurait effectivement entendu le bruit d'un moteur affecté de la panne qu'il s'agissait de découvrir. Si l'apprenti n'avait pas trouvé ce qui clochait au bout d'un nombre fixé d'essais et d'erreurs, le système aurait indiqué les procédures à suivre pour déterminer la nature exacte de la panne, il aurait montré sur le schéma du moteur, éventuellement au moyen de films d'animation, la relation entre les symptômes et le dysfonctionnement de la voiture, il aurait terminé par la démonstration des réparations à effectuer. En 1990, toutes les données nécessaires au fonctionnement d'un tel système d'aide à l'apprentissage de la mécanique auto peut tenir sur un disque compact de quelques centimètres de diamètre et fonctionner sur un micro-ordinateur haut de gamme. On peut imaginer de telles banques de données interactives dans les diverses spécialités de l'ingénierie ou de la médecine.

Cicero

Le professeur de civilisation latine a demandé à sa classe de préparer le thème des divertissements à Rome pour la semaine prochaine. Une étudiante se tient devant un terminal à grand écran dans une des salles du campus, à moins qu'elle ne soit installée chez elle face à son micro-ordinateur personnel, rattaché par modem au réseau de l'université.

Après qu'elle a appelé le programme *Cicero*, diverses icônes disposées sur l'écran lui indiquent les modes d'exploration possibles de la civilisation romaine : périodes, personnages historiques, textes, visite guidée de Rome... L'étudiante choisit la visite guidée. Le programme lui demande alors le thème de la visite. Dès qu'elle a tapé « les divertissements », une carte de la Rome du IIe siècle après Jésus-Christ apparaît, avec les parcs marqués en vert, les thermes en bleu, les théâtres en jaune et les cirques en rouge. Le nom de chaque site coloré est indiqué en petites capitales. La jeune latiniste clique alors sur le théâtre de Marcellus, à l'ouest du champ de Mars, parce qu'elle remarque dans ce secteur une forte concentration de théâtres : on y trouve aussi ceux de Pompée et de Balbu. Par ce simple geste, notre étudiante descend dans la ville elle-même, atterrissant au lieu précis qu'elle a sélectionné. Près du théâtre de Marcellus se tiennent quelques personnages en costume romain : un guide, un répétiteur de latin, une échoppe de livres... Elle choisit le guide et lui demande une introduction générale à l'art dramatique à Rome. Grâce à une série de schémas et de plans d'architecture commentés par la voix du guide, elle apprend par exemple la différence entre les constructions grecques et romaines, pourquoi beaucoup de théâtres romains ont le nom de politiciens fameux, quels sont les grands auteurs de comédie et de tragédie et leur contribution à l'histoire du théâtre. Après une série de renseignements généraux de cet ordre, le guide lui raconte les circonstances de la construction du temple de Marcellus puis lui fait remarquer les particularités architecturales du monument pendant qu'ils en font le tour (une microcaméra a filmé la maquette du théâtre reconstitué). De là, en marchant sur le champ de Mars, ils se dirigent vers le théâtre de Pompée...

Après avoir ainsi visité cinq théâtres, l'étudiante relit les notes qu'elle a prises pendant sa visite : les plans d'architecture des théâtres romains, le texte de certains passages du commentaire du guide, une liste bibliographique de textes anciens ou modernes se rapportant au théâtre. Toutes ces notes sont directement transférées sur ses fichiers de textes et d'images personnels, elle pourra s'en servir ou les citer à l'occasion d'un essai ou d'un exercice scolaire. Sur la bibliographie que lui a fournie son guide ou qu'elle a obtenue dans une des échoppes de livres rencontrées pendant sa visite, les textes marqués d'une étoile sont directement disponibles à partir de *Cicero*, les autres sont à chercher à la bibliothèque de l'université. Notre étudiante décide de prendre connaissance de l'*Amphytrion* de Plaute, qui est signalé par une étoile. Un analyseur syntaxique et morphologique ainsi qu'un dictionnaire latin-français (le « Gaffiot électronique ») lui permettent de surmonter rapidement les difficultés du texte. Tout en lisant la pièce de Plaute, elle inscrit « dans la marge » des commentaires qui seront invisibles pour les prochains lecteurs mais qu'elle pourra retrouver sur l'écran et augmenter lors d'une prochaine lecture. Quittant le texte avant d'avoir terminé de le lire, elle laisse une marque qui lui permettra de revenir automatiquement au dernier passage qu'elle a lu. Lors de la prochaine leçon de civilisation latine, chaque étudiant aura quelque chose de différent à partager avec les autres : un tel aura visité les thermes, telle autre aura lu et commenté dans *Cicero* des extraits d'ouvrages modernes sur les jeux du cirque à Rome, etc.

Les systèmes éducatifs et documentaires que nous venons de décrire n'existent pas comme tels en 1990. Le premier condense plusieurs logiciels achevés ou en cours de conception. Le second figure la réalisation de ce qui n'est encore qu'un projet dirigé par le professeur Bernard Frisher de l'université de Californie à Los Angeles [2]. La terminologie hésite encore sur la dénomination de tels systèmes. Faut-il parler de multimédia interactif ? D'hypermédia ? D'hypertexte ? On choisit ici le terme d'hypertexte, étant bien entendu qu'il n'exclut nullement la dimension audiovisuelle. En entrant dans un espace interactif et réticulaire de manipulation, d'association et de lecture, l'image et le son acquièrent un statut de quasi-texte.

Techniquement, un hypertexte est un ensemble de nœuds connectés par des liens. Les nœuds peuvent être des mots, des pages, des images, des graphiques ou parties de graphiques, des séquences sonores, des documents complexes qui peuvent être des hypertextes eux-mêmes. Les items d'information ne sont pas reliés linéairement, comme sur une corde à nœuds, mais chacun d'eux, ou la plupart, étendent leurs liens en étoile, sur un mode réticulaire. Naviguer dans un hypertexte, c'est donc dessiner un parcours dans un réseau qui peut être aussi compliqué que possible. Car chaque nœud peut contenir à son tour tout un réseau.

Fonctionnellement, un hypertexte est un environnement logiciel pour l'organisation de connaissances ou de données, l'acquisition d'informations et la communication. En 1990, des logiciels d'hypertexte pour l'enseignement et la communication entre chercheurs sont en cours de développement expérimental dans une vingtaine d'universités en Amérique du Nord, ainsi que dans plusieurs grandes entreprises. Ces hypertextes perfectionnés possèdent un grand nombre de fonctions complexes et tournent sur de gros ou de moyens ordinateurs. Il existe également dans le commerce une dizaine de logiciels pour ordinateurs personnels dont les acquéreurs peuvent construire leurs propres hypertextes. Ces programmes plus rudimentaires permettent cependant de construire des bases de données à accès associatif, très immédiat, intuitif, et combinant le son, l'image et le texte. En 1990, la plupart des usages recensés de ces logiciels d'hypertexte pour ordinateur personnel concernaient la formation et l'éducation.

Quelques interfaces de l'écriture

L'hypertexte reprend et transforme d'anciennes interfaces de l'écriture. La notion d'interface, en effet, ne doit pas être limitée aux techniques de communication contemporaines. L'imprimerie, par exemple, est sans doute au premier chef un opérateur quantitatif, elle multiplie les copies. Mais c'est aussi l'invention, en quelques dizaines d'années, d'une interface normalisée extrêmement originale : page de titre, têtes de chapitres, numérotation régulière, table des matières, notes, reférences croisées. Tous ces dispositifs logiques, classificatoires et spatiaux se soutiennent les uns les autres au sein d'une structure admirablement systématique : pas de tables des matières sans chapitres nettement découpés et annoncés, pas de tables des matières, d'index, de renvois à d'autres parties du texte, ni de références précises à d'autres livres sans pages uniformément numérotées. Nous sommes maintenant tellement habitués à cette interface que nous n'y prenons plus garde. Mais au moment où elle fut inventée, elle ouvrit un tout autre rapport au texte et à l'écriture que celui qui avait cours avec le manuscrit : possibilité de survol du contenu, d'accès non linéaire et sélectif au texte, de segmentation du savoir en modules, de branchements multiples sur une foule d'autres livres grâce aux notes de bas de page et aux bibliographies. C'est peut-être à de petits dispositifs « matériels » ou organisationnels, à certains modes de pliage ou d'enroulage des inscriptions que tiennent pour une large part les mutations du « savoir ».

L'imprimerie repose elle-même sur un grand nombre de traits d'interface stabilisés avant le XVe siècle et qui ne vont pas de soi : l'organisation du livre en codex (pages repliées et cousues ensemble) plutôt qu'en rouleau ; l'emploi du papier plutôt que celui du papyrus, de la tablette d'argile, ou du parchemin ; l'existence d'un alphabet et d'une calligraphie communs à la plus grande partie de l'espace européen, grâce sans doute à la réforme de la calligraphie imposée autoritairement par Alcuin à l'époque de Charlemagne (les problèmes de normalisation et de compatibilité ne datent pas d'hier).

La mutation de l'imprimerie proprement dite fut complétée par une transformation de la taille et du poids des incunables. Car au Moyen Age les livres étaient énormes, enchaînés dans les bibliothèques, lus à haute voix sur des pupitres. Grâce à un changement de la plicature, le livre devient portable et massivement diffusé. Au lieu de replier les feuillets en deux *(in folio)* on les plia en huit *(in octavo)*. Mais pour que *Le Timée* ou *L'Énéide* tiennent en un si petit volume, Alde Manuce, l'imprimeur vénitien qui promut l'*in-octavo*, inventa l'étroit caractère italique et décida de débarrasser les textes de l'appareil critique et des commentaires qui les accompagnaient depuis des siècles... C'est ainsi que le livre devint maniable, quotidien, mobile, et disponible pour l'appropriation personnelle [11]. Comme l'ordinateur, le livre ne devint un médium de masse que lorsque les variables d'interface « taille » et « masse » eurent atteint une valeur suffisamment faible. Le projet politico-culturel de mettre les classiques à la portée de tous les lecteurs en latin est indissociable d'une foule de décisions, réorganisations et inventions concernant le réseau d'interfaces « livre ».

L'agencement complexe que constituait le document imprimé a continué à faire réseau et à buissonner après le XVe siècle. La bibliothèque moderne, par exemple, apparut au XVIIIe siècle. Des collections de fiches classées par ordre alphabétique, construites à partir des pages de garde et des index des livres, permettent de considérer la bibliothèque comme une sorte de méga-document relativement bien balisé, dans laquelle il est possible de se déplacer aisément pour trouver ce que l'on cherche, moyennant un minimum d'entraînement.

Le journal ou le magazine, rejetons de l'imprimerie comme la bibliothèque moderne, sont particulièrement bien adaptés à une attitude d'attention flottante, ou d'intérêt potentiel vis-à-vis de l'information. Il ne s'agit pas de chasser ou de traquer un renseignement particulier mais de butiner, de-ci delà, sans avoir d'idée préconçue. Le verbe *to browse* (« butiner », mais aussi « jeter un coup d'œil ») est employé en américain pour désigner la démarche curieuse de qui navigue dans un hypertexte. Sur le territoire quadrillé du livre ou de la bibliothèque, on a besoin des médiations et des cartes que sont l'index, la table des matières ou le fichier. Au contraire, le lecteur du journal entreprend directement une navigation à vue. Les gros titres frappent l'œil, ce qui permet déjà de se faire une idée, on glane quelques phrases ici ou là, une photo, et puis soudain, ça y est, un article nous accroche, on a goûté quelque chose dont on pourrait faire son miel... A quel point l'interface d'un journal ou d'un magazine est perfectionnée, on ne s'en rend vraiment compte que lorsqu'on tente de retrouver la même aisance dans le survol à partir d'un écran et d'un clavier. Le journal est tout en *open field*, déjà presque entièrement déployé. L'interface informatique, en revanche, nous met en présence d'un paquet terriblement replié, avec trop peu de surface directement accessible au même instant. La manipulation doit alors se substituer au survol.

Le support informatique de l'hypertexte

Ces inconvénients de la consultation par écran sont partiellement compensés par un certain nombre de traits d'interfaces qui se sont répandus en informatique pendant les années quatre-vingt et que l'on pourrait appeler les principes élémentaires de l'interaction conviviale :
— la représentation figurée, diagrammatique ou iconique des structures d'information et des commandes (par opposition à des représentations codées ou abstraites);
— l'usage de la « souris » qui permet d'agir sur ce qui se passe à l'écran de manière intuitive, sensorimotrice plutôt que par l'envoi d'une séquence de caractères alphanumériques;
— les « menus » qui montrent à tout instant à l'usager les opérations qu'il peut accomplir;
— l'écran graphique à haute résolution.

C'est dans cette niche écologique de l'informatique conviviale que l'hypertexte a pu être élaboré d'abord et se répandre ensuite.

Réalisant le rêve de Vannevar Bush, mais par d'autres techniques que celles qui étaient imaginées en 1945, les supports d'enregistrement *optiques* comme le disque compact offrent une énorme capacité d'enregistrement sous un très faible volume. Ils joueront probablement un rôle important dans l'édition et la distribution de très grandes quantités d'information sous forme hypertextuelle. Des lecteurs laser miniaturisés et des écrans plats ultra-légers rendront ces hypertextes aussi faciles à consulter au lit ou dans le métro qu'un roman policier.

Naviguer

L'hypertexte constitue donc un réseau d'interfaces original à partir de traits empruntés à plusieurs autres médias. Certaines particularités de l'hypertexte (son aspect dynamique et multimédia) sont dues à son support d'inscription optique ou magnétique et à son environnement de consultation de type « informatique conviviale ». Les possibilités de recherche par mots clés et l'organisation sous-jacente des informations renvoient aux bases de données classiques. L'hypertexte détourne également à son profit un certain nombre de dispositifs propres à l'imprimerie : index, thésaurus, références croisées, tables des matières, légendes... Une carte ou un schéma détaillé avec légende sont déjà des agencements complexes pour une lecture non linéaire. La note de bas de page ou l'aiguillage vers le glossaire par un astérisque brisent aussi la séquencialité du texte. Une encyclopédie avec son thésaurus, ses images, ses renvois d'un article à l'autre, est à son tour une interface hautement réticulaire et « multimédia ». Pensons au mode de consultation d'un dictionnaire, où chaque mot d'une définition ou d'un exemple renvoie à un mot défini le long d'un circuit erratique et virtuellement sans fin.

Qu'est-ce qui fait donc la spécificité de l'hypertexte à cet égard ? La vitesse, comme souvent. La réaction au clic sur un bouton (lieu de l'écran d'où peut appeler un autre nœud) prend moins d'une seconde. La quasi-immédiateté du passage d'un nœud à l'autre permet de généraliser et d'utiliser dans toute son étendue le principe de non-linéarité. Cela devient la norme, un nouveau système de l'écriture, une métamorphose de la lecture, baptisée navigation. Le petit trait d'interface « vitesse » fait basculer tout l'agencement intertextuel et documentaire dans un autre domaine d'usage, avec ses problèmes et ses limites. Par exemple, on se perd beaucoup plus facilement dans un hypertexte que dans une encyclopédie. Le repérage spatial et sensorimoteur qui joue lorsqu'on tient un volume entre les mains n'a plus cours devant l'écran, où l'on n'a jamais d'accès direct qu'à une petite surface venue d'un autre espace, comme suspendue entre deux mondes, sur laquelle il est difficile de se projeter.

C'est comme si l'on explorait une grande carte sans jamais pouvoir la déplier, toujours par bouts minuscules. Il faudrait alors que chaque petite parcelle de surface porte ses coordonnées ainsi qu'une carte miniature avec une zone en grisé indiquant l'emplacement de la parcelle (« Vous êtes ici »). Il s'invente aujourd'hui toute une interface de la navigation, faite d'une multitude de micro-dispositifs d'interface déformés, réemployés, détournés.

Cartes interactives

On peut représenter de plusieurs manières la connectivité d'un hypertexte. La visualisation graphique ou diagrammatique est évidemment le moyen le plus intuitif. Mais quels seront les étendues, les échelles, les principes d'organisation de ces cartes de connexions, de ces boussoles conceptuelles dans les réseaux documentaires ?

Une carte globale ne risque-t-elle pas d'être illisible à partir d'une certaine quantité de liens, l'écran se couvrant de lignes entrecroisées, au milieu desquelles on ne distingue plus rien ? Certaines recherches contemporaines tendent à montrer que des représentations de liens en trois dimensions seraient moins emmêlées et plus faciles à consulter, à quantité égale, que les représentations planes. L'utilisateur aurait l'impression d'entrer dans une structure spatiale, et de s'y déplacer comme dans un volume.

On peut aussi construire des cartes globales en deux dimensions, mais qui ne montrent que les chemins disponibles à partir d'un seul nœud : que ce soit le document de départ, la racine de l'hypertexte, ou bien le document activé en cours. Imaginons une carte routière de la France où ne seraient représentées que les routes qui mènent de Bordeaux aux autres villes quand on est à Bordeaux, de Toulouse aux autres villes quand on est à Toulouse, etc. A chaque instant, la complexité visuelle serait ainsi réduite au nécessaire.

Il est encore possible de focaliser en détail sur l'information la plus importante à un moment donné et de ne représenter qu'en pointillé ou à plus petite échelle l'information marginale. On travaillerait alors avec des loupes, des systèmes de zoom, et des échelles graduées sur une représentation diagrammatique ou schématique de l'hypertexte.

On peut laisser à l'utilisateur la possibilité de représenter le sous-ensemble de l'hypertexte pertinent pour lui. Il consulterait ou modifierait plus souvent la structure de sa propre « pelote de liens » que celle du méga-document. Il aurait plutôt la sensation d'arpenter son sous-réseau privé que le grand réseau général.

Pour aider à s'orienter ceux qui s'aventurent dans les avenues tortueuses des dispositifs hypertextuels ou multimédias, on envisage également de placer des modules intelligents ou de petits systèmes experts à certains de leurs détours [1]. Ces systèmes experts pourraient aussi fournir des renseignements plus raffinés à ceux qui ne se contenteraient pas d'une simple navigation. Il existe d'ores et déjà des générateurs de systèmes experts capables de se connecter simplement sur des hypertextes standards pour micro-ordinateurs. Les systèmes experts eux-mêmes peuvent être considérés comme un genre particulier d'hypertexte : une nappe discursive condensée ou repliée (la base de connaissances) est déployée sous mille facettes différentes par le moteur d'inférence suivant le problème précis auquel est confronté celui qui les emploie. Hypertextes, agencements multimédias interactifs et systèmes experts partagent ce caractère multidimensionnel, dynamique, cette capacité d'adaptation fine aux situations qui en font l'au-delà de l'écriture statique et linéaire. C'est pourquoi ces différents modes de représentation à support informatique entrent aisément en composition, font réseau.

Cette évocation des solutions envisagées pour orienter l'utilisateur et représenter l'organisation des chemins possibles entre documents divers d'un hypertexte est incomplète, mais elle donne une idée du type de solution envisagée en 1990. Des études d'ergonomie et de psychologie cognitive sur la

1. Les systèmes experts sont des programmes informatiques capables de remplacer (ou plus souvent d'assister) un expert humain dans l'exercice de ses fonctions de diagnostic ou de conseil. Le système contient dans une « base de règles » les connaissances du spécialiste humain sur un domaine particulier ; la « base de faits » contient les données (provisoires) de la situation particulière à traiter ; le « moteur d'inférence » applique les règles aux faits pour aboutir à une conclusion ou à un diagnostic. Les systèmes experts sont utilisés dans des domaines aussi variés que la banque, les assurances, la médecine, la production industrielle, etc. Des systèmes experts très proche de ceux auxquels nous faisons allusion ici aident des utilisateurs peu expérimentés à se repérer dans le dédale des banques de données et des langages d'interrogation lorsqu'ils ont besoin de trouver rapidement (sans long apprentissage préalable) une information *on line*.

compréhension de documents écrits montrent que pour bien saisir et mémoriser le contenu de textes, il est indispensable que les lecteurs dégagent leur macro-structure conceptuelle [49]. Mais c'est une tâche difficile que de construire des schémas abstrayant et intégrant le sens d'un texte, ou plus généralement d'une configuration informationnelle complexe. Les représentations de type cartographique prennent aujourd'hui de plus en plus d'importance dans les technologies intellectuelles à support informatique, précisément pour résoudre ce problème de construction de schémas. Les diagrammes dynamiques sont employés dans les ateliers de génie logiciel (aide à la programmation), les systèmes d'aide à la conception, à l'écriture, à la gestion de projet, etc. Les schémas interactifs rendent explicitement disponibles, directement visibles, et manipulables à volonté les macro-structures de textes, de documents multimédias, de programmes informatiques, d'opérations à coordonner ou de contraintes à respecter. Les systèmes cognitifs humains peuvent alors transférer à l'ordinateur la tâche de construire et de tenir à jour des représentations qu'ils devaient élaborer avec les faibles ressources de leur mémoire de travail, ou celles, rudimentaires et statiques, du papier et du crayon. Les schémas, cartes ou diagrammes interactifs comptent parmi les interfaces capitales des technologies intellectuelles à support informatique.

La mémoire humaine est ainsi faite que nous comprenons et retenons bien mieux ce qui est organisé suivant des relations spatiales. Répétons que la maîtrise d'un domaine quelconque du savoir implique presque toujours la possession d'une riche représentation schématique. Les hypertextes peuvent proposer des voies d'accès et des instruments d'orientation dans un domaine de connaissance en forme de diagrammes, de réseaux ou de cartes conceptuelles manipulables et dynamiques. Dans un cadre de formation, les hypertextes devraient donc favoriser, à plus d'un titre, une maîtrise de la matière plus aisée et plus rapide qu'avec l'audiovisuel classique ou le support imprimé habituel.

L'hypertexte ou le multimédia interactif se prêtent particulièrement aux usages éducatifs. On connaît depuis longtemps le rôle fondamental de l'implication personnelle de l'étudiant dans l'apprentissage. Plus activement une personne participe à l'acquisition d'un savoir, mieux elle intègre et retient ce qu'elle a appris. Or, le multimédia interactif, grâce à sa dimension réticulaire ou non linéaire, favorise une attitude exploratoire, voire ludique, face au matériau à assimiler. C'est donc un instrument bien adapté à une pédagogie active.

Requiem pour une page

Lorsqu'un lecteur se déplace dans le réseau de micro-textes et d'images d'une encyclopédie, il doit y tracer sa route physiquement, maniant les tomes, tournant les pages, parcourant de ses yeux les colonnes en se remémorant l'ordre alphabétique. Les volumes de la Britannica ou de l'Universalis pèsent lourdement, inertes, immobiles. L'hypertexte est dynamique, perpétuellement mouvant. Sur un ou deux *clics*, en obéissant pour ainsi dire au doigt et à l'œil, il présente au lecteur telle de ses faces, puis telle autre, tel détail grossi, telle structure complexe schématisée. Il se replie et se déplie à volonté, change de forme, se multiplie, se découpe et se recolle autrement. Ce n'est pas seulement un réseau de micro-textes mais un grand méta-texte à géométrie variable, à tiroirs, à replis. Un paragraphe peut apparaître ou disparaître sous un mot, trois chapitres sous un mot du paragraphe, un petit essai sous un des mots de ces chapitres, et ainsi virtuellement sans fin, de double fond en double fond.

Dans l'interface de l'écriture qui s'est stabilisée au XVe siècle et lentement perfectionnée par la suite, la page est l'unité de plissement élémentaire du texte. La plicature du codex est uniforme, calibrée, numérotée. Les petits froissements ou traces de pliures que sont les signes de ponctuation, les séparations de chapitres et de paragraphes n'ont pour ainsi dire qu'une existence logicielle puisqu'ils sont figurés par des signes conventionnels et non creusés dans la matière même du livre. L'hypertexte informatisé, en revanche, autorise tous les pliages imaginables : dix mille signes ou seulement cinquante repliés derrière un mot ou une icône, des emboîtements compliqués et variables, adaptables par le lecteur. Le format uniforme de la page, le pliage parasite du papier, la reliure indépendante de la structure logique du texte n'ont plus de raison d'être. Il reste sans doute la contrainte de l'écran à la surface limitée. Aux concepteurs d'interface de faire de cet écran, plutôt qu'un lit de Procuste, un poste de commande et d'observation des métamorphoses de l'hypertexte. Au rythme régulier de la page succède le mouvement perpétuel de pli et de dépli d'un texte kaléidoscope.

Bibliographie

AMBRON Susann et HOOPER Kristina (sous la direction de), *Interactive Multimedia*, Microsoft Press, Redmond, Washington, 1988.

BOORSTIN Daniel, *Les Découvreurs*, Seghers, Paris, 1987 (édition originale : *The Discoverers*, Random House, New York, 1983).

BALPE Jean-Pierre et LAUFER Roger (sous la direction de), *Instruments de communication évolués, hypertextes, hypermédias*, édité par le « Groupe Paragraphe » de l'université Paris-VIII (2, rue de la Liberté - 93526 Saint-Denis Cedex 2), 1990.

DELEUZE Gilles, *Le Pli*, Minuit, Paris, 1988.

Groupware, dossier de la revue *Byte*, décembre 1988.

GUINDON Raimonde (sous la direction de), *Cognitive Science and its Applications for Human-Computer Interaction*, Lawrence Erlbaum, Hillsdale, New Jersey, 1988.

Hypertext, Dossier de la revue *Byte*, octobre 1988.

LAMBERT Steve et ROPIEQUET Suzanne (sous la direction de), *CD ROM, The New Papyrus*, Microsoft Press, Redmond, WA., 1986 (contient la reproduction du texte de Vannevar BUSH, « As we may think », originellement paru dans *The Atlantic Monthly* en 1945).

3

De la technique comme hypertexte L'ordinateur personnel

Tohu et Bohu : la Silicon Valley

Au milieu des années soixante-dix, une communauté haute en couleur de jeunes Californiens marginaux inventa l'ordinateur personnel. Les éléments les plus actifs de ce groupe avaient le projet plus ou moins clair de fonder l'informatique sur de nouvelles bases et de révolutionner du même coup la société. D'une certaine manière, cet objectif fut atteint.

La Silicon Valley, bien plus qu'un décor, est un véritable milieu actif, une soupe primitive où des institutions scientifiques et universitaires, des industries électroniques, des mouvements *hippies* ou contestataires de toutes sortes font confluer des idées, des passions et des objets qui vont bouillonner ensemble et entrer en réaction.

Au début des années soixante-dix, peu d'endroits dans le monde comme le petit cercle rayonnant de quelques dizaines de kilomètres autour de l'université de Stanford débordent d'une telle abondance et d'une telle variété de composants électroniques. On trouve là des artefacts informatiques par milliers : gros ordinateurs, jeux vidéos, circuits, composants, pièces de rebuts de toutes origines et de tous calibres... Et ces éléments forment autant de membres dispersés, emportés, entrechoqués par le tourbillon combinatoire, les essais désordonnés de quelque cosmogonie primitive.

Sur ce territoire de la Silicon Valley sont alors notamment implantés la NASA, Hewlett-Packard, Atari et Intel. Tous les lycées de la région dispensent des cours d'électronique. Des armées d'ingénieurs de bonne volonté, employés dans les entreprises du cru, aident pendant leurs week-ends les jeunes gens fanatiques d'électronique qui bricolent dans les fameux garages des maisons californiennes.

Suivons par exemple deux de ces adolescents, Steve Jobs et Steve Wozniac, pendant qu'ils réalisent leur première machine, la *blue box*, une sorte d'aide au piratage, un petit dispositif numérique pour téléphoner sans payer. Ils ont grandi dans un monde de silicium et de circuits. Ils évoluent dans une niche écologique, indissolublement matérielle et cognitive, exceptionnellement favorable au bricolage *high tech*. Tout se trouve à portée de leur main. Les voici dans un appartement de San Francisco en train de suivre les explications d'un pirate du téléphone en contact (gratuit) avec le Vatican. Les voilà ensuite en train de compulser des journaux d'électronique, notant des idées, relevant des bibliographies. Ils poursuivent leurs recherches à la bibliothèque de Stanford. Ils font maintenant leur marché dans des boutiques de surplus d'électronique. Grâce à un ami introduit dans la place, ils détournent les ordinateurs de l'université de Berkeley pour effectuer les derniers calculs sur leurs circuits. Finalement, la *blue box* sera construite à quelques dizaines d'exemplaires et les deux Steve gagneront un peu d'argent, avant de s'apercevoir que la mafia s'intéresse à l'affaire et d'abandonner la partie.

Des milliers de jeunes gens s'amusent ainsi à fabriquer des radios, des amplificateurs pour la haute fidélité et, de plus en plus, des dispositifs de télécommunication et de calcul électronique. Le *nec plus ultra* est de réaliser son propre ordinateur à partir de circuits de récupération. Les machines en question n'ont ni clavier, ni écran, leur capacité de mémoire est infime et, avant le lancement du Basic en 1975 par deux autres adolescents, Bill Gates et Paul Allen, elles n'ont pas non plus de langage de programmation. Ces ordinateurs ne servent quasiment à rien, tout le plaisir est dans leur construction.

Le campus de Berkeley n'est pas bien loin ; la passion du bricolage électronique se mêle donc d'idées sur le détournement de la haute technologie au profit de la « contre-culture » et de slogans tels que *Computers for the people* (les ordinateurs « pour le peuple » ou « au service des gens »). Parmi tous les groupes de la nébuleuse *underground* qui œuvrent à la réappropriation des techniques de pointe, le *Homebrew Computer Club*, auquel Jobs et Wozniac participent, est un des plus actifs. Il est entendu que ses membres les plus riches partagent leurs machines avec les autres et que nul n'a de secret pour personne. Les réunions du club se tiennent dans l'auditorium de l'accélérateur linéaire de Stanford. On vient y faire admirer ou critiquer ses dernières réalisations. On y tient commerce de composants, de programmes, d'idées de toutes sortes. Sitôt construits, à peine émis, objets et concepts sont repris, transformés par les agents fiévreux d'un collectif dense, et les résultats de ces transformations, à leur tour, sont réinterprétés et réemployés le long d'un cycle rapide qui est peut-être celui de l'invention. C'est de ce cyclone, de ce tourbillon de choses, de gens, d'idées et de passions qu'est sorti l'ordinateur personnel. Non pas l'objet simplement défini par sa taille, non pas le très petit ordinateur dont les militaires disposaient depuis longtemps, mais bien le complexe de circuits électroniques et d'utopie sociale qu'est l'ordinateur individuel à la fin des années soixante-dix : la puissance de calcul arrachée à l'État, à l'armée, aux monstres bureaucratiques que sont les grandes entreprises et restituée enfin aux personnes.

Une interface après l'autre

En étudiant le cas d'Apple tel qu'il a été décrit par Jeffrey Young [115], nous verrons que l'ordinateur individuel s'est construit progressivement, interface par interface, une couche recouvrant l'autre, chaque élément supplémentaire donnant un sens nouveau à ceux qui précèdent, permettant des branchements sur des réseaux de plus en plus étendus, introduisant peu à peu des agencements inédits de signification et d'usage, suivant le processus même de construction d'un hypertexte.

Wozniak, comme tant d'autres, crée un ordinateur pourvu de circuits originaux. Jobs veut le vendre et les deux amis fondent une entreprise à cet effet : ce sera *Apple*. En 1975 fleurissent dans la Silicon Valley de nombreuses autres petites sociétés de micro-informatique dont les noms évocateurs sont aujourd'hui complètement oubliés : The Sphere, Golemics, Kentucky Fried Computer... Au moment où Jobs et Wozniac montent leur société, le grand succès commercial de la micro-informatique est l'*Altaïr*, qui se vend en pièces détachées et se livrait sans moniteur ni clavier dans sa première version. Qui voudrait avoir un ordinateur tout assemblé?

La *Byte shop*, première boutique d'informatique personnelle, a ouvert à la fin de 1975 et cherche des produits à vendre. Son propriétaire, Paul Terrel, accepte l'Apple 1 mais demande à Jobs de l'*assembler*. L'assemblage fut, en lui-même, le premier principe d'interface avec l'utilisateur des nouveaux ordinateurs. Ce trait d'interface impliquait une modification de la signification de la machine : l'essentiel n'était plus de la monter mais de s'en servir. On bricolait toujours, mais c'était désormais d'un cran en aval. La deuxième interface, mise au point par Wozniac, fut le *lecteur de cassette* qui permettait de charger le Basic. En effet, la première version de l'Apple 1 ne possédait pas de lecteur et il fallait taper à la main le langage de programmation chaque fois qu'on allumait l'ordinateur avant de commencer à programmer quoi que ce soit. A peine engagés sur cette voie, Jobs et Wozniac furent confrontés à un troisième problème d'interface, celui de la compatibilité, car la version du Basic qui fonctionnait sur l'Apple 1 n'était pas la même que celle de l'Altaïr. Les programmes faits pour l'un ne pouvaient pas marcher sur l'autre. (Quinze ans après, Apple sera toujours confrontée à cette question de la compatibilité.) C'est entre autres pour compenser un tel handicap par de meilleures interfaces avec l'humain que Jobs et Wozniac se lancèrent dans la conception d'un nouvel ordinateur : l'Apple 2.

Sur l'Apple 1, le langage de programmation (Basic) était une pièce rapportée que l'on devait charger par l'intermédiaire d'un lecteur. Sur l'Apple 2, il est câblé dans une mémoire morte. L'interface est devenue composant interne. Résultat : on peut désormais faire quelque chose avec l'ordinateur *dès le moment où on l'allume*. D'autre part un branchement est prévu pour que l'on puisse utiliser un poste de télévision standard en couleurs en guise de moniteur (d'écran) de l'ordinateur.

Dans sa version du début de 1976, l'Apple 2 permettait deux activités principales : programmer en Basic et jouer à des jeux.

On n'avait pas encore tout à fait quitté le monde des adolescents passionnés d'électronique. Mais lorsqu'à l'automne 1976 Steve Jobs revint de la première grande exposition de micro-informatique d'Atlantic City, il était convaincu qu'il y avait un marché de masse pour l'ordinateur personnel. Si Apple voulait survivre, elle devait s'adresser à un large public et cela signifiait l'intégration à la machine de nouvelles interfaces : désormais, l'Apple 2 sera vendu avec une prise, une coque protectrice en plastique rigide et un clavier.

Pour les fondateurs d'Apple, l'ordinateur, c'était le circuit de base. La prise de courant, la coque, les périphériques divers n'étaient ni plus ni moins qu'une forme d'appât ou de publicité pour amener les gens à utiliser les circuits. Il faut excuser les informaticiens qui n'ont pas saisi immédiatement la signification de la micro-informatique, à savoir que l'ordinateur devenait un médium de masse. Même pour les créateurs de la micro-informatique à leurs débuts, tout ce qui s'éloignait un tant soit peu de la conception de l'unité arithmétique et logique de l'ordinateur n'était pas vraiment de l'informatique.

Une machine est faite d'enveloppes successives, apparemment de moins en moins « techniques », de moins en moins « dures », et qui ressemblent de plus en plus à des coups publicitaires, à une série d'opérations de relations publiques avec les clients potentiels. Mais ces suppléments publicitaires sont peu à peu intégrés dans la machine, ils finissent par se fondre dans le noyau dur de la technique. Or qu'est-ce que la publicité, sinon l'organisation d'une relation, d'une interface avec le public ? Si bien qu'en inversant le regard, on peut tout aussi bien considérer un objet technique, en l'occurrence un ordinateur personnel, comme une série de coups de publicité plus ou moins bien articulés les uns aux autres, sédimentés, réifiés, durcis dans un objet. Si l'objet est bien un montage d'interfaces, alors, entre une publicité et un dispositif matériel il n'y a qu'une différence de fluidité ou de distance par rapport au noyau solidifié de l'agencement technique. Suivant l'angle de vue, tout est ingénierie ou tout est marketing. Il s'agit toujours, par connexions et traductions, d'étendre le réseau sociotechnique qui passe par la machine.

Au moment même où il décide de fournir l'Apple 2 avec une prise, un boîtier et un clavier incorporé, Jobs se préoccupe de trouver un logo séduisant, soigne la présentation du stand d'Apple dans les expositions, met en chantier la rédaction de manuels et de modes d'emploi *lisibles* et lance la première grande opération publicitaire de l'entreprise dans *Play-Boy*. Tout ce qui fait interface compte.

C'est justement un périphérique qui fit de l'Apple 2 le plus grand succès de l'informatique personnelle à la fin des années soixante-dix et au début des années quatre-vingt. Il s'agit du lecteur de disques dessiné par Wozniac. Pourquoi cette interface joua-t-elle un si grand rôle? Pour faire fonctionner un ordinateur il faut des programmes composés de centaines d'instructions. Ou bien l'on devait taper ces instructions à la main (comme dans l'Apple 1), ou bien il fallait que ces instructions soient enregistrées sur un support que la machine puisse lire. Les gros ordinateurs utilisaient des bandes magnétiques ou des disquettes. Mais, en 1977, il s'agissait de solutions beaucoup trop chères pour le marché de la micro-informatique, du fait du coût des composants qui entraient dans la fabrication des lecteurs de bandes magnétiques ou de disquettes. On utilisait donc des lecteurs de ruban de papier perforé ou de cassettes. Or ces supports d'information étaient fragiles et leur lecture très lente.

Wozniac transforma les données du problème en concevant un circuit de commandes pour son lecteur de disquettes qui comprenait près de dix fois moins de composants que les circuits en usage dans l'informatique lourde et qui, de surcroît, était beaucoup moins volumineux et moins difficile à construire.

Les disquettes standards qui allaient avec le lecteur de l'Apple 2 avaient une capacité de mémoire infiniment supérieure à celle des cassettes. Grâce au nouveau périphérique, les temps de lecture et d'accès aux informations étaient également beaucoup plus brefs que sur les autres micro-ordinateurs de l'époque. En conséquence, de nombreux programmeurs, qu'ils soient des apprentis ou des maîtres confirmés, se mirent à produire du logiciel sur et pour l'Apple 2. La disponibilité d'une grande quantité de programmes incita les amateurs à s'équiper avec l'ordinateur qui les acceptait. Un processus cumulatif de rétroaction positive s'enclencha et, en 1979, les ventes d'Apple 2 s'envolèrent vers les sommets. L'interface matérielle qu'était le lecteur de disquettes permit la multiplication des interfaces logicielles. Cette interface à double détente ouvrit un champ d'usages et de connexions pratiques apparemment sans limites.

En 1979 apparurent notamment un des premiers *traitements de texte (Apple Writer)* sur micro-ordinateur, ainsi que le premier *tableur* (*Visicalc*, un logiciel de simulation et de traitement intégré de données comptables et financières), sans compter d'innombrables langages de programmation, jeux et logiciels spécialisés.

Le micro-ordinateur avait été composé d'interfaces successives, dans un processus de recherche aveugle où s'étaient négociés de proche en proche des accès à de plus vastes réseaux, jusqu'à ce qu'un seuil soit franchi et que la connexion s'établisse avec les circuits sociotechniques de l'éducation et du bureau. Du coup, ces circuits eux-mêmes commençaient à se redéfinir en fonction de la nouvelle machine. La « révolution informatique » avait commencé.

Icônes

L'apparition du Macintosh d'Apple, en 1984, accéléra l'intégration de l'informatique au monde de la communication, de l'édition et de l'audiovisuel, elle permit la généralisation de l'hypertexte et du multimédia interactif. Nombre des traits d'interface caractéristiques du Macintosh furent bientôt repris par les autres constructeurs d'ordinateurs et l'on ne conçoit plus, en 1990, d'informatique « conviviale » sans « icônes » ni « souris ».

On a souvent fait le récit, dans la littérature spécialisée, de la « scène primitive » à demi légendaire qui présida à la naissance de la nouvelle machine. Lorsque Steve Jobs et quelques-uns de ses collaborateurs visitèrent les laboratoires du Palo-Alto Research Center (PARC) de Xerox, et qu'ils virent pour la première fois comment on pouvait interagir avec un ordinateur de manière intuitive et sensorimotrice, sans passer par l'intermédiaire de codes abstraits, ils surent immédiatement qu'ils allaient suivre cette voie.

Sous l'impulsion d'Allan Kay, Larry Tessler et son équipe du PARC travaillaient à la mise au point d'une interface informatique simulant l'environnement du bureau. En faisant glisser un petit appareil (la souris) sur une surface plane on pouvait désigner sur l'écran de l'ordinateur des idéogrammes (les icônes) représentant des documents, des dossiers, des instruments de dessin, ou directement des parties de texte ou de graphique. En appuyant sur les boutons de la souris (en « cliquant »), on pouvait effectuer diverses opérations sur les objets désignés. Au lieu d'être obligé de taper sur le clavier des codes de commande à retenir par cœur, il suffisait de consulter des « menus » et d'y désigner au moyen de la souris les actions que l'on voulait accomplir. L'utilisateur avait toujours sous les yeux les différents plans sur lesquels se déroulait son travail, il n'avait qu'à ouvrir ou fermer les « fenêtres » visibles à l'écran pour passer d'une activité à l'autre.

Jobs détourna au profit d'Apple les idées de Xerox et une partie de son personnel. Mais les icônes et la souris ne suffisent pas à expliquer le relatif succès du Macintosh. Le faible impact de la Star de Xerox et de Lisa d'Apple, qui incorporaient pourtant ces mêmes caractères, en donnent la preuve *a contrario*.

Le Macintosh réunit d'autres traits d'interface qui renvoient les uns aux autres, se redéfinissent et se mettent en valeur mutuellement, comme les textes et les images inter-reliés d'un hypertexte.

Parmi tous ces traits d'interface, il faut notamment compter la vitesse de calcul de l'ordinateur, sa taille, son apparence, l'indépendance du clavier, le dessin des icônes et des fenêtres, etc., sans oublier le prix de la machine (qui renvoie lui-même à l'élégance de sa conception et donc à sa facilité de fabrication). Les détails les plus infimes, depuis les aspects les plus apparemment « techniques », jusqu'à ce qui pourrait n'apparaître que comme fioritures esthétiques indignes d'une discussion entre ingénieurs, en passant par le nom même de la machine (celui d'une variété de pomme), tout fut discuté passionnément dans l'équipe qui conçut le Macintosh.

C'est que chaque trait d'interface renvoie au-dehors, il dessine en pointillé les connexions pratiques qui pourront s'effectuer sur d'autres réseaux sociotechniques, tant au plan des représentations (le nom, la forme des icônes) qu'à celui des agencements pratiques (la taille, le prix, etc.). La largeur de l'écran, par exemple, fut calculée à partir du format standard d'une feuille de papier, de façon que le texte ou le graphique vu à l'écran puisse avoir exactement la même dimension que le texte ou le graphique imprimé. Autre exemple : on décida que le Mac contiendrait dans une mémoire morte (précâblée) les outils nécessaires aux développeurs de logiciels pour que les futures applications utilisent toutes la même interface avec l'utilisateur. De cette manière, on n'aurait pas à acquérir de nouveaux réflexes à chaque fois que l'on changerait de logiciel et l'on se sentirait donc toujours « chez soi » en utilisant le Macintosh.

Malgré tous les efforts de ses concepteurs, l'aventure du Macintosh faillit se terminer en échec commercial. Si l'arrivée inopinée des imprimantes laser à bas prix n'avait pas redéfini la machine en maillon essentiel d'une chaîne de publication assistée par ordinateur, elle serait peut-être restée le jouet pour amateurs éclairés qu'elle semblait être à son lancement. Une fois de plus, un usage imprévu avait transformé de l'extérieur et après coup la signification de la machine. Dans un réseau sociotechnique, comme dans un hypertexte, chaque nouveau lien recompose la configuration sémantique de la zone du réseau où il se noue.

Bibliographie

YOUNG Jeffrey S., *Steve Jobs, un destin fulgurant*, Éditions Micro Application, 58, rue du Fbg-Poissonnière, 75010 Paris, 1989 (1re édition américaine : *Steve Jobs. The Journey is the Reward*, Scott Foresman and Compagny, New York,1987).

4

De la technique comme hypertexte La politique des interfaces

Douglas Engelbart ou l'ingénierie du collectif

Les idées qui avaient présidé à la conception du Macintosh venaient de loin. Dès le milieu des années cinquante, Douglas Engelbart, directeur de l'Augmentation Research Center (ARC) du Stanford Research Institute, avait imaginé des logiciels pour la communication et le travail coopératif appelés aujourd'hui des *groupwares* (que l'on pourrait traduire par « collecticiels »). C'est à l'ARC qu'ont été expérimentés pour la première fois...
— l'écran à multiples fenêtres de travail ;
— la possibilité de manipuler à l'aide d'une souris des complexes informationnels figurés à l'écran par un symbole graphique ;
— les liens associatifs (hypertextuels) dans des bases de données ou entre documents écrits par différents auteurs ;
— les graphes dynamiques pour représenter des structures conceptuelles (le « traitement d'idées ») ;
— les systèmes d'aide à l'utilisateur intégrés aux logiciels [2].

Plusieurs démonstrations publiques de collecticiels intégrant l'ensemble de ces traits d'interface furent organisées à la fin des années soixante. Elles n'eurent que très peu d'écho à l'époque parmi ceux qui construisaient et vendaient des ordinateurs. L'informatique était encore perçue comme un art d'automatiser les calculs, non comme une technologie intellectuelle. Comme nous l'avons vu, quelques-unes des idées de Douglas Engelbart et de son équipe finirent par être mises en pratique et commercialisées par Xerox, Apple ainsi que par Sun Computers au milieu des années quatre-vingt, notamment par l'intermédiaire d'ingénieurs ayant collaboré à l'ARC.

Pendant la Seconde Guerre mondiale, Douglas Engelbart avait travaillé sur un système de radar, un des premiers dispositifs électroniques impliquant l'étroite interaction d'un homme et d'un écran cathodique. Quelques années plus tard, en observant les premiers monstres informatiques retranchés dans leurs salles frigorifiées, nourris de cartes perforées et crachant leurs listings dans un crépitement d'enfer, il eut la vision (irréaliste à l'époque) de collectivités réunies par la nouvelle machine, d'hommes parlant devant des écrans à l'image animée d'interlocuteurs éloignés ou travaillant en silence face à des écrans où dansaient des symboles.

La micro-politique des interfaces à laquelle Douglas Engelbart avait décidé de s'adonner connecte finement, par mille canaux divers, les assemblages hétéroclites que sont les appareils électroniques (malgré leur aspect compact) et le réseau de modules disparates qui composent le système cognitif de l'être humain. Le principe de *cohérence des interfaces*, dont nous avons déjà touché un mot, illustre assez bien cette notion de micro-politique. Dans les systèmes de coopération assistée par ordinateur mis au point à l'ARC, *on utilisait systématiquement les mêmes représentations et les mêmes commandes d'une application à l'autre*. Par exemple, les procédures étaient identiques pour éliminer un objet graphique lorsque l'on dessinait et pour effacer un mot quand on écrivait. De cette façon, plus on avait maîtrisé d'applications particulières, plus l'apprentissage des autres devenait rapide et facile, car l'expérience acquise pouvait être réemployée. Grâce à des idées extrêmement simples comme celle-ci, l'utilisateur se sentait dans un monde familier même lorsqu'il exécutait une opération pour la première fois. Il était donc incité à explorer les possibilités que le système lui offrait au lieu de s'en désintéresser et d'emprunter ses canaux habituels.

L'objectif de Douglas Engelbart était d'articuler entre eux des systèmes cognitifs humains par l'intermédiaire de dispositifs électroniques intelligents. Eu égard à cette visée à long terme, la cohérence des interfaces, qui est une sorte de trait d'interface au carré, représente un principe stratégique essentiel. Elle séduit l'utilisateur potentiel et l'attache de plus en plus au système. Le principe que nous venons d'énoncer ainsi que le parti pris d'une communication avec l'ordinateur intuitive, métaphorique et sensorimotrice, plutôt qu'abstraite, rigidement codifiée et dépourvue de sens pour l'utilisateur, ont contribué à « humaniser la machine ». Autrement dit, ces interfaces, ces couches techniques supplémentaires ont rendu plus aimables, mieux imbriqués au système cognitif humain, les agencements complexes de technologies intellectuelles et de médias de communication qu'on appelle encore systèmes informatiques.

Quoique ingénieur, ou plutôt parce que ingénieur au plein sens du mot, Douglas Engelbart fut l'un des acteurs du débat sur les usages sociaux de l'informatique [2]. Selon lui, les divers agencements de médias, de technologies intellectuelles, de langages et de méthodes de travail disponibles à une époque donnée conditionnent fondamentalement la manière de penser et de fonctionner en groupe qui a cours dans une société. Dans le prolongement d'une longue évolution culturelle commençant aux premiers mots articulés par les néanderthaliens, il voit dans l'ordinateur un instrument propre à transformer positivement, à « augmenter » — suivant ses propres termes — le fonctionnement des groupes. Mais, pour qu'il y ait véritable « augmentation », il faut accompagner et diriger souplement, pas à pas, la *co-évolution* des humains et des outils. Il est hors de question de concevoir un collecticiel de A à Z, et *a priori*, indépendamment d'une expérimentation permanente menée sur des groupes d'usagers réels. L'étroite adaptation des interfaces aux particularités du système cognitif humain, l'extrême attention aux moindres réactions et propositions des utilisateurs de ses prototypes, l'accent mis sur les méthodes (douces et progressives) pour installer de nouvelles technologies intellectuelles dans les collectifs de travail caractérisent le style technologique de Douglas Engelbart.

Au fil de sa pratique, des articles et des conférences qu'il a livrés au public, l'ancien directeur de l'Augmentation Research Center esquisse peut-être le devenir prochain de l'informatique. La future discipline prendrait en charge les équipements collectifs de l'intelligence, elle contribuerait à structurer les espaces cognitifs des individus et des organisations, comme les urbanistes et les architectes définissent l'espace physique où se déroule une bonne part de la vie privée et des activités sociales. Pour poursuivre la métaphore, les futures équipes d'architectes cognitifs (ou de cogniticiens) ne construiront pas de villes nouvelles en rase campagne pour des individus malléables et sans passé. Bien au contraire, ils auront à tenir compte des particularités sensorielles et intellectuelles de l'espèce humaine, des habitudes prises avec d'anciennes technologies intellectuelles, des pratiques qui se sont cristallisées depuis des siècles autour d'agencements sémiotiques divers dont, au premier chef, la langue. Ils devront partir des modes d'interaction en vigueur dans les organisations, qui diffèrent suivant les lieux et les cultures. C'est toute une écologie cognitive déjà déployée aujourd'hui qu'il faudra administrer et faire évoluer sans heurts brutaux, avec la participation des intéressés.

Les équipements collectifs de l'intelligence

Pendant longtemps, les informaticiens se sont considérés comme des spécialistes des machines. Malgré l'extraordinaire percée des ordinateurs personnels et la constitution progressive de l'informatique en médium universel, nombre d'informaticiens partagent encore cette conception. A la suite de Douglas Engelbart, nous voudrions opposer à l'image du *spécialiste de l'ordinateur* celle d'un concepteur occupé des *équipements collectifs de l'intelligence*. Il faut déplacer l'accent de l'objet (l'ordinateur, le logiciel, tel ou tel module technique) vers le projet (l'environnement cognitif, le réseau de relations humaines à instituer).

Répétons-le, la plupart des logiciels contemporains jouent un rôle de *technologie intellectuelle* : ils réorganisent peu ou prou la vision du monde de leurs utilisateurs et modifient leurs réflexes mentaux. Les réseaux informatiques modifient les circuits de communication et de décision dans les organisations. Au fur et à mesure que l'informatisation progresse, certaines fonctions sont éliminées, de nouveaux savoir-faire apparaissent, l'écologie cognitive se transforme. C'est dire qu'on aurait besoin d'ingénieurs de la connaissance et d'animateurs de l'évolution sociotechnique des organisations tout autant que de spécialistes des machines.

Mais il ne faudrait pas pour autant confier le versant humain et le versant objectif de l'informatique à deux métiers différents : c'est au cœur même de la conception d'un logiciel ou d'un circuit que se décident les branchements possibles (les fameux problèmes de compatibilité), l'éventail plus ou moins négociable des usages, le plaisir ou la peine de travailler avec un ordinateur. Chaque grande innovation en informatique a ouvert la possibilité de nouveaux rapports entre hommes et ordinateurs : codes de programmation de plus en plus intuitifs, communication en temps réel, réseaux, micro, nouveaux principes d'interfaces... C'est parce qu'ils concernent les humains que ces tournants dans l'histoire des artefacts informatiques nous importent.

L'aveugle et le paralytique, ou l'ingénieur et le sociologue

L'échec d'une informatisation peut tenir à de tout petits détails dissimulés parmi les complexités d'un programme. Quelques instructions supplémentaires ou un logiciel planifié autrement auraient peut-être économisé des milliers d'heures de codification ennuyeuse ou de manipulation à contretemps aux employés de telle ou telle entreprise. Il n'est pas question ici d'erreurs de programmation mais d'une incompétence *technique*, au sens de ce terme que nous tentons de définir ici.

A l'inverse, le succès de certains progiciels de micro-informatique a tenu à certaines intuitions très profondes de ce que devait être l'interface avec l'utilisateur pour un usage donné *(Visicalc, Mac Paint)*. A défaut d'un éclair de génie, l'équipe des concepteurs peut concentrer son attention sur le confort de l'usager, ses habitudes, ses besoins, sur les critiques émises par les utilisateurs de versions précédentes... La connaissance des replis d'une machine ou d'un système d'exploitation est alors mise au service d'un projet de convivialité. La virtuosité technique ne prend tout son effet que lorsqu'elle réussit à déplacer les axes et les points de contacts des relations entre hommes et machines, réorganisant ainsi par ricochet l'écologie cognitive dans son ensemble. Séparer la connaissance des machines de la compétence cognitive et sociale revient à fabriquer artificiellement un aveugle (le « pur » informaticien) et un paralytique (le « pur » spécialiste des sciences humaines) que l'on s'efforcera d'associer ensuite, mais trop tard, les dégâts ayant déjà été commis.

Ceux qui ont lancé la micro-informatique ou le collecticiel sont tout sauf de « purs techniciens ». On devrait plutôt considérer les grands acteurs de la « révolution informatique » comme des hommes politiques d'une espèce un peu spéciale. Leur signe distinctif est de travailler à l'échelle moléculaire des interfaces, là où s'organisent les passages entre les règnes, là où les micro-flux sont détournés, accélérés, transformés, les représentations traduites, là où se nouent les éléments constituants des hommes et des choses.

Contrairement à ce que l'on croit souvent, les promoteurs d'innovations techniques ne s'intéressent pas exclusivement aux rouages compliqués des choses. Ils sont d'abord mus par la vision de nouveaux agencements dans les collectifs mixtes que forment les hommes, leurs artefacts et les diverses puissances du cosmos qui les affectent. Les ingénieurs, promoteurs et visionnaires qui lient leur destin à telle ou telle technique sont animés par de véritables *projets politiques*, à condition d'admettre que la cité contemporaine soit peuplée de machines, de micro-organismes, de forces naturelles, d'équipements de silice et de béton tout autant que d'humains.

Reprenons la comparaison de l'informatique avec l'architecture ou l'urbanisme. Au lieu de structurer l'*espace physique* des relations humaines et de la vie quotidienne, l'informaticien organise l'*espace des fonctions cognitives* : prise d'information, mise en mémoire, évaluation, prévision, décision, conception, etc.

Les architectes ont étudié la résistance des matériaux, la mécanique, ils connaissent toutes les propriétés du béton. Mais leurs connaissances, on le sait, ne se limitent pas au versant objectif de leur métier. Que dirait-on d'urbanistes qui n'auraient aucune notion de sociologie, d'esthétique ou d'histoire de l'art ? C'est pourtant dans une situation analogue que se trouvent aujourd'hui la majorité des informaticiens : ils vont intervenir sur la communication, la perception et les stratégies cognitives d'individus et de collectifs de travail ; on ne trouve pourtant dans leur cursus de formation ni la pragmatique des communications, ni la psychologie cognitive, ni l'histoire des techniques, ni l'esthétique. Comment les futurs informaticiens sont-ils éveillés à la dimension humaine de leur mission ? Force est de constater que l'enseignement supérieur produit aujourd'hui majoritairement des « spécialistes des machines ».

Le travail d'*ingénierie des connaissances* mené par certaines sociétés d'intelligence artificielle peut servir de fil conducteur pour repenser la fonction de l'informaticien. L'ingénieur des connaissances n'apporte pas aux employés de l'entreprise sa solution « rationnelle » toute faite. Bien au contraire, il passe des mois sur le terrain, il accorde une attention minutieuse aux savoir-faire concrets des futurs utilisateurs (souvent bien différents des méthodes prescrites), il témoigne un respect sans faille à leur expérience.

En se rapprochant des ethnographes et des artistes, les concepteurs de logiciels et les analystes informatiques découvriront l'éthique qui manque à leur jeune profession. L'informatique va peut-être enfin devenir une technique.

Machines désirables

Une version purement ergonomique ou fonctionnelle de la relation entre humains et ordinateurs rendrait mal compte de ce qui s'y joue. Le confort et la performance cognitive ne sont pas seuls en cause. Le désir, la subjectivité peuvent être profondément impliqués dans des agencements techniques. De même que l'on tombe amoureux d'une moto, d'une voiture ou d'une maison, on se passionne pour un ordinateur, un logiciel ou un langage de programmation.

L'informatique n'intervient pas seulement sur l'écologie cognitive mais encore sur les *processus de subjectivation* individuels et collectifs. Des personnes ou des groupes ont construit une partie de leur vie autour des messageries, de certains logiciels d'aide à la création musicale ou iconique, sur la programmation ou le piratage dans les réseaux [17, 63]. Même sans être pirate ou *hacker*, on peut être *séduit* par des dispositifs informatiques. Il y a toute une dimension esthétique ou artistique de la conception des machines ou des logiciels, celle qui suscite l'engagement émotionnel, stimule le désir d'explorer de nouveaux territoires existentiels et cognitifs, branche l'ordinateur sur des mouvements culturels, sur des révoltes, des rêves. Les grands acteurs de l'histoire de l'informatique, comme Alan Turing, Douglas Engelbart ou Steve

Jobs, ont perçu l'ordinateur autrement que comme un automate fonctionnel. Ils ont joué et vécu sur sa dimension subjective, merveilleuse ou prophétique.

Avec le recul des années, les premiers agencements technico-organisationnels informatisés nous sembleront peut-être aussi étranges, inhumains, aussi archéologiques dans leur genre que ces villes industrielles du XIXe siècle, grises, uniformes, sans histoire, dépourvues de parcs ou de places, centrées sur quelque énorme usine envahie de vapeurs nocives ou retentissant du fracas monstrueux des marteaux-pilons. L'espace des interactions sensori-intellectuelles, l'écologie cognitive qui encadre la vie mentale des individus est peut-être moins immédiatement perceptible que l'espace physique, on n'en a pas moins le devoir de le rendre habitable. On a rêvé et peut-être atteint quelquefois, surtout depuis le milieu des années quatre-vingt, un espace logiciel désirable, ouvert aux explorations, aux connexions sur le dehors et aux singularisations.

De l'usage

Les critiques de l'informatique ont naïvement cru les informaticiens qui prétendaient, jusqu'aux alentours de 1975, que la « machine » était binaire, rigide, contraignante, centralisatrice, qu'on ne pouvait pas faire autrement. Ils ont souscrit par leurs critiques mêmes à l'idée fausse d'une essence de l'informatique. En réalité, dès le début des années soixante, des ingénieurs comme Douglas Engelbart menaient des recherches dans la direction d'une informatique de communication, de travail coopératif et de convivialité. Les grandes compagnies d'informatique n'ont pris le tournant que vingt ans plus tard pour ne pas être débordées par les nouveaux venus, commercialement très agressifs, de la micro-informatique.

La véritable critique n'a pas opposé l'homme et la machine, dans un face-à-face molaire, chacun des deux termes figé dans son essence prétendue, mais elle s'est située sur le terrain technique lui-même, en transformant la substance des choses : c'est-à-dire à la fois les ordinateurs et les écologies cognitives où ils prenaient place.

Ce n'étaient pas les agencements concrets de métal, de verre et de silicium qu'il fallait combattre, mais les machines bureaucratiques et hiérarchiques qui les hantaient.

A la « machine », massive et fascinante, se substitue un agencement instable et compliqué de circuits, d'organes, d'appareils divers, de couches logicielles, d'interfaces, les parties pouvant à leur tour se décomposer en réseau d'interfaces. Dans la mesure où chaque connexion supplémentaire, chaque nouvelle couche logicielle transforme le fonctionnement et la signification de l'ensemble, l'ordinateur possède la structure d'un hypertexte, comme peut-être tout dispositif technique complexe. Et les *usages* de l'ordinateur constituent encore des liens supplémentaires, étendent plus loin l'hypertexte, le connectent sur de nouveaux agencements, réinventant ainsi la signification des éléments connectés.

Qu'est-ce que l'usage? Le prolongement de la pente déjà creusée par les interprétations précédentes; ou au contraire la construction de nouveaux agencements de sens. Il n'est d'usage sans torsion sémantique inventive, qu'elle soit minuscule ou capitale.

En 1979, lorsque Daniel Bricklin et Robert Frankston ont lancé le premier tableur, *Visicalc*, ils *utilisaient* l'Apple 2. Mais du même coup, ils *réinventaient* la micro-informatique en permettant aux cadres et aux petits entrepreneurs de faire de la prévision comptable et financière sans avoir besoin de programmer. Désormais, les clients achèteront des Apple, des Commodore ou des Tandy pour avoir accès à *Visicalc*. Le tableur ouvrit la porte de la micro-informatique aux entreprises [29].

Toute conception revient à utiliser de manière originale des éléments préexistants. Tout usage créatif, en découvrant de nouvelles possibilités, atteint le plan de la conception. Cette double face de l'opération technique peut se retrouver à tous les échelons de la chaîne informatique, depuis la construction des circuits imprimés jusqu'au maniement d'un simple traitement de texte. Conception et usage sont en fait les dimensions complémentaires d'une même opération élémentaire de connexion, avec ses effets de réinterprétation, de construction de nouvelles significations. Dans le prolongement l'une de l'autre, la conception et l'usage contribuent alternativement à faire buissonner l'hypertexte sociotechnique.

Techno-politique

On entend souvent dire que la technique en elle-même n'est ni bonne ni mauvaise, et que seul compte l'usage que l'on en fait. Or, en répétant cela, on ne s'avise pas qu'un circuit imprimé représente déjà un « usage » ; celui que l'on fait d'un matériau de base (le silicone), de divers principes logiques, des procédés industriels disponibles, etc. Un ordinateur donné cristallise un certain nombre de choix parmi les usages possibles de ses composants, et chacun d'eux est lui-même l'aboutissement d'une longue chaîne de décisions. Un logiciel résulte d'une certaine utilisation d'un ordinateur et d'un langage de programmation. Le programme à son tour sera utilisé de telle façon particulière, et ainsi de suite. Cette analyse peut se reconduire à toutes les échelles d'observation et le long de tous les fils du grand réseau sociotechnique, vers l'aval, vers l'amont, suivant d'innombrables connexions latérales et rhizomatiques, sans qu'on trouve jamais d'objet brut, de fait premier ou dernier qui ne soit déjà un usage, une interprétation. L'usage de l'« utilisateur final », c'est-à-dire du sujet que l'on considère à un instant donné, ne fait que poursuivre une chaîne d'usages qui précontraint le sien, le conditionne sans le déterminer totalement. Il n'y a donc pas la technique d'un côté et son usage de l'autre, mais un seul hypertexte, un immense réseau fluctuant et compliqué d'usages, en quoi consiste précisément la technique.

Le débat sur la nature oppressive, antisociale, ou au contraire bienfaisante et conviviale de l'informatique ne s'est jamais confiné au cercle des sociologues, des philosophes, des journalistes ou des syndicalistes (les prétendus spécialistes des finalités — des usages — et des rapports entre les hommes). Il commence chez les scientifiques, les ingénieurs, les techniciens eux-mêmes, parmi les soi-disant professionnels des rapports entre les *choses*, ceux qui sont censés ne s'occuper que des moyens, des outils. La distinction abstraite et bien tranchée entre fins et moyens ne résiste pas à une analyse précise du processus sociotechnique dans lequel, en réalité, les médiations (les moyens, les interfaces) de tous ordres s'entre-interprètent en vue de finalités locales, contradictoires et perpétuellement contestées, si bien qu'à ce jeu des détournements un « moyen » quelconque ne reste jamais bien longtemps asservi à une « fin » stable.

La discussion sur la valeur de l'informatique a certes pris la forme d'articles ou de livres comme ceux de Norbert Wiener, Vannevar Bush, ou Theodore Nelson. Elle a fait rage dans les revues de scientifiques contestataires californiens des années soixante-dix, ou dans le périodique français *Terminal*. Mais elle s'est déroulée premièrement sur des terrains pratiques, parmi les protagonistes impitoyables d'une technopolitique en acte : choix techniques, stratégies commerciales, batailles d'images, risques financiers. Les grands constructeurs d'ordinateurs et les jeunes sociétés de micro-informatique qui se sont affrontés au tournant des années soixante-dix et quatre-vingt ont écrit par exemple quelques chapitres décisifs d'une philosophie concrète de la technique. Qu'on puisse apprendre à se servir d'un ordinateur en vingt minutes plutôt qu'en quarante jours a peut-être plus fait pour la « réappropriation de la technique » que mille discours critiques.

L'usage étant partout, la question du bon et du mauvais (qui ne dépendrait « que de l'usage ») est donc coextensive au processus technique. Elle ne peut se repousser en fin de course, dans une région idéale et vide où les humains, tout nus, séparés des objets qui tissent leurs relations et des milieux concrets où se constitue leur vie, choisiraient des buts pour le meilleur ou pour le pire et chercheraient ensuite des moyens pour les réaliser. Qu'elles soient considérées comme naturelles ou comme les fruits de l'activité humaine, les choses, en passant d'un acteur à l'autre, sont alternativement fins et moyens, éléments objectifs de la situation ou dispositifs à transformer et à détruire. Les choses, toutes les choses, suivant le spectre complet de leurs significations et de leurs effets (et non seulement en tant que marchandises), médiatisent ainsi les relations humaines. C'est pourquoi l'activité technique est intrinsèquement politique, ou plutôt cosmopolitique.

Ouvertement ou non, la question du bon et du mauvais se pose de manière singulière à chaque instant du processus technique. Non dans quelque après-coup de l'usage, mais depuis le commencement sans origine de la chaîne des artifices, commencement introuvable, semblable à l'hypothétique premier mot de l'hypertexte culturel, qui est toujours déjà le récit d'un récit, le commentaire, le jugement ou l'interprétation d'un texte précédent.

Bibliographie

AMBRON Sueann et HOOPER Kristina (sous la direction de), *Interactive Multimedia*, Microsoft Press, Redmond, Washington, 1988.

Chaos Computer Club (sous la direction de Jürgen WIECKMANN), *Danger pirates informatiques*, Plon, Paris, 1989 (édition originale : *Das Chaos Computer Club*, Rowohlt Verlag GmbH, Reinbek bei Hamburg, 1988).

« Dix ans de tableur », dossier de *Sciences et vie micron*, n° 68, janvier 1990.

LANDRETH Bill, *Out of the Inner Circle* (2e édition), Tempus Books, Microsoft Press, Redmond, Washington, 1989.

LÉVY Pierre, « L'invention de l'ordinateur », *in Éléments d'histoire des sciences* (sous la direction de Michel SERRES), Bordas, Paris, 1989.

5

Le collecticiel

La jeune femme manipule une icône figurant une flamme. A l'aide d'un curseur commandé par une souris, elle rapproche l'idéogramme du feu d'un autre idéogramme, représentant un glaçon. Au bout de quelques instants, l'icône du glaçon clignote en vidéo inverse, puis se métamorphose brusquement en un autre idéogramme : trois traits ondulés qui représentent l'eau. Cette jeune femme est une spécialiste lyonnaise de psychologie de l'apprentissage. Elle participe à un projet européen multidisciplinaire dans le domaine des technologies éducatives. Il s'agit de mettre au point les principes d'une idéographie informatique dynamique à fin d'enseignement et de formation. Un débutant dans une discipline scientifique ou dans une sphère de connaissance pratique devrait acquérir bon nombre d'informations uniquement en manipulant les idéogrammes qui figurent les principaux objets d'un domaine donné et en observant leurs interactions.

Après avoir terminé de mettre au point sa démonstration, la psychologue décide d'exposer son argument grâce au système d'hypertexte qui permet aux chercheurs de l'équipe de dialoguer sur leur projet. Elle clique dans le « point zoom » de la fenêtre de travail. La zone où interagissaient les idéogrammes diminue alors jusqu'à ne plus occuper qu'une toute petite portion de l'écran. La scintillante surface est maintenant presque entièrement recouverte par une sorte de réseau buissonnant. Des étiquettes de plusieurs couleurs sont reliées entre elles par des fils tout aussi multicolores. Les étiquettes rouges correspondent aux différents *problèmes* qui se posent à l'équipe de recherche. A chaque étiquette rouge sont reliées plusieurs étiquettes bleues, qui renvoient aux différentes *positions* que suscitent les problèmes. Enfin plusieurs *arguments* figurés par des étiquettes vertes viennent étayer ou combattre (cela dépend de la couleur du fil) les positions.

La jeune femme clique dans la zone des « problèmes d'interface ». Cette portion du réseau s'agrandit en révélant de nouveaux détails et vient se placer au centre de l'écran. Ayant repéré le problème : « Quelle apparence visuelle ? », elle tire un fil à partir de cette étiquette, crée une nouvelle étiquette rouge, à titre de sous-problème, sur laquelle elle inscrit : « Faut-il utiliser la couleur ? » Elle rattache à cette dernière une nouvelle étiquette, mais bleue, cette fois-ci, indiquant donc une position : « Oui. » Puis elle crée une étiquette verte d'argument rattachée à la position « Oui », qu'elle nomme provisoirement : « Compréhension intuitive. » Elle « double-clique » sur l'étiquette « Compréhension intuitive », et une fenêtre s'ouvre automatiquement, la laissant libre de développer son argument. Elle explique par écrit que des changements progressifs de la couleur des idéogrammes seraient plus indiqués qu'un clignotement pour signaler le changement d'état ou la prochaine métamorphose d'un objet. Conformément à la philosophie générale de leur projet commun, les chercheurs doivent en effet utiliser autant que possible dans leur interface les métaphores les plus proches possible de la vie courante. Elle crée un lien avec la petite démonstration qu'elle vient de programmer et qui met en scène successivement le glaçon clignotant sous l'effet de la flamme avant de se transformer en eau et l'icône du glaçon passant progressivement du bleu au rouge avant de se métamorphoser en idéogramme de l'eau. Elle voudrait également créer un lien avec le passage de leur contrat de recherche où il est nettement spécifié qu'ils devront systématiquement réutiliser les symboles ambiants dans la culture européenne plutôt que d'en inventer de nouveaux, afin de faciliter une compréhension intuitive et éviter les apprentissages inutiles. (Le bleu et le rouge sont des symboles du froid et du chaud dans dans toutes les salles de bains.) Afin de retrouver ce passage dans un gros document qui fait près d'une soixantaine de pages, elle lance une recherche avec les mots clés : « symboles, compréhension, intuitif ». Elle obtient le passage recherché, et le rattache par un lien à son argument. Elle obtient également par cette recherche un extrait des minutes d'une réunion que l'équipe avait eue à Bruxelles avec les fonctionnaires européens gérant les projets en éducation. Après en avoir pris connaissance (elle était absente à cette réunion), elle le rattache aussi à son argument.

Tous les documents, articles de revues, minutes de réunions, interviews d'utilisateurs ou de concepteurs de systèmes d'EAO, parties du projet déjà réalisées (démonstrations, blocs de programme informatique...) sont immédiatement disponibles à tous les membres de l'équipe au moyen d'une simple recherche par mot clé ou par un index général des documents. Ces documents peuvent en tout ou en partie être reliés à n'importe quel item (problème, position, argument) du « réseau de discussion rationnelle ».

Quelques heures après, sur les bords du Tage, un informaticien lisbonnin découvre une légère augmentation de densité du « réseau de discussion rationnelle » du collectif de recherche du côté des problèmes d'interface. Il opère un zoom sur cette région et découvre immédiatement le nouveau problème et la position qui lui est liée, grâce à son habitude de décrypter les réseaux d'étiquettes et leurs couleurs. Après avoir lu les arguments de la psychologue lyonnaise avec tous les documents et la démonstration informatique qui leur sont liés, il crée une position : « Non », à la question sur la couleur des idéogrammes. Son argument concerne la grande quantité de terminaux en usage qui sont encore en noir et blanc. Il relie à cet argument certains passages de documents spécifiant que l'interface de l'idéographie dynamique doit être compatible, autant que possible, avec l'état du parc de l'informatique éducative en Europe.

Plus tard, le chef de projet, de son terminal de Genève, proposera une nouvelle position : noir et blanc pour les deux premières phases du projet, couleur pour la dernière phase, avec deux arguments : premièrement, ils étaient tout de même sur un projet de recherche, secondement, il semblait intéressant d'explorer l'idée d'une écriture où la couleur jouerait un rôle; d'autre part on pouvait imaginer que la situation du parc informatique en Europe allait évoluer d'ici à dix ans.

Lorsque la discussion aura suffisamment mûri, quand chacun des membres de l'équipe aura pu donner son avis et étudier à loisir la configuration des positions et des arguments, ils régleront le problème par consensus lors d'une de leurs réunions « en chair et en os ».

L'aide à la collaboration représente une application des hypertextes particulièrement prometteuse : aide au raisonnement, à l'argumentation, à la discussion, à la conception, à l'organisation, à la planification, etc. L'utilisateur de ces logiciels pour les groupes est explicitement un collectif.

Le collecticiel qui vient d'être évoqué est aujourd'hui en usage à Austin, Texas, dans une version à peine moins complète. *Gibis* (Graphical Issue Based Information System) a été développé en 1988 par Michael Begeman et Jeff Conklin dans le cadre d'un programme officiel de développement de technique logicielle [47, 55].

L'élaboration de technologies intellectuelles est indissociable d'une recherche empirique en écologie cognitive. Nous connaissons très mal la façon dont s'échangent réellement les informations dans les groupes, pourquoi les idées de personnes différentes peuvent se combiner de manière efficace et créative ou au contraire se bloquer mutuellement. Comment penser un sujet cognitif *collectif* ? De quels outils conceptuels disposons-nous pour appréhender l'intelligence des groupes ?

Les réseaux de conversations de Winograd et Flores

Dans un ouvrage paru en 1986, Terry Winograd et Fernando Flores ont proposé une lecture de l'organisation comme *réseau de conversations* [113]. Requêtes et engagements, offres et promesses, acceptations et rejets, consultations et résolutions s'y entrecroisent et s'y échangent de façon récurrente. Tous les membres de l'organisation participent à la création et au maintien de ce processus de communication. Ce ne sont donc pas de simples informations qui transitent sur le réseau conversationnel mais bel et bien des *actes de langage*, qui engagent ceux qui les accomplissent vis-à-vis d'eux-mêmes et des autres. En particulier, les promesses doivent être tenues. Dans cette perspective écologique, le travail du dirigeant ou du cadre ne consiste pas à « résoudre des problèmes » ou à « prendre des décisions » en solitaire. Il anime et entretient le réseau de conversations où s'échangent les engagements. Il coordonne les actions. Il tente surtout de discerner, au cours de son activité communicative, les *nouvelles possibilités* qui pourraient s'ouvrir à la communauté et risqueraient de réorienter certaines de ses finalités, engendrant ainsi de nouveaux circuits de conversation. En accord avec ce cadre théorique, le collecticiel conçu par Winograd et Flores assiste plutôt la dimension pragmatique de la communication dans les groupes que son aspect sémantique. Il s'agit d'abord de coordonner l'action. Chacun des actes de langage qui transite par le réseau est étiqueté : est-ce une requête, une acceptation, l'annulation d'une promesse, une contre-proposition ? Le logiciel garde trace de l'état de la conversation en cours et attire l'attention des participants sur les dates, les délais et les ruptures de promesses potentielles. En cas de litige, l'historique de la conversation est toujours disponible.

L'argumentation assistée par ordinateur

De nouveau, par quelle alchimie les collectifs pensent-ils ? Certaines études de psychologie cognitive, quoique surtout centrées sur les individus, peuvent nous fournir de précieuses indications. On a observé que les propos tenus lors de conversations quotidiennes avaient beaucoup moins de structure, étaient moins systématiquement hiérarchisés et organisés que les textes écrits. Cela peut être rapporté aux faibles capacités de la mémoire à court terme de l'être humain. Au cours d'une conversation normale, nous ne disposons pas de ressources externes pour stocker et réorganiser à loisir des représentations verbales et graphiques. C'est pourquoi nous échangeons surtout des traits, des mots, nous passons du coq à l'âne, nous dérivons. Au cours d'un simple échange verbal, il nous est très difficile de comprendre et plus encore de produire un argumentaire organisé, complexe et cohérent en défense de nos idées. On oppose des discours plus facilement qu'on ne dialogue. On use de procédés rhétoriques plutôt qu'on ne raisonne pas à pas. On ressasse ses raisons au lieu d'évaluer en commun les preuves et les justifications de chaque inférence.

Des méthodes existent depuis longtemps pour remédier à cet état de fait, depuis les diverses techniques d'animation de réunion jusqu'au recours à des documents écrits. Lorsqu'il s'agit de penser, concevoir, prendre ensemble des décisions, même l'échange de textes écrits sous forme classique présente quelques inconvénients. En particulier, la structure logique des argumentations n'est pas toujours mise en évidence, ce qui provoque souvent malentendus et faux débats.

Les collecticiels d'aide à la conception et à la discussion collective, comme celui que nous avons présenté au début de ce chapitre, aident chaque interlocuteur à se repérer dans la structure logique de la discussion en cours en lui fournissant une représentation graphique du réseau d'arguments. Ils permettent également la liaison effective de chaque argument avec les divers documents auxquels il se réfère, qui le fondent peut-être et forment en tout cas le contexte de la discussion. Ce contexte, contrairement à ce qui se passe lors d'une discussion orale, est ici totalement explicite et organisé.

Les hypertextes d'aide à l'intelligence coopérative assurent la mise en scène du réseau des questions, des positions et des arguments, plutôt qu'ils ne mettent en valeur les discours des personnes pris en bloc. La représentation hypertextuelle fait éclater la structure agonistique des plaidoiries et contre-plaidoiries opposées. L'attachement des idées aux personnes s'estompe. Dans la discussion habituelle, chaque intervention surgit comme un micro-événement, auquel d'autres répondent successivement sur un mode dramatique. Il en est de même lorsque des auteurs s'interpellent par textes interposés. Avec les collecticiels, le débat se ramène à la construction progressive d'un réseau argumentaire et documentaire toujours présent aux yeux de la communauté, maniable à tout instant. Ce n'est plus « chacun son tour » ou « l'un après l'autre » mais une sorte de lente écriture collective, désynchronisée, dédramatisée, éclatée, comme croissant d'elle-même suivant une multitude de lignes parallèles, et pourtant toujours disponible, ordonnée, objectivée sur l'écran. Le collecticiel inaugure peut-être une nouvelle géométrie de la communication.

En 1990, une équipe dirigée par Paul Smolensky à l'université du Colorado achevait la réalisation d'un logiciel d'hypertexte spécialement conçu pour la rédaction et la consultation des discours raisonnés [49]. Une fois les discussions analysées en dizaines de questions et de positions, on peut descendre encore plus bas dans la microstructure de la conversation. Le logiciel *Euclid* permet de représenter chaque argument comme un réseau de *propositions* étayées par des entités (preuves, analogies, hypothèses de départ) qui sont elles-même des arguments, jusqu'à ce que l'on arrive aux hypothèses ou aux faits ultimes. *Euclid* offre à ses utilisateurs un certain nombre de schémas d'arguments pré-construits (comme l'argument par analogie, ou *a fortiori*, ou celui qui consiste à invalider les prémisses de l'adversaire). Il propose aussi des outils de visualisation de la structure logique du discours. On peut ainsi examiner alternativement, sans se perdre, la ligne générale d'un argument et le détail d'une sous-proposition particulière. A tout moment de la rédaction ou de l'examen d'un argument, le logiciel permet à l'utilisateur de savoir immédiatement si telle proposition est étayée ou simplement supposée, si tel groupe de propositions est cohérent. Le logiciel peut énumérer sur demande les thèses qui perdent leur base si telle proposition est niée, ou signaler les propositions dont dépend l'essentiel de la conclusion.

L'hypertexte, matérialisation du savoir commun

Le collecticiel élaboré par l'équipe de Douglas Engelbart au Stanford Research Institute était plus qu'un logiciel d'aide à l'argumentation et au dialogue coopératif. Il contenait aussi des ateliers de dessin, de programmation, de traitement de texte, et divers catalogues de documents et de références pertinents pour le groupe des collaborateurs. Un « journal » offrait les travaux publiés par des membres de la communauté (nous sommes parmi des universitaires) à la lecture et à l'annotation de chacun. Ainsi, lorsqu'un lecteur le jugeait nécessaire, ses remarques sur les travaux de ses collègues n'étaient plus confinées à l'exemplaire privé d'une photocopie d'article. Grâce au « journal » de structure hypertextuelle, les commentaires devenaient publics, comme lorsqu'au Moyen Age les gloses garnissant les marges du texte manuscrit appartenaient au livre de plein droit.

Un « manuel électronique » avait pour vocation de tenir à jour et de présenter de manière cohérente l'ensemble des connaissances spéciales de la communauté. A chaque instant, ce manuel proposait à qui le consultait une sorte de photographie du savoir possédé par le groupe. Plus encore peut-être que les autres aspects du collecticiel, le manuel avait une fonction d'intégration. En principe, le décalage intellectuel entre les membres de l'équipe était annulé, les uns étant immédiatement informés dès que les autres avaient découvert une nouvelle idée, un nouveau procédé ou une référence essentielle à leurs travaux. Les arrivants disposaient en outre d'un instrument de formation inappréciable. Enfin, cette objectivation du savoir commun était conçue comme un objet et un *enjeu de discussion* puisque, selon les termes de Douglas Engelbart : « Une communauté active sera constamment impliquée dans un dialogue au sujet du contenu de son manuel. »

Certaines universités américaines expérimentent des systèmes d'hypertextes permettant aux professeurs et aux étudiants de partager l'ensemble d'un corpus documentaire pertinent. Par exemple, les étudiants peuvent consulter et annoter les travaux de leurs camarades ou accéder à tous les matériaux que leur professeur a utilisés pour préparer son cours. Afin de se repérer dans l'échafaudage conceptuel de son maître, un étudiant en littérature peut demander la liste de tous les *liens* que le professeur a tracés après une certaine date et dont le descriptif comporte par exemple les mots clés : « Victor Hugo » et « épopée ». Toutes proportions gardées, l'indexation et le catalogage des *liens* dans les hypertextes représentent dans le domaine des technologies intellectuelles une avancée comparable à celle qui eut lieu en mathématiques lorsque l'on commença à y considérer les *opérations* comme des *objets*. Une fois qu'une activité intellectuelle (ici la mise en relation) est représentée sous forme déclarative, objectivée, elle peut faire l'objet de procédures de classement, transformation, traduction, agrégation et désagrégation analytique. Ce qu'on appelle abstraction n'est souvent rien d'autre que cette mise en signes de procédures, signes qui feront à leur tour l'objet de diverses manipulations.

Bibliographie

AMBRON Sueann et HOOPER Kristina (sous la direction de), *Interactive Multimedia*, Microsoft Press, Redmond, Washington, 1988.

« Groupware », dossier de la revue *Byte*, décembre 1988.

GUINDON Raimonde (sous la direction de), *Cognitive Science and its Applications for Human-Computer Interaction*, Lawrence Erlbaum, Hillsdale, New Jersey, 1988.

« Hypertext », dossier de la revue *Byte*, octobre 1988.

LAMBERT Steve et ROPIEQUET Suzanne (sous la direction de), *CD ROM, the New Papyrus*, Microsoft Press, Redmond, WA., 1986 (contient la reproduction du texte de Vannevar BUSH « As we may think », originellement paru dans *The Atlantic Monthly* en 1945).
WINOGRAD Terry et FLORES Fernando, *L'Intelligence artificielle en question*, PUF, 1988 (1re édition américaine : *Understanding Computers and Cognition*, Ablex, Norwood, New Jersey, 1986).

6

La métaphore de l'hypertexte

Comment la pensée vient aux choses

L'écriture en général, les divers systèmes de représentation et de notation inventés par les hommes au cours des siècles ont pour fonction de sémiotiser, de réduire à quelques jetons ou à quelques traits les grosses pelotes embrouillées de langage, de sensation et de mémoire qui forment pour nous le réel. Nos expériences des choses se mêlent de trop d'images, adhèrent par trop de fils à l'inextricable écheveau du vécu ou à l'indicible qualité de l'instant, pour que nous puissions les ordonner, les comparer, les maîtriser. Une fois décolorées et aplaties les singulières et mouvantes entités du concret, lorsque la lave épaisse du devenir a été projetée sur les quelques états possibles d'un système simple et maniable, alors, notre conscience myope, débile, au lieu de se perdre dans les choses, peut enfin dominer, mais ce ne sera que sur ces ombres minuscules que sont les signes.

L'évolution biologique a développé en nous la faculté d'imaginer nos actions futures et leur résultat sur l'environnement extérieur. Grâce à cette capacité de simuler nos interactions avec le monde au moyen de modèles mentaux, nous pouvons anticiper les résultats de nos interventions et utiliser les acquis de notre expérience. D'autre part, l'espèce humaine est dotée d'une habileté opératoire supérieure à celle des autres espèces animales. Peut-être la combinaison de ces deux caractères, le don du bricolage et l'imagination, explique-t-elle que nous pensions presque toujours à l'aide de métaphores, de petits modèles concrets souvent d'origine technique. Une philosophie de la connaissance nominaliste et soucieuse du concret devrait soupçonner tout concept d'hypostasier une image ou un exemple particulier. Par exemple, les notions qui semblent si générales et si abstraites de *forme* et de *matière* sont des emprunts d'Aristote à des arts datant du Néolithique : la poterie et la sculpture.

Le concept de concept, l'*idée* platonicienne elle-même, est détourné d'une technique plus récente. Le mot archétype vient de *archè*, premier, et *typos*, empreinte. En termes de métier, le *typos* était le poinçon, le coin, au moyen duquel on frappait les monnaies. On comprend pourquoi Platon attribuait une supériorité ontologique aux modèles idéaux par rapport à leurs images sensibles puisque, suivant la métaphore, un unique poinçon engendrait des milliers de pièces [100].

Depuis le XVIIe siècle, notre notion de la *causalité* se meut dans l'univers des chocs, des poussées et des engrenages du mécanisme, etc. On n'en finirait pas d'énumérer les emprunts de la pensée dite abstraite (en fait métaphorique) aux modèles techniques les plus quotidiens. Non seulement les concepts sont nomades, passent d'un territoire du savoir à l'autre, mais ils sont presque toujours aussi de basse extraction, fils de paysans, d'artisans, de techniciens, de travailleurs manuels.

La psychologie ne fait pas exception à cette disposition naturelle de l'esprit humain. La psychologie de la forme, par exemple, a largement utilisé la métaphore du champ électromagnétique. La psychanalyse a beaucoup puisé chez les commerçants (l'« investissement » affectif), les plombiers (le « refoulement », toute la tuyauterie compliquée de la libido) et les chauffeurs (le modèle thermodynamique du fonctionnement psychique). La psychologie cognitive contemporaine utilise abondamment les modèles de computation et de traitement des données fournis par l'informatique.

L'abstraction ou la théorie, en tant qu'activités cognitives, sont donc d'origine éminemment pratique, et cela de deux manières. Premièrement à cause du rôle des technologies intellectuelles dans la réduction de devenirs insaisissables à l'état de petits signes permanents et maniables, qui pourront donc être l'objet d'opérations inédites. Secondement, grâce à la multitude de modèles concrets d'inspiration technicienne qui peuplent nos récits, nos théories et nous permettent tant bien que mal d'appréhender ou d'interpréter un monde trop vaste.

Les technologies intellectuelles se sont mêlées à l'intelligence des hommes à ces deux titres. L'écriture, par exemple, servit d'un côté à systématiser, à mettre en grille ou en tableau la parole éphémère. De l'autre côté elle inclina les lettrés à lire le monde comme une page, elle les incita à décrypter des signes dans les phénomènes, depuis les tables de prédiction des mages de Chaldée jusqu'au déchiffrement du code génétique, comme si la vie, longtemps avant les Phéniciens, avait inventé l'alphabet.

Esquisse d'une théorie herméneutique de la communication

A son tour, le collecticiel ou l'hypertexte, en plus d'être un outil effectif pour la communication et l'intelligence collective, pourrait aussi servir de métaphore éclairante. De métaphore pour penser quoi ? La communication, justement, trop longtemps représentée par le fameux schéma téléphonique de la théorie de Shannon. Nous revenons ainsi au propos initial de cette première partie.

On sait que la théorie mathématique de la communication, élaborée dans les années quarante, mesure la quantité d'information par l'improbabilité des messages d'un point de vue statistique, sans tenir compte de leur sens. Or les sciences humaines ont besoin d'une théorie de la communication qui mette au contraire la signification au centre de ses préoccupations.

Qu'est-ce que la signification ? Ou plutôt, pour aborder le problème sous un angle plus opératoire, en quoi consiste l'acte de donner du sens ? L'opération élémentaire de l'activité interprétative est l'association ; donner du sens à un texte quelconque revient à le relier, le connecter à d'autres textes, et donc à construire un hypertexte. On sait bien que des personnes différentes prêtent des sens parfois opposés à un message identique. C'est que, si le texte est le même pour chacun, l'hypertexte peut différer du tout au tout. Ce qui compte c'est le réseau de relations dans lequel sera pris le message, le filet sémiotique dont l'interprétant se servira pour le capter.

Vous reliez chaque mot de telle page à dix références, à cent commentaires. J'y connecte à peine quelques propositions. On dira que ce texte reste pour moi lettre morte, tandis qu'il fourmilie de sens pour vous.

Pour que les collectivités partagent du sens, il ne suffit donc pas que chacun de leurs membres reçoive le même message. Le rôle des collecticiels est précisément de mettre en commun non seulement les textes, mais les réseaux d'associations, d'annotations et de commentaires dans lesquels ils sont saisis par les uns et par les autres. Du coup, se trouve donnée à voir et comme matérialisée la constitution du sens commun : l'élaboration collective d'un hypertexte.

Travailler, vivre, parler amicalement avec d'autres êtres, croiser quelque peu leur histoire, cela revient entre autres à constituer un trésor de références et d'associations communes, un réseau hypertextuel indivis, un contexte partagé, propre à diminuer les risques d'incompréhension.

Le fondement transcendantal de la communication, comprise comme partage du sens, est ce contexte ou cet hypertexte partagé. Répétons-le, il faut donc renverser complètement la perspective habituelle selon laquelle le sens d'un message est éclairé par son contexte. On dira plutôt que l'effet d'un message est de modifier, complexifier, rectifier un hypertexte, créer de nouvelles associations dans un réseau contextuel qui est toujours déjà là. Le schéma élémentaire de la communication ne serait plus « A transmet quelque chose à B », mais « A modifie une configuration qui est commune à A, B, C, D., etc. ». L'objet principal d'une théorie herméneutique de la communication n'est donc ni le message, ni l'émetteur, ni le recepteur, mais l'hypertexte qui est comme la niche écologique, le système toujours mouvant des rapports de sens qu'entretiennent les précédents. Et les opérateurs principaux de cette théorie ne sont ni le codage ni le décodage ni la lutte contre le bruit par la redondance, mais ces opérations moléculaires d'association et de dissociation qui réalisent la métamorphose perpétuelle du sens.

La métaphore de l'hypertexte rend compte de la structure indéfiniment récursive du sens, car puisqu'il connecte des mots et des phrases dont les significations se répondent et se font écho par-delà la linéarité du discours, un texte est toujours déjà un hypertexte, un réseau d'associations. Le vocable « texte », par son étymologie, contient la très ancienne technique féminine du tissage. Et peut-être n'est-ce pas un hasard si le tricot de verbes et de noms par quoi nous tentons de retenir le sens se dit presque d'un terme textile. L'humanité, espèce parlante, est aussi la race qui s'habille. Le vêtement patiemment tissé nous contient, nous délimite, il forme une interface colorée entre la chaleur de nos peaux et la dureté du monde. Les collectifs cousent aussi par le langage et tous les systèmes de signes dont ils disposent une toile de sens destinée à les rassembler et peut-être à les protéger des éclats dispersés, insensés, du devenir ; une étoffe de mots propre à les abriter de la contingence radicale qui perce sous l'enveloppe des significations et s'y mêle à leur insu.

Bibliographie

SIMONDON Gilbert, *L'Individuation psychique et collective*, Aubier, Paris, 1989.

RASTIER François, *Sémantique interprétative*, PUF, Paris, 1987.

II

Les trois temps de l'esprit : l'oralité primaire, l'écriture et l'informatique

Les possibilités interactives et les diverses utilisations des *hypertextes* ont été exposées dans la première partie de ce livre. Mais les hypertextes ne sont qu'un des aspects du grand réseau numérique qui va bientôt rassembler tous les secteurs de l'industrie de la communication, de l'édition classique à l'audiovisuel. La partie qui suit sera donc notamment consacrée à une description d'ensemble des techniques contemporaines de communication et de traitement de l'information par ordinateur (chapitre 9 : « Le réseau numérique »). Il n'était cependant pas question de s'arrêter à une description fascinée des logiciels et des réseaux. Dans la première partie, l'image de l'hypertexte nous a servi de métaphore du sens et de fil conducteur pour une analyse du processus socio-technique. De même, dans cette deuxième partie, nous partirons des données techniques pour nous interroger sur la temporalité sociale et les modes de connaissance inédits qui émergent de l'utilisation des nouvelles technologies intellectuelles à support informatique (chapitre 10 : « Le temps réel »). Mais si des temps sociaux et des styles de savoir particuliers sont liés aux ordinateurs, l'imprimerie, l'écriture et les méthodes mnémotechniques des sociétés orales ne sont pas en reste. Toutes ces « anciennes » technologies intellectuelles ont joué, et jouent encore, un rôle déterminant dans l'établissement des cadres intellectuels et spatio-temporels des sociétés humaines. Aucun genre de connaissance, même s'il nous semble aussi naturel, par exemple, que la *théorie*, n'est indépendant de l'usage de technologies intellectuelles.

Pour en comprendre les enjeux et la mettre en perspective, il fallait donc resituer l'analyse des évolutions contemporaines sous l'empire de l'informatique dans la continuité d'une *histoire des technologies intellectuelles et des formes culturelles qui leur sont liées*. C'est là le principal objet des chapitres 7 (« Parole et mémoire ») et 8 (« L'écriture et l'histoire »), qui ouvrent cette deuxième partie.

7

Parole et mémoire

Si l'humanité a construit d'autres temps, plus rapides, plus violents que ceux des plantes et des animaux, c'est parce qu'elle dispose de l'extraordinaire outil de mémoire et de propagation des représentations qu'est le langage. C'est aussi parce qu'elle a cristallisé une multitude d'informations dans les choses et leurs rapports ; de sorte que des pierres, du bois, de la terre, des assemblages de fibres ou d'os, des métaux retiennent des informations en lieu et place des humains. En entretenant et reproduisant les artefacts matériels avec lesquels nous vivons, nous conservons du même coup les agencements sociaux et les représentations qui adhèrent à leurs formes et à leurs usages. Dès lors qu'elle s'inscrit dans la résistante matière d'un outil, d'une arme, d'un bâtiment ou d'une route, une relation s'installe dans la durée. Langage et technique contribuent à produire et moduler le temps.

Que ce soit dans les esprits par des procédés mnémotechniques, dans le bronze ou l'argile par l'art du forgeron ou du potier, que ce soit sur le papyrus du scribe ou le parchemin du copiste, les inscriptions de tous ordres, et au premier chef l'écriture elle-même, jouent le rôle de cliquets d'irréversibilité. Elles obligent le temps à ne couler que dans un sens, elles produisent de l'histoire, ou plutôt *des* histoires aux rythmes divers. A condition d'y inclure toutes les techniques et tous les branchements sur l'écosystème physico-biologique qui la font vivre, une organisation sociale peut elle-même être considérée comme un gigantesque dispositif à retenir les formes, à trier et accumuler les nouveautés. Les sociétés, ces énormes machines hétéroclites et brinquebalantes (routes, villes, ateliers, écritures, écoles, langues, organisations politiques, foules au travail ou dans les rues...) sécrètent comme leur signature singulière certains arrangements spéciaux de durées et de vitesses, un entrelacs d'histoires.

Oralité primaire et oralité secondaire

La présence ou l'absence de certaines techniques fondamentales de communication permet de classer les cultures en quelques grandes catégories. Ce classement nous aide simplement à repérer des pôles. Il ne doit pas faire oublier que chaque groupe social à un instant donné se trouve à l'égard des technologies intellectuelles dans une situation singulière et transitoire ; il ne peut donc être précisément situé que sur un continuum complexe. Par exemple, la disjonction « avec ou sans écriture » masque l'usage de signes picturaux déjà très codifiés par certaines sociétés paléolithiques (qui seront pourtant classées dans les cultures orales), elle néglige la différence entre écritures syllabique et alphabétique, elle occulte la diversité des usages sociaux des textes, etc. Mais, aussi simplistes qu'elles paraissent, ces disjonctions restent utiles parce qu'elles attirent l'attention sur les contraintes matérielles, les éléments techniques qui conditionnent, par exemple, les modes de pensée ou les temporalités d'une société.

L'oralité *primaire* renvoie au rôle de la parole avant qu'une société ait adopté l'écriture, l'oralité *secondaire* se rapporte à un statut de la parole complémentaire de celui de l'écrit, tel que nous le connaissons aujourd'hui. En oralité primaire, la parole a principalement à charge la gestion de la mémoire sociale et non seulement la libre expression des sujets ou la communication pratique quotidienne. Aujourd'hui la parole vive, les mots qui « s'envolent », se détache sur l'arrière-fond d'un immense corpus de textes : « les écrits qui restent ». Le monde de l'oralité primaire, en revanche, se situe avant toute distinction écrit/parlé.

En société oraliste primaire, presque tout l'édifice culturel repose sur les souvenirs des individus. L'intelligence y est d'ailleurs souvent identifiée à la mémoire, surtout auditive. L'écriture sumérienne, encore très proche de ses sources orales, dénote la sagesse en représentant une tête aux *grandes oreilles*. Dans la mythologie grecque, Mnémosyne (la Mémoire) avait une place tout à fait privilégiée dans la généalogie des dieux puisqu'elle était la fille d'Ouranos et de Gaia (le Ciel et la Terre) et la mère des neuf muses. Aux époques d'avant l'écriture, les gens inspirés entendaient des voix (Jeanne d'Arc était analphabète) bien plus qu'ils n'avaient de visions, car l'oreille était le canal habituel de l'information. Bardes, aèdes et griots apprenaient leur métier en *écoutant* leurs aînés. Plusieurs millénaires d'écriture finiront par dévaluer le savoir par ouï-dire, du moins aux yeux des lettrés. Spinoza le placera au dernier rang des genres de connaissance.

Comment et pourquoi différentes technologies intellectuelles donnent-elles naissance à des styles de pensée distincts ? Passer des *descriptions* historiques ou anthropologiques habituelles à une tentative d'*explication* demande une analyse précise des diverses articulations du système cognitif humain avec les techniques de communication et d'enregistrement. C'est pourquoi les données de la *psychologie cognitive* contemporaine seront abondamment mobilisées dans la suite de ce livre.

Dans les sociétés sans écriture, la production de durée repose presque entièrement sur la mémoire humaine associée au maniement du langage. Il est donc essentiel à notre propos de déterminer les caractéristiques de cette mémoire. Qu'est-ce qui peut être *inscrit* dans un esprit et comment ?

La mémoire humaine : apports de la psychologie cognitive

De même que le raisonnement spontané a peu de chose à voir avec une hypothétique « raison » figée dans son essence, notre mémoire ne ressemble en rien à un appareillage fidèle d'enregistrement et de restitution des informations. Et tout d'abord, suivant la psychologie cognitive contemporaine, il n'y a pas une mais plusieurs mémoires, fonctionnellement distinctes. La faculté de monter des automatismes sensorimoteurs (par exemple, apprendre à faire du vélo, à conduire une voiture ou à jouer au tennis), semble mettre en jeu des ressources nerveuses et psychiques différentes de l'aptitude à retenir des propositions ou des images. Même à l'intérieur de cette dernière faculté, que l'on appelle la mémoire déclarative, on peut encore distinguer entre la mémoire à court terme et la mémoire à long terme.

La mémoire à court terme, ou mémoire de travail, mobilise l'attention. Elle est mise à contribution, par exemple, lorsque nous lisons un numéro de téléphone et que nous le gardons à l'esprit jusqu'à ce nous l'ayons composé sur le cadran d'un appareil. La répétition semble être la meilleure stratégie pour retenir l'information à court terme. Nous prononçons le numéro à voix basse indéfiniment jusqu'à ce qu'il ait été composé. L'écolier qui ne vise que la note à l'interrogation du jour relit pour la dixième fois sa leçon avant d'entrer en classe.

La mémoire à long terme, en revanche, est à l'œuvre chaque fois que nous nous souvenons de notre numéro de téléphone au moment opportun. On suppose que la mémoire déclarative à long terme est enregistrée dans un seul, immense, réseau associatif. Les éléments du réseau différeraient seulement dans leur contenu informationnel et dans la force et le nombre des associations qui les relient.

Quelles sont les meilleures stratégies pour enregistrer les informations dans la mémoire à long terme et les retrouver quand nous en avons besoin, peut-être des années plus tard ? Plusieurs expériences de psychologie cognitive semblent montrer que la répétition n'est plus ici d'un grand secours, ou du moins que ce n'est pas la stratégie la plus économique.

Enregistrement et recherche dans la mémoire à long terme

Lorsqu'une nouvelle information ou un nouveau fait se présente nous devons, pour le retenir, en construire une représentation. Au moment où cette représentation est constituée, elle se trouve en état d'intense activation au sein du système cognitif, autrement dit elle est dans notre zone d'attention, ou très proche de cette zone. Nous n'avons donc pas de difficultés à la retrouver immédiatement. Le problème de la mémoire à long terme est le suivant : comment retrouver un fait, une proposition ou une image qui se trouve très loin de notre zone d'attention, une information qui n'a pas été dans un état actif depuis longtemps ?

L'activation mobilise les éléments mnésiques pour les processus contrôlés, ceux qui mettent en jeu l'attention consciente. Tous les nœuds du réseau mnémonique ne peuvent être activés en même temps, car les ressources de la mémoire de travail et des processus contrôlés sont limitées. Chaque fois que nous rechercherons un souvenir ou une information, l'activation devra se propager des faits présents à notre attention vers les faits recherchés. Pour cela deux conditions doivent être remplies. Premièrement, une représentation du fait recherché doit avoir survécu. Deuxièmement, il doit exister un chemin d'associations possibles menant à cette représentation. La stratégie d'encodage, c'est-à-dire la manière dont le sujet va construire une représentation du fait à retenir, semble jouer un rôle déterminant sur sa capacité ultérieure à s'en souvenir.

Plusieurs travaux de psychologie cognitive ont permis de préciser les meilleures stratégies d'encodage [3, 6, 104]. Certaines expériences, par exemple, ont montré que lorsqu'on demandait à des sujets d'apprendre des listes de mots en les répétant, le souvenir de l'information cible persistait pendant vingt-quatre heures, mais qu'il tendait ensuite à s'effacer. En revanche, lorsqu'on suggérait aux sujets de retenir les listes en construisant de petites histoires ou des images impliquant les mots à apprendre, les performances étaient moyennes à court terme mais persistaient très longtemps. On appelle *élaboration* cette deuxième stratégie.

Les élaborations sont des additions à l'information cible. Elles relient entre eux les items à retenir ou les connectent à des idées acquises ou formées précédemment. Dans la pensée de tous les jours, les processus élaboratifs se produisent constamment. Que se passe-t-il lorsque nous lisons un essai sur les technologies de l'intelligence, par exemple ? Nous joignons les propositions dont nous prenons connaissance aux propositions antérieures, plus haut dans le texte. Nous les associons également aux propositions éventuellement contradictoires d'autres auteurs, ainsi qu'à des questions, des idées ou des réflexions personnelles. Ce travail élaboratif ou associatif est indissociablement une manière de comprendre et de mémoriser.

Les diverses expériences de psychologie cognitive qui ont été menées sur ce thème de l'élaboration ont montré que les performances mnémoniques étaient d'autant meilleures que les associations étaient complexes et nombreuses.

L'activation de schémas (sortes de fiches ou de dossiers mentaux stabilisés par une longue expérience) pendant l'acquisition d'informations influe positivement sur la mémoire. Les schémas ou les scénarios stéréotypés, qui décrivent les situations courantes de notre vie quotidienne, représentent en effet des élaborations toutes faites, immédiatement disponibles. Nous savons bien que l'on retient mieux des informations lorsqu'elles sont reliées à des situations ou des domaines de connaissance qui nous sont familiers.

Comment expliquer ces effets de l'élaboration ? Elle permet sans doute d'attacher l'information cible au reste du réseau par un grand nombre de liens. Plus l'item à retenir possède de connexions avec les autres nœuds du réseau, plus il y aura de chemins associatifs possibles pour la propagation de l'activation au moment où l'on recherchera le souvenir. Elaborer une proposition ou une image revient donc à construire des voies d'accès à cette représentation dans le réseau associatif de la mémoire à long terme.

Cette explication permet de comprendre le rôle des schémas dans la mémoire. L'association d'un item d'information avec un schéma préétabli est une forme de « compréhension » de la représentation en question. C'est aussi une manière de la faire bénéficier du dense réseau de communication qui irrigue le schéma.

Les élaborations concernant les *causes* ou les *effets* des faits évoqués dans une phrase sont plus efficaces d'un point de vue mnémonique que des élaborations construisant des liens plus lâches. On a pu également montrer que la quantité et la pertinence des connexions n'étaient pas seules en cause dans les mécanismes mnémoniques. L'*intensité* des associations, le niveau plus ou moins profond des traitements et des processus contrôlés qui ont accompagné l'acquisition d'une représentation jouent également un rôle capital. On se souvient mieux, par exemple, de ce qu'on a recherché, ou de l'information qui a fait l'objet d'un effort actif d'interprétation. L'*implication émotionelle* des sujets vis-à-vis des items à retenir modifie également de façon drastique leurs performances mnémoniques. Plus on est personnellement concerné par une information, mieux on la retient.

Inconvénients dus aux stratégies d'encodage

La mémoire humaine est loin de connaître les performances d'un appareil idéal d'enregistrement et de restitution des informations puisque, comme nous venons de le voir, elle est extrêmement sensible aux processus élaboratifs et à l'intensité des traitements contrôlés qui accompagnent l'encodage des représentations. En particulier, il semble que nous fassions très mal la discrimination entre les messages originaux et les élaborations que nous y associons. Dans les affaires judiciaires, par exemple, on a depuis longtemps remarqué que les témoins mélangent les faits et leurs propres interprétations, sans parvenir à les distinguer. Lorsque les faits sont interprétés en fonction de schémas préétablis, les distorsions sont encore plus fortes. Les informations originales sont transformées ou forcées pour cadrer le plus possible avec le schéma, et cela quelles que soient la bonne foi ou l'honnêteté des témoins. C'est le fonctionnement même de la mémoire humaine qui est ici en jeu.

Les stratégies mnémoniques dans les sociétés orales

Ces enseignements de la psychologie cognitive sur la mémoire permettent de mieux comprendre comment des sociétés ne disposant pas de moyens d'enregistrement comme l'écriture, le cinéma ou la bande magnétique ont codé leurs connaissances.

Quelles sont les représentations qui ont le plus de chance de survivre dans des écologies cognitives essentiellement composées de mémoires humaines ? Sans doute celles qui correspondent le mieux aux critères suivants :

1. Les représentations seront richement interconnectées entre elles, ce qui exclut les listes et tous les modes de présentation où l'information est disposée de façon trop modulaire, trop découpée ;

2. Les connexions entre représentations mettront en jeu surtout des relations de cause à effet ;

3. Les propositions feront référence à des domaines de connaissance concrets et familiers pour les membres des sociétés en question, de façon qu'ils puissent les rattacher à des schémas préétablis ;

4. Enfin, ces représentations devront entretenir des liens étroits avec des « problèmes de vie » impliquant personnellement les sujets et fortement chargés en émotion.

Nous venons d'énumérer quelques-unes des caractéristiques du mythe. Le mythe code sous forme de récit certaines des représentations qui paraissent essentielles aux membres d'une société. Étant donné le fonctionnement de la mémoire humaine, et en l'absence de techniques de fixation de l'information comme l'écriture, il y a peu de chances que d'autres genres d'organisation des représentations puissent transmettre durablement des connaissances.

Il n'y a donc pas lieu d'opposer une « pensée magique » ou « sauvage » à une « pensée objective » ou « rationnelle ». Avec les cultures « primitives », en fait *orales*, on a simplement affaire à une classe particulière d'écologies cognitives, celles qui sont dépourvues des nombreux moyens d'inscription externe dont disposent les hommes de la fin du XXe siècle. Ne possédant que les ressources de leur mémoire à long terme pour retenir et transmettre les représentations qui leur semblent dignes de durer, les membres des sociétés orales ont exploité au mieux le seul outil d'inscription dont ils disposaient.

Dramatisation, personnalisation et artifices narratifs divers ne sont pas seulement destinés à procurer du plaisir à l'auditeur. Ils sont encore des conditions *sine qua non* de la pérennité d'un ensemble de propositions dans une culture orale. On peut améliorer encore le souvenir en faisant appel aux mémoires musicales et sensorimotrices comme auxiliaires à la mémoire sémantique. Les rimes et les rythmes des poèmes et des chants, les danses et les rituels ont, comme les récits, une fonction mnémotechnique. Pour éviter tout biais téléologique, on pourrait présenter la même idée de la manière suivante : les représentations qui ont le plus de chances de survivre dans un environnement composé presque uniquement de mémoires humaines sont celles qui sont codées dans des récits dramatiques, plaisants à entendre, portant une importante charge émotive et accompagnés de musique et de rituels divers.

Les membres des sociétés sans écriture (et par là sans école) ne sont donc pas « irrationnels » parce qu'ils croient à des mythes. Ils utilisent simplement les stratégies d'encodage optimal qui sont à leur disposition, exactement comme nous le faisons nous-mêmes.

Nous savons qu'il existe une tendance naturelle à ramener des événements singuliers à des schémas stéréotypés. Cela peut expliquer la sensation « d'éternel retour » se dégageant souvent des sociétés sans écriture ou qui n'en font pas un usage intensif. Au bout d'un certain temps, la personnalité et les actes des ancêtres se fondent aux types héroïques ou mythiques traditionnels. Il n'y a rien de nouveau sous le soleil. Ce qui veut dire : il est difficile de se souvenir du spécifique et du singulier sans les ramener à des scénarios ou à des formes préétablies, « éternelles ». Platon aurait nostalgiquement hypostasié dans ses idées les schémas oraux de la mémoire à long terme, au moment où une nouvelle écologie cognitive fondée sur l'écriture commençait à les bousculer.

Le temps de l'oralité : cercle et devenir

La forme canonique du temps dans les sociétés sans écriture est le cercle. Cela ne signifie évidemment pas qu'il n'y ait nulle conscience de la succession ou de l'irréversibilité dans les cultures orales. Par ailleurs, d'importantes spéculations sur la cyclicité du temps ont eu lieu dans des civilisations de l'écriture, comme en Inde ou en Grèce ancienne. On veut seulement souligner ici qu'un certain type de circularité chronologique est sécrété par les actes de communication qui ont majoritairement cours en société oraliste primaire.

Dans ces cultures, toute proposition qui n'est pas périodiquement reprise et répétée à haute voix est condamnée à disparaître. Il n'existe aucun moyen de stocker les représentations verbales pour une réutilisation future. La transmission, la durée supposent donc un incessant mouvement de recommencement, de réitération. Les rites et les mythes sont maintenus, presque inchangés, par la roue des générations. Si le cours des choses est censé revenir périodiquement sur lui-même, c'est que les cycles sociaux et cosmiques font écho au mode oral de communication du savoir.

Le temps de l'oralité primaire, c'est aussi le devenir, un devenir sans repère ni trace. Les choses changent, les techniques se transforment insensiblement, les récits s'altèrent au gré des circonstances, car la transmission est toujours aussi recréation, mais nul ne sait mesurer ces dérives, faute de point fixe.

L'oralité primaire est encore liée au devenir par la forme « récit » ou « narration » que prend une part de son savoir. Les mythes sont tissés des *faits* et *gestes* des ancêtres ou des héros ; chaque entité y est agissante ou personnalisée, prise dans une sorte de devenir immémorial, tout à la fois unique et répétitif.

La mémoire de l'oraliste primaire est totalement *incarnée* dans des chants, des danses, dans les gestes d'innombrables savoir-faire techniques. Rien n'est transmis qui ne soit observé, écouté, répété, imité, *agi* par les sujets en personne ou la communauté prise en corps. En plus du changement sans repère, l'action et la participation personnelles omniprésentes contribuent donc à définir le *devenir*, ce style chronologique des sociétés sans écriture.

La persistance de l'oralité primaire

La persistance de l'oralité primaire dans les sociétés modernes ne tient pas tant au fait que l'on parle toujours (ce qui relève de l'oralité secondaire), mais à la façon dont les représentations et les manières d'être continuent à se transmettre indépendamment des circuits de l'écriture et des moyens de communication électroniques.

La plupart des savoirs en usage en 1990, ceux dont nous nous servons dans notre vie de tous les jours, nous ont été transmis oralement, et la plupart du temps sous forme de récit (histoires de personnes, de familles ou d'entreprises). Nous avons maîtrisé la majeure partie de nos savoir-faire en observant, en imitant, en *faisant* et non en étudiant des théories à l'école ou des principes dans des livres.

Rumeurs, traditions, savoirs empiriques passent encore largement par d'autres canaux que l'imprimé ou les moyens de communication audiovisuels.

Par ailleurs, l'oralité a paradoxalement subsisté en tant que médium de l'écriture. Avant la Renaissance, les textes religieux, philosophiques ou juridiques étaient presque obligatoirement accompagnés de commentaires et d'interprétations orales, sous peine de rester lettre morte. La transmission du texte était indissociable d'une chaîne ininterrompue de relations directes, personnelles.

Certains aspects de l'oralité se survivent dans les textes eux-mêmes. Platon, Galilée et Hume ont composé des *dialogues*. Saint Thomas a organisé sa somme théologique sous forme de questions, de réponses et d'objections, stylisant ainsi les disputes orales des universitaires de son temps.

La littérature, enfin, par qui l'oralité primaire a disparu, a peut-être aujourd'hui pour vocation paradoxale de retrouver la force active et la magie de la parole, cette efficience qu'elle avait lorsque les mots n'étaient pas encore de petites étiquettes plates sur les choses ou les idées, mais des pouvoirs liés à telle présence vivante, à tel souffle... La littérature, entreprise de réinstitution du langage par-delà ses usages prosaïques, travail de la voix sous le texte, lieu d'un dire, d'un grand parler disparu et pourtant toujours là quand les verbes surgissent, éclatent soudain comme des événements du monde, émis par quelque puissance immémoriale et anonyme.

Bibliographie

ANDERSON John, *Cognitive Psychology and its Implications* (2e édition), W.H. Freeman and Company, New York, 1985.

BADDELY Alan, *Your Memory : a User's Guide*, McGraw-Hill, Toronto, 1982

BLOOR David, *Socio/logie de la logique ou les limites de l'épistémologie*, Editions Pandore, Paris, 1982 (1re édition anglaise : *Knowledge and Social Imagery*. Routledge and Kegan Paul, Londres, 1976).

JOHNSON-LAIRD Philip N., *Mental Models*, Harvard University Press, Cambridge, Massachusetts, 1983.

LEROI-GOURHAN André, *Le Geste et la Parole*, vol. 1 et 2, Albin Michel, Paris, 1964.

MCLUHAN Marshall, *La Galaxie Gutenberg. Face à l'ère électronique*, Éditions H.M.H. Ltée, Montréal, 1967.

ONG Walter, *Orality and Litteracy : the Technologising of the Word*, Methuen, Londres et New York, 1982.

PARRY Adam (ed.), *The Making of the Homeric Verse : The Collected Papers of Milman Parry*, Oxford, The Clarendon Press, 1971.

SPERBER Dan, « Anthropology and Psychology : towards an Epidemiology of Representations », *Man* (N.S.), 20, 73-89.

STILLINGS Neil *et al. Cognitive Science. An Introduction*, MIT Press, Cambridge, Massachusetts, 1987.

YATES Frances, *L'Art de la mémoire*, Gallimard, Paris, 1975 (édition originale : *The Art of Memory*, Routledge and Kegan Paul, Londres, 1966).

8

L'écriture et l'histoire

Avec l'écriture, nous abordons les modes de connaissance et les styles de temporalité qui sont encore majoritairement les nôtres. L'éternel retour de l'oralité a fait place aux longues perspectives de l'histoire. La théorie, la logique et les subtilités de l'interprétation des textes se sont ajoutées aux récits mythiques dans l'arsenal du savoir humain. Nous verrons enfin que l'alphabet et l'imprimerie, ces perfectionnements de l'écriture, jouèrent un rôle essentiel dans l'établissement de la science comme mode de connaissance dominant.

Les formes sociales du temps et du savoir qui nous semblent aujourd'hui les plus naturelles et les plus incontestables reposent en réalité sur l'usage de techniques historiquement datées, donc transitoires. Comprendre la place fondamentale des technologies de la communication et de l'intelligence dans l'histoire culturelle nous amène à poser un nouveau regard sur la raison, la vérité, et l'histoire menacées de perdre leur prééminence dans la civilisation de la télévision et de l'ordinateur.

Temps de l'écriture, temps de l'agriculture

Lorsqu'une communauté paysanne procède aux semailles, elle confie sa vie à la terre et au temps. La récolte n'aura lieu qu'après plusieurs lunaisons. L'invention de l'agriculture, élément capital de ce que l'on a appelé la révolution néolithique, est aussi l'exploration d'un nouveau rapport au temps. Non que les hommes du Paléolithique aient méconnu l'acte de différer ou la prévoyance des effets à long terme. Mais, avec l'agriculture, c'est la survie même de la communauté qui est suspendue aux lentes maturations des graines dans le sol, à l'existence de stocks en attendant la moisson.

L'écriture fut inventée plusieurs fois et séparément dans les grandes civilisations agricoles de l'Antiquité. Elle reproduit dans le domaine de la communication la relation au temps et à l'espace que l'agriculture avait initiée dans l'ordre de la subsistance alimentaire. Le scribe creuse des signes dans l'argile de sa tablette comme le laboureur les sillons dans la glaise de son champ. Il s'agit d'une terre identique, de semblables instruments de bois, la houe primitive et le calame ne se distinguant presque que par la taille. Le Nil baigne de la même eau l'orge et le papyrus. Notre *page* vient du latin *pagus*, qui signifie le champ du paysan.

Que l'on chasse ou que l'on cueille, on entre immédiatement en possession des proies ou de la récolte visées. L'échec et le succès se décident sur-le-champ. L'agriculture, au contraire, suppose une organisation réfléchie du délai, tout un système du retard, une spéculation sur les saisons. De la même manière, l'écriture, en intercalant une durée entre l'émission et la réception du message, instaure la communication en différé, avec tous les risques de malentendus, de pertes et d'erreurs que cela implique. L'écriture parie sur le temps

L'écriture et l'État

Les maîtres des premiers États inscrivent leur puissance nouvelle sur le sol en érigeant les murs des cités et des temples. Cette fixation dans l'espace est un gage de durée, elle annonce la fin d'un certain devenir sans repères, le déclin du temps nomade. Redoublant l'inscription urbaine, l'écriture pérennise sur le granit des sanctuaires ou le marbre des stèles les paroles des prêtres et des rois, leurs lois, les récits de leurs hauts faits, les exploits de leurs dieux. La pierre parle toujours, inaltérable, répétant inlassablement la loi ou le récit, reprenant *textuellement* les paroles inscrites, comme si le roi ou le prêtre était là en personne et à jamais.

Au moyen de l'écriture, le pouvoir étatique commande aux signes comme aux hommes, en les fixant dans une fonction, en les assignant à un territoire, en les ordonnant sur une surface unifiée. Par les annales, les archives administratives, les lois, les règlements, et les comptes, l'État tente à tout prix de geler, programmer, endiguer ou engranger son avenir et son passé. Et c'est en poursuivant le même but qu'il fait aussi construire des monuments, des entrepôts et des remparts aux villes, et qu'il entretient à grands frais les silos, les canaux d'irrigation et les routes.

L'écriture sert à la gestion des grands domaines agricoles et à l'organisation de la corvée et des impôts. Mais elle ne se contente pas de *servir* l'État, l'agriculture planifiée ou la ville : elle *traduit* dans l'ordre des signes l'espace-temps instauré par la révolution néolithique et les premières civilisations historiques.

La tradition herméneutique

L'écriture autorise une situation pratique de communication radicalement nouvelle. Pour la première fois les discours peuvent être séparés des circonstances particulières dans lesquelles ils ont été produits. Les hypertextes de l'auteur et du lecteur peuvent donc être aussi différents que possible. La communication purement écrite élimine la médiation humaine en situation qui adaptait ou traduisait les messages venus d'un autre temps ou d'un autre lieu. Par exemple, dans les sociétés oralistes primaires, le conteur adaptait son récit aux circonstances de sa prestation ainsi qu'aux intérêts et aux connaissances de ses auditeurs. De même, le messager formulait la pensée de celui qui l'envoyait en fonction des mœurs et des dispositions particulières de son destinataire. La transmission orale était toujours en même temps une traduction, une adaptation et une trahison. Parce qu'il est contraint à une fidélité, à une rigidité absolue, le message écrit risque de devenir obscur pour son lecteur.

Le seul équivalent, peut-être, de la lecture d'un texte, dans les sociétés oralistes primaires serait la réception d'une parole prophétique ou l'interprétation de vaticinations oraculaires.

Comme l'exégète des aphorismes de la Pythie, le lecteur est soudain mis en présence des propos d'un autre lointain, dont l'intention restera toujours incertaine, sans qu'un intermédiaire présent à la fois aux circonstances de l'émission et de la réception vienne établir de lien vivant entre les acteurs de la communication.

Lorsque des messages hors contexte et ambigus commencent à circuler, l'*attribution du sens* occupe une place centrale dans le processus de communication. L'exercice interprétatif prend d'autant plus d'importance que les écritures en jeu sont difficiles à déchiffrer, comme c'est le cas, par exemple, pour les systèmes hiéroglyphiques ou cunéiformes. Dès le troisième millénaire avant J.-C., toute une tradition de la « lecture » se constitue en Égypte et en Mésopotamie. L'activité herméneutique ne s'exerce d'ailleurs pas seulement sur des papyrus et des tablettes, mais encore sur une foule de symptômes, de signes et de présages, dans le ciel étoilé, sur les peaux, dans les entrailles des animaux... Le monde s'offre désormais comme un grand texte à déchiffrer.

De génération en génération, la distance entre le monde de l'auteur et celui du lecteur ne cesse de croître, il faut donc toujours de nouveau réduire l'écart, diminuer la tension sémantique par un travail d'interprétation ininterrompu. L'oralité *ajustait* les chants et les paroles pour les conformer aux circonstances, la civilisation de l'écriture *ajoute* aux textes de nouvelles interprétations, poussant devant elle une masse d'écrits toujours plus imposante.

La simple persistance de textes pour plusieurs générations de lecteurs constitue déjà un extraordinaire agencement productif. Un réseau potentiellement infini de commentaires, de débats, de notes et d'exégèses buissonne à partir des livres originaux. Transmis d'une génération à l'autre, le manuscrit semble sécréter spontanément son hypertexte. La lecture mène à des conflits, fonde les écoles rivales, fournit son autorité à de prétendus retours aux origines, comme cela arrive souvent en Europe après le triomphe de l'imprimerie. Alors même qu'elle vise à diminuer la distance entre le moment de la rédaction et celui de la lecture, l'interprétation produit ces différences, ce temps, cette histoire qu'elle voulait annuler. Car, en couchant l'exégèse sur le papier, lorsque l'on procède en quelque sorte à l'écriture d'une lecture, on construit une irréversibilité. Les successeurs d'Averroës ne pourront plus lire Aristote comme ses prédécesseurs. La lecture est source d'une temporalité paradoxale, car au moment même où elle rapproche l'herméneute de l'origine du texte, elle élargit le fossé de temps qu'elle espérait combler.

Le savoir théorique, l'organisation modulaire et systématique des connaissances

Outre la tradition herméneutique, l'écriture suscite également l'apparition de savoirs que leurs auteurs ont souvent prétendus indépendants des situations singulières dans lesquelles ils ont été élaborés et utilisés : les théories. La séparation de l'émetteur et du recepteur, l'impossibilité d'interagir en situation pour construire un hypertexte commun sont les principaux obstacles de la communication écrite. L'ambition *théorique* transforme ces difficultés en contraintes fécondes. Puisque le texte est isolé de ses conditions particulières de création et de réception, on tentera de construire des discours qui se suffisent à eux-mêmes.

L'*intention* théorique, en science ou en philosophie, implique l'autonomie par rapport à la tradition, qui est transmission personnelle sur le fond d'une expérience partagée. Mais on peut, avec Paul Feyerabend [36], douter de la possibilité de satisfaire à ce programme. Existe-t-il des messages sans mémoire de leur origine, indépendants des circonstances de leur émission ?

Il s'est d'autre part constitué de paradoxales *traditions théoriques* (écoles, collèges invisibles, filiations intellectuelles). Au sein de ces micro-cultures, l'interprétation des écrits a précisément pour fonction de les réenrober dans un tissu de circonstances, d'expériences et de discours qui puisse leur donner sens, quitte à ce que l'hypertexte ainsi reconstruit n'ait que très peu de rapports avec celui des auteurs commentés lorsqu'ils étaient vivants.

Ces remarques sur les théories scientifiques ou philosophiques peuvent être étendues à la religion. Jack Goody fait observer que les religions universalistes, celles qui sont en principe indépendantes des modes de vie et du lieu géographique, sont toutes fondées sur des textes [43]. On pourrait en dire autant des sagesses ou des éthiques qui s'appuient sur des principes universels et une argumentation rationnelle, comme le stoïcisme ou certaines formes du bouddhisme : ce sont des morales écrites. Vous pouvez vous convertir à l'islam ou adopter les principes du stoïcisme aussi bien à Berlin qu'à New York ou à Hong Kong. En revanche, si vous voulez pratiquer la religion ou l'art de vivre des Bororos ou des Azandé (dont la culture est purement orale), vous n'avez pas d'autre solution que d'aller vivre avec eux.

Nous avons vu que l'écriture, en séparant les messages des situations où s'utilisent et se produisent les discours, suscite l'ambition théorique et les prétentions à l'universalité. D'autres raisons lient l'écriture à la montée du genre théorique et au déclin du mode de transmission et d'organisation des connaissances par le récit. En particulier, la notation écrite rend beaucoup plus aisée la conservation et la transmission de représentations modulaires séparées, indépendantes de rites ou de récits.

Contrairement à l'empreinte mnésique, la trace écrite est littérale. Elle ne subit pas les déformations dues aux élaborations. Les schémas du grand réseau sémantique de la mémoire à long terme ne risquent pas de dissoudre ses singularités. Par leurs caractéristiques, l'écriture et l'enregistrement en général sont assez proches de la mémoire à court terme. C'est un peu comme si la tablette d'argile, le papyrus, le parchemin ou la bande magnétique répétaient inlassablement, mécaniquement, ce qu'on leur a confié ; sans essayer de le comprendre, sans le lier à d'autres éléments d'information, sans l'interpréter. L'écriture est une manière d'étendre indéfiniment la mémoire de travail biologique. Les technologies intellectuelles tiennent lieu d'auxiliaires cognitifs des processus contrôlés, ceux qui mettent en jeu l'attention consciente et disposent de si peu de ressources dans le système cognitif humain. De cette façon, les technologies intellectuelles pallient certaines faiblesses des processus automatiques comme les heuristiques de raisonnement et les mécanismes schématisants de la mémoire à long terme.

Avec l'écriture, les représentations perdurent donc sous d'autres formats que le chant et le récit, et ce d'autant plus que l'on passe du manuscrit à l'imprimé et que l'usage des signes scripturaires est plus intensif et répandu dans la société.

Plutôt que d'être étroitement interconnectées entre elles pour répondre aux contraintes de la mémoire humaine à long terme, les représentations peuvent maintenant se transmettre et durer sous forme détachée. On dispose désormais les nombres et les mots en listes et en tableaux. Des premières observations astronomiques des prêtres de Sumer ou d'Akkad aux séries de chiffres enregistrées par les ordinateurs des observatoires d'astrophysique, des premiers comptes sur tablettes aux cours de la Bourse par minitel, les technologies intellectuelles à fondement scripturaire autorisent la circulation de micro-représentations « libres », non enveloppées dans un récit. Avec ses bases de données de toutes sortes enregistrées sur mémoire optique ou magnétique, l'informatique ne fait évidemment qu'augmenter la quantité socialement disponible d'informations modulaires et détachées.

Lorsque la charge de la mémoire ne porte plus uniquement sur le souvenir humain, les longs enchaînements de causes et d'effets perdent une partie de leurs privilèges pour connecter les représentations entre elles. Les mises en scène de l'action, les présentations « dramatiques » cèdent partiellement la place à des dispositions « systématiques ». On trouve par exemple dans des traités de médecine ou de divination mésopotamiens des séries ordonnées de préceptes du type : « si...[on observe tel signe], alors...[il faut poser tel diagnostic] ». On peut parler ici de disposition systématique, car ces listes de règles saturent tous les cas possibles du domaine étudié. La forme hypothético-déductive, ou encore les chaînes d'inférences destinées à tirer toutes les conséquences d'un petit nombre de principes sont d'autres formes systématiques de disposition des représentations. On peut penser, par exemple, aux *Éléments* d'Euclide. Il n'y a pas de théorie comme genre de connaissance socialement institué sans un usage habituel de l'écriture. Plus généralement, l'écriture permet de transmettre durablement la *prose* et les propos prosaïques, ceux qui se situent loin des grands problèmes de la vie humaine et ne mettent pas en branle les émotions. On sait que les premières utilisations de l'écriture en Mésopotamie concernaient la comptabilité et les inventaires des temples.

Retour sur le problème de la rationalité

Une enquête menée en Ouzbékistan et en Kirghizie par l'ethnologue Luria au début du XXe siècle, époque où l'alphabétisation commençait à peine, a mis en évidence certains effets de l'écriture comme technologie intellectuelle. Confrontés à la liste « scie, bûche, rabot, hache », les paysans de culture purement orale ne songent pas à classer la bûche à part, alors que les enfants, dès qu'ils ont appris à lire, remarquent immédiatement que la bûche n'est pas un outil.

Est-ce à dire que les individus élevés en culture orale manquent de logique tandis qu'on apprendrait à raisonner en devenant lettré ? En fait, plusieurs travaux d'anthropologie ont montré que les individus de culture écrite ont tendance à penser par *catégories* quand les gens de culture orale appréhendent d'abord des *situations* (or la scie, la bûche, le rabot et la hache appartiennent tous à la même *situation* de travail du bois). Les oralistes — on préférera ce terme à celui d'analphabète qui renvoie aux sociétés où la culture est partiellement structurée par l'écriture — ne sont donc pas moins intelligents ni moins raisonnables que nous, ils pratiquent seulement une autre manière de penser, parfaitement ajustée à leurs conditions de vie et d'apprentissage (non scolaire).

Lorsquc, au cours dc tests et de manipulations innombrables, des psychologues expérimenteurs mesurent les capacités de raisonnement et de mémoire de bataillons d'étudiants, il est bien rare qu'on leur permette de discuter de leurs réponses avec leurs voisins ou de s'aider d'un papier et d'un crayon. L'homme « nu », tel qu'il est étudié et décrit par les laboratoires de psychologie cognitive, sans ses technologies intellectuelles ni le secours de ses semblables, recourt spontanément à une pensée de type oral, centrée sur les situations et les modèles concrets [58]. La « pensée logique » correspond à une strate culturelle récente liée à l'alphabet et au type d'apprentissage (scolaire) qui lui correspond.

Selon des auteurs comme Goody, Havelock et Svenbro, un certain type de pensée rationnelle ou critique n'a pu se développer qu'en rapport avec l'écriture. L'alphabet phonétique grec aurait joué à cet égard un rôle fondamental en faisant véritablement « parler » les textes, tandis que les premiers systèmes d'écriture ne mettaient encore en jeu que des signes mnémotechniques plus ou moins faciles à déchiffrer.

Havelock a proposé une interprétation de la naissance de la philosophie fondée sur le passage d'une culture orale à une culture écrite. Quand le problème de la transmission des récits fondateurs est résolu, alors seulement peut se poser dans toute son ampleur celui de la fondation rationnelle du discours. Une éducation par l'expérience, la mémoire, la poésie, la récitation des mythes, devait être remplacée par un enseignement où l'entraînement à l'examen dialectique des idées devait jouer le premier rôle. Socrate est certes un oraliste, il n'utilise cependant plus la parole pour des exercices de mémoire poétique, mais comme un instrument prosaïque propre à briser le charme de la tradition épique ou lyrique, grâce au maniement d'une syntaxe et d'un vocabulaire conceptuel étrangers à l'oralité primaire.

Platon rejette le savoir poétique de type oral que transmettent Homère, Hésiode et les tragiques. Il veut lui substituer son propre enseignement en prose et son état d'esprit « scriptural ». La méfiance à l'égard de l'écriture affichée dans le *Phèdre* serait une dénégation du projet fondamental de cet écrivain. D'ailleurs, les traits positifs prêtés à la parole vive dans le dialogue en question font plutôt référence à l'oralité secondaire qu'à l'oralité primaire, cette dernière, rappelons-le, ayant d'abord à charge la gestion de la mémoire sociale plutôt que l'expression spontanée des sujets.

Histoire, mémoire et vérité

Au fur et à mesure que l'on passe de l'idéographie à l'alphabet et de la calligraphie à l'imprimerie, le temps se fait de plus en plus linéaire, historique. L'ordre séquentiel des signes apparaît sur la page ou le monument. L'accumulation, l'augmentation potentiellement infinie du corpus transmissible distend le cercle de l'oralité jusqu'à le briser. Calendriers, dates, annales, archives, en instaurant des références fixes, permettent la naissance de l'*histoire* sinon comme discipline, au moins comme genre littéraire. Après le triomphe de l'imprimerie, grâce à un immense travail de comparaison et de mise en cohérence des tables chronologiques, des observations astronomiques et des indications des anciennes chroniques, on pourra rétrospectivement construire « le » temps de l'histoire, entraînant dans une même coulée uniforme, ordonnant sur une liste monotone les années et les âges, les dynasties et les rêves, les règnes et les ères innombrables qui sécrétaient leur propre temps et s'ignoraient souverainement depuis toujours. L'histoire est un effet d'écriture.

Répétons-le, l'obsession mnémotechnique de l'oralité primaire n'ayant plus d'objet, la forme narrative perd de sa nécessité. Havelock fait remarquer que la *Justice* d'Hésiode est encore une personne qui agit, souffre et subit. Chez Platon c'est un concept. Les personnes ou les héros de l'oralité primaire, sujets d'aventures mythiques, sont traduits par la naissante culture alphabétique grecque en idées ou en principes abstraits et immuables. Au devenir des sociétés sans écriture, qui était comme un fleuve sans bords, un mouvement sans vitesse assignable, succède la nouvelle problématique de l'être. De nouveau, l'histoire peut se constituer, fruit de la dialectique de l'être et du devenir. Mais il s'agit maintenant d'un devenir secondaire, relatif à l'être, capable de dessiner une progression ou un déclin. Un devenir qui trace une ligne ouverte.

Désormais, la mémoire se détache du sujet ou de la communauté prise en corps. Le savoir est là, disponible, stocké, consultable, comparable. Cette sorte de mémoire objective, morte, impersonnelle, favorise un souci qui, certes, n'est pas absolument nouveau, mais qui va maintenant s'emparer des spécialistes du savoir avec une acuité particulière : celui d'une vérité indépendante des sujets qui la portent. L'objectivation de la mémoire disjoint la connaissance de l'identité personnelle ou collective. Le savoir n'est plus seulement ce qui me sert jour après jour, ce qui me nourrit et me constitue comme un être humain membre de cette communauté. C'est un objet susceptible d'analyse et d'examen. L'exigence de vérité, au sens moderne et critique du mot, serait un effet de la nécrose partielle de la mémoire sociale lorsqu'elle est capturée dans le réseau des signes tissé par l'écriture.

On ne prétend pas ici *expliquer* la philosophie ou la rationalité par l'écriture, mais simplement suggérer que l'écriture, en tant que technologie intellectuelle, *conditionne* l'existence de ces formes de pensée. Si l'écriture est une condition nécessaire du projet rationaliste, elle n'en est pas pour autant condition suffisante. L'histoire de la pensée ne peut nullement se *déduire* de l'apparition de telle ou telle technologie intellectuelle, puisque l'utilisation que vont en faire des acteurs concrets situés dans l'histoire n'est pas donnée avec cette apparition. Il serait d'ailleurs facile de montrer qu'on s'est servi de l'écriture à des fins diverses suivant les cultures et les périodes historiques.

Il reste que la prose écrite n'est pas un simple *mode d'expression* de la philosophie, des sciences, de l'histoire ou du droit. Elle les *constitue.* Car ces domaines de connaissance, tels que nous les connaissons aujourd'hui, ne lui préexistent pas. Sans écriture, pas de dates ni d'archives, pas de listes d'observations, de tableaux de chiffres, pas de *codes* législatifs, pas de *systèmes* philosophiques et encore moins de critiques de ces systèmes. Nous serions dans le perpétuel retour et la dérive insensible de la culture orale. Or la prose, détrônée par les formes de représentation que porte l'informatique, pourrait acquérir bientôt la même saveur désuète de beauté gratuite et d'inutilité que la poésie aujourd'hui. Le déclin de la prose annoncerait celui du rapport au savoir qu'elle conditionne, et la connaissance rationnelle basculerait vers une figure anthropologique encore inconnue.

Le temps de l'imprimerie : tables rases et systèmes

L'imprimerie transforme profondément le mode de transmission des textes. Vu la quantité de livres en circulation, il n'est plus possible que chaque lecteur soit personnellement introduit à leur interprétation par un maître ayant lui-même reçu un enseignement oral. Le destinataire du texte est désormais un individu isolé lisant en silence. Plus que jamais, l'exposé écrit se présente comme autosuffisant. La nouvelle technique, telle qu'elle s'est développée en Europe dès le milieu du XVe siècle, contribue à briser les chaînes de la tradition.

Selon Elisabeth Eisenstein [32], l'imprimerie ouvre l'époque des « tables rases » et des systèmes, tant sur un plan politique que scientifique et philosophique. De nombreux auteurs prétendent tout recommencer à zéro, construire à neuf en ne s'aidant que de la raison sans (ou contre) la légitimité conférée par le temps. Un des meilleurs et des plus célèbres exemples à cet égard est certainement l'entreprise cartésienne de reconstruction complète du savoir après la répudiation de tout héritage au moyen du « doute méthodique ». L'omniprésence dans la philosophie cartésienne de l'héritage prétendument ignoré ou rejeté montre que l'innovation, comme toujours, est bien plutôt réinterprétation ou détournement de l'ancien que création sur une table rase. Or l'imprimerie offre justement de nouvelles possibilités de recombinaison et d'associations dans un réseau de textes incomparablement plus étendu et plus disponible qu'au temps du manuscrit. Il reste que le rapport à la tradition, le regard qu'on porte sur elle a changé, peut-être irréversiblement, à l'âge classique européen.

La philosophie cartésienne dépend encore de l'imprimerie d'une autre manière. Le mathématicien et philosophe français Pierre de la Ramée (Ramus) a plaidé au XVIe siècle pour un nouveau genre de présentation du savoir : la méthode d'exposition analytique, totalement opposée au style scolastique. Il mit lui-même en pratique ses idées en rédigeant ses ouvrages de mathématiques. Dans les nouveaux *manuels* préconisés par Pierre de la Ramée, la matière à enseigner était spatialisée, projetée sur un tableau, un arbre ou un réseau, découpée en parcelles, puis distribuée dans le livre en fonction du plan d'ensemble. Nous sommes tellement habitués aujourd'hui à cette sorte de quadrillage du savoir, à cette possibilité de s'orienter sur des tables et des index que nous oublions sa singularité. Nous ne percevons plus le rapport qui lie ce type de représentation des connaissances à l'imprimerie. Les anciens manuscrits mimaient la communication orale (questions et réponses, disputes pour et contre), s'organisaient autour du commentaire d'un grand texte ou proposaient des morceaux choisis et des compilations. C'est seulement à partir du XVIe siècle que se généralisent les présentations systématiques d'une « matière » spatialisée, découpée suivant un plan cohérent. Ces présentations s'appuient sur les interfaces spécifiques de l'imprimerie dont nous avons déjà parlé dans la première partie : pagination régulière, table des matières, têtes de chapitre apparentes, index, usage fréquent des tableaux, schémas et diagrammes.

La méthode cartésienne, avec ses divisions et ses dénombrements, suppose la possibilité de découper non seulement les objets et les problèmes, mais aussi le savoir sur ces objets. On voit ce qu'elle doit à la méthode d'exposition analytique de Ramus et à l'imprimerie.

Encore une fois, et pour éviter tout malentendu, on ne défend pas ici la thèse d'une *détermination* stricte de la pensée philosophique par les techniques de communication. Les technologies intellectuelles ne sont que des conditions de possibilité, des dispositifs susceptibles d'être interprétés, détournés ou négligés. Descartes ou Leibniz (ce dernier, directeur de la bibliothèque de Hanovre, théoricien de la catalographie et concepteur d'une écriture logique : la caractéristique universelle) n'auraient jamais été ce qu'ils furent sans l'imprimerie. Mais ni Descartes ni Leibniz ne sont évidemment *déductibles* de la presse mécanique inventée par Gutenberg.

Le temps de l'imprimerie : le progrès

Dès la fin du XVe siècle, les textes anciens sont imprimés. Ils sont pour l'occasion nettoyés des commentaires, des digressions, du fouillis de détails adventices et de notes de scholiastes charriées et augmentées par les copies successives jusqu'à l'époque moderne. Le plan d'ensemble et la cohérence des grands monuments juridiques, philosophiques et scientifiques de l'Antiquité réapparaissent.

L'imprimerie permet de comparer aisément les différentes leçons d'un texte. Elle met à la disposition de l'érudit traductions et dictionnaires. Les chronologies commencent à s'unifier. La *critique* historique et philologique commence donc à s'exercer, y compris sur les textes sacrés.

La volonté de retrouver le passé dans sa pureté, sans anachronisme, le « sens historique », ne peut se séparer des moyens fournis par l'imprimerie. Certes, le passé se perçoit plus nettement (et s'expose encore à l'admiration ou à l'imitation), mais c'est désormais comme passé révolu, mort, et non comme parole originelle qu'une chaîne vivante aurait transmise jusqu'à nous.

Avec l'imprimerie, le thème du *progrès* prend une importance nouvelle. Le passé, nous l'avons vu, reflue vers son antiquité, allégeant ainsi le poids du présent, soulageant la charge de la mémoire. Mais surtout, comme le souligne Elisabeth Eisenstein, l'avenir semble promettre plus de lumières que le passé. En effet, l'imprimerie a transformé de façon radicale le dispositif de communication dans le groupe des lettrés. C'est parfois tout un réseau international de correspondants et de critiques qui collabore aux éditions successives de tel texte religieux ou de tel ouvrage de géographie. Au lieu de rares copies de plus en plus corrompues, les erreurs s'ajoutant les unes aux autres, on dispose désormais d'éditions régulièrement améliorées. Le corpus du passé est définitivement préservé. Du coup, on peut porter plus d'attention aux découvertes récentes, et l'imprimerie permet de fixer correctement et de diffuser à grande échelle les nouvelles observations astronomiques, géographiques ou botaniques. Un processus cumulatif s'enclenche qui va mener à l'explosion du savoir.

La science moderne et l'imprimerie

Une bonne part des découvertes astronomiques de la Renaissance s'est faite en l'absence du télescope. Grâce à l'imprimerie, Kepler et Tycho Brahé ont pu se servir de recueils d'observations anciennes ou modernes qui étaient à la fois exactes et disponibles ainsi que de tables numériques précises. Sans l'environnement cognitif fourni par l'imprimerie, sans la possibilité de comparer avec certitude des séries de nombres, sans cartes du ciel uniformes et détaillées, l'astronomie et la cosmologie n'auraient sans doute jamais connu la révolution qui, selon l'expression d'Alexandre Koyré, a fait passer la culture européenne « du monde clos à l'univers infini ».

A l'époque du manuscrit, il était pour le moins hasardeux de transmettre graphiquement la structure d'une fleur, la courbe d'une côte ou quelque élément de l'anatomie humaine. En effet, à supposer que l'auteur ait été un dessinateur hors pair, il y avait peu de chance pour que le copiste suivant le fût aussi. Le plus probable était qu'après deux ou trois générations de copies, l'image obtenue ne ressemblerait plus du tout à l'original. L'imprimerie transforme cette situation. L'art du dessinateur peut se mettre au service d'une connaissance rigoureuse des formes. Les éditeurs des ouvrages de géographie, d'histoire naturelle ou de médecine font appel aux meilleurs talents. Dans toute l'Europe se répandent des planches anatomiques ou botaniques de bonne qualité, aux nomenclatures unifiées, des cartes de géographie toujours plus sûres et des traités de géométrie sans erreurs accompagnés de figures claires.

Il n'est pas question d'identifier la presse mécanique à la « science » ou au « progrès » : au XVIe siècle, on imprima beaucoup de traités d'occultisme et de libelles excitant aux guerres de religion, pour ne pas parler de ce qui se publie aujourd'hui ! Mais on peut néanmoins soutenir que l'invention de Gutenberg a permis à un nouveau style cognitif de s'instaurer. L'inspection silencieuse de cartes, de schémas, de graphiques, de tables, de dictionnaires se trouve désormais au cœur de l'activité scientifique. On passe de la dispute verbale, si caractéristique des mœurs intellectuelles au Moyen Age, à la démonstration visuelle, plus que jamais en usage de nos jours dans les articles scientifiques et la pratique quotidienne des laboratoires, grâce aux nouveaux instruments de visualisation que sont les ordinateurs.

Bibliographie

ANDERSON John R., *Cognitive Psychology and its Implications* (2e édition), W.H. Freeman and Company, New York, 1985.

ANDRÉ-LEICKNAM Béatrice, ZIEGLER Christiane (sous la direction de), *Naissance de l'écriture. Cunéiformes et hiéroglyphes* (catalogue de l'exposition au Grand Palais), Éditions de la Réunion des musées nationaux, Paris, 1982.

BADDELY Alan, *Your Memory : a User's Guide*, McGraw-Hill, Toronto, 1982.

BLOOR David, *Socio/logie de la logique ou les limites de l'épistémologie*, Editions Pandore, Paris, 1982 (1re édition anglaise : *Knowledge and Social Imagery*, Routledge and Kegan Paul, Londres, 1976).

BOORSTIN Daniel, *Les Découvreurs*, Seghers, Paris, 1986 (1re édition américaine : *The Discoverers*, Random House, New York, 1983).

BOTTERO Jean, *Mésopotamie. L'écriture, la raison et les dieux*, Gallimard, Paris, 1987.

EISENSTEIN Elisabeth, *The Printing Revolution in Early Modern Europe*, Cambridge University Press, Cambridge/Londres/New York, 1983 (à paraître en français à La Découverte en 1991).

FEYERABEND Paul, *Adieu la raison*, Le Seuil, Paris, 1989 (édition originale : *Farewell to Reason*, Verso, Londres, 1987).

GOODY Jack, *La Raison graphique : la domestication de la pensée sauvage*, Minuit, Paris, 1979.

GOODY Jack, *La Logique de l'écriture : aux origines des sociétés humaines*, Armand Colin, Paris, 1986.

HAVELOCK Eric A., *Aux origines de la civilisation écrite en Occident*, Maspero, Paris, 1981.

HAVELOCK, Eric A., *The Muse Learns to Write : Reflections on Orality and Litteracy from Antiquity to the Present*, Yale University Press, New Haven, Connecticut / Londres, 1986.

ILLICH Ivan, SANDERS Barry, *ABC, l'alphabétisation de l'esprit populaire*, La Découverte, Paris, 1990. (Contient une très importante bibliographie sur le rapport entre l'oralité, l'écriture et la culture.)

JOHNSON-LAIRD Philip N., *Mental Models*, Harvard University Press, Cambridge, Massachusetts, 1983.

LAFONT Robert (sous la direction de), *Anthropologie de l'écriture*, CCI du Centre Georges-Pompidou, Paris, 1984.

LEROI-GOURHAN André, *Le Geste et la Parole*, vol. 1 et 2, Albin Michel, Paris, 1964.
MCLUHAN Marshall, *La Galaxie Gutenberg. Face à l'ère électronique*, Éditions H.M.H. Ltée, Montréal, 1967.
ONG Walter, *Orality and Litteracy : the Technologising of the Word*, Methuen, Londres et New York, 1982.
ONG Walter, *Method and the Decay of the Dialogue*, Harvard University Press, Cambridge, Massachusetts, 1958.
SPERBER Dan, « Anthropology and Psychology : towards an Epidemiology of Representations », *Man* (N.S.), 20, 73-89.
STILLINGS Neil et *alii*, *Cognitive Science. An Introduction*, MIT Press, Cambridge, Massachusetts, 1987.
SVENBRO Jesper, *Phrasikleia. Anthropologie de la lecture en Grèce ancienne*, La Découverte, Paris, 1988.

9

Le réseau numérique

Le premier ordinateur, l'Eniac des années 1940, pesait plusieurs tonnes. Il occupait un étage entier dans un grand bâtiment, on le programmait en recâblant directement les circuits sur une sorte de panneau inspiré des standards téléphoniques. Dans les années cinquante, la programmation des ordinateurs se faisait en transmettant à la machine des instructions en code binaire par le moyen de cartes et de rubans perforés. Le câblage subsistait, mais il s'était replié à l'intérieur de la machine, recouvert par une nouvelle peau de logiciel et de dispositifs de lecture. Avec l'arrivée des langages d'assemblage et surtout des langages évolués comme le Fortran, le code binaire refluait à son tour vers le noyau d'ombre de l'ordinateur pour laisser à une nouvelle couche logicielle le soin des échanges avec le monde extérieur. Ce qui était interface hier est devenu organe interne.

Les écrans, dont l'usage ne s'est généralisé qu'à la fin des années soixante-dix, ont longtemps été considérés comme des « périphériques » : les premiers micro-ordinateurs furent mis en vente sans les tubes cathodiques auxquels nous sommes habitués aujourd'hui. Depuis, il est impensable d'utiliser un ordinateur sans écran, à tel point que le moniteur et le clavier en sont venus à symboliser la machine elle-même.

Un ordinateur concret est constitué d'une multitude de dispositifs matériels et de couches logicielles qui s'enveloppent et s'interfacent les unes les autres. Un bon nombre d'innovations majeures en informatique proviennent d'autres techniques : électronique, télécommunications, laser... ou d'autres sciences : mathématique, logique, psychologie cognitive, neurobiologie. Chaque écorce successive vient de l'extérieur, elle est hétérogène au réseau d'interfaces qu'elle recouvre, mais elle finit par devenir une partie intégrante de la machine.

Comme bien d'autres, l'invention de l'ordinateur personnel est venue du dehors, elle s'est non seulement faite indépendamment des grands constructeurs informatiques, mais contre eux. Or, c'est cette innovation imprévisible qui a fait de l'informatique un médium de masse pour la création, la communication et la simulation.

Est vouée à l'échec toute analyse de l'informatisation qui se fonderait sur une prétendue essence des ordinateurs, ou sur quelque introuvable noyau invariant de signification sociale ou cognitive.

Binaire, l'informatique ? Sans doute, à un certain niveau du fonctionnement de ses circuits, mais il y a belle lurette que la majorité des utilisateurs ne sont plus du tout en relation avec cette interface-là. En quoi un logiciel d'hypertexte ou de dessin est-il « binaire » ?

L'activité de programmation n'est pas un meilleur invariant que la prétendue binarité. Certes, lorsque l'on achetait des Altaïr ou des Apple I au milieu des années soixante-dix, ce ne pouvait être que pour le plaisir de programmer. Mais, en 1990, la plupart des utilisateurs d'ordinateurs personnels n'ont jamais écrit une ligne de code.

Il n'y a pas d'identité stable de l'informatique parce que les ordinateurs, loin d'être les exemplaires matériels d'une idée platonicienne immuable, sont des réseaux d'interfaces ouverts sur des connexions nouvelles, imprévisibles, qui peuvent transformer radicalement leur signification et leur usage. L'aspect de l'informatique le plus déterminant pour l'évolution culturelle et les activités cognitives est toujours le plus récent, il tient à la dernière enveloppe technique, au dernier branchement possible, à la couche logicielle la plus extérieure. C'est pourquoi notre analyse de l'informatisation ne se fondera pas sur une définition de l'informatique. Nous partirons plutôt des réseaux et de leur évolution.

La principale tendance en ce domaine est la numérisation, qui touche toutes les techniques de communication et de traitement des informations. En progressant, la numérisation connecte au sein d'un même tissu électronique le cinéma, la radiotélévision, le journalisme, l'édition, la musique, les télécommunications et l'informatique. Les différents corps de métier concernés étaient confrontés aux problèmes de présentation et de mise en scène suivant des traditions propres, avec la spécificité de leurs supports matériels. Les traitements physiques du donné textuel, iconique ou sonore, avaient chacun leurs particularités. Or le codage numérique rejette au deuxième plan le thème du matériau. Ou plutôt, les problèmes de composition, d'organisation, de présentation, de dispositifs d'accès tendent à se dégager de leurs adhérences singulières aux anciens substrats. C'est pourquoi la notion d'interface peut être étendue au domaine de la communication dans son ensemble et doit être pensée aujourd'hui dans toute sa généralité.

Le codage numérique est déjà un principe d'interface. On compose de bits les images, les textes, les sons, les agencements où imbriquer sa pensée ou ses sens. Le support d'information devient infiniment léger, mobile, souple, infroissable. Le numérique est une matière, si l'on veut, mais une matière prête à subir toutes les métamorphoses, tous les enveloppements, toutes les déformations. Le fluide numérique est comme composé d'une multitude de petites membranes vibrantes, chaque bit étant déjà une interface, capable de faire basculer un circuit, de passer du oui au non suivant les circonstances. L'atome d'interface doit avoir déjà deux faces.

Plus que jamais auparavant, l'image, le son peuvent devenir les points d'appui de nouvelles technologies intellectuelles. Une fois numérisée, l'image animée, par exemple, peut être décomposée, recomposée, indexée, ordonnée, commentée, associée au sein d'hyper-documents multimédias. On peut désormais (on pourra bientôt) *travailler* avec l'image et le son, aussi facilement qu'on travaille aujourd'hui avec l'écrit, sans matériel au coût prohibitif, sans apprentissage trop complexe. Des disques optiques ou des programmes informatiques disponibles sur le réseau pourront fonctionner comme de véritables kits de simulation, des catalogues de mondes possibles à explorer empiriquement, par le biais d'images et de sons de synthèse. Les immenses banques d'images réunies par les sociétés de productions cinématographiques et télévisuelles seront indexées et accessibles de n'importe quel terminal au même titre que les banques de données aujourd'hui. Ces masses d'images optiques ou simulées pourront être filtrées, réemployées, collées, détournées pour tous les usages hétérodoxes ou systématiques imaginables. Les conditions techniques seront bientôt réunies pour que l'audiovisuel atteigne le degré de plasticité qui a fait de l'écriture la principale technologie intellectuelle.

Au sein du réseau numérique en formation, on peut repérer quatre *pôles fonctionnels* (cf. schéma) qui remplaceront bientôt les anciennes distinctions fondées sur les supports (tels que la presse, l'édition, l'enregistrement musical, la radio, le cinéma, la télévision, le téléphone, etc.). Ces quatre grandes fonctions sont :

— la production ou la composition de données, de programmes ou de représentations audiovisuelles (toutes les techniques numériques d'aide à la création) ;
— la sélection, la réception et le retraitement des données, des sons ou des images (les terminaux de réception « intelligents ») ;
— la transmission (le réseau numérique à intégration de service et les médias denses comme les disques optiques) ;
— et enfin les fonctions de stock (banques de données, banques d'images, etc.).

Tous ces pôles fonctionnent comme complexes d'interfaces.

Du côté de la création : sons, images, textes, logiciels

Du côté de la création, on peut distinguer les techniques se rapportant au son, à l'image, aux logiciels et aux textes.

Le son

La pratique musicale est aujourd'hui transformée en profondeur par le trio : séquenceur, échantillonneur, synthétiseur.

L'*échantillonneur* permet d'enregistrer n'importe quel timbre et de le reproduire dans toutes les hauteurs et à tous les rythmes que l'on désire. Ainsi, le son caractéristique d'un instrumentiste ou d'un chanteur peut être utilisé pour jouer un morceau que l'instrumentiste ou le chanteur n'a jamais « réellement » interprété, ce qui n'est pas sans poser de délicats problèmes de droits d'auteur. Nous sommes ici à la frontière de l'enregistrement, du traitement et de la synthèse de son.

La circulation des interfaces au début du troisième millénaire

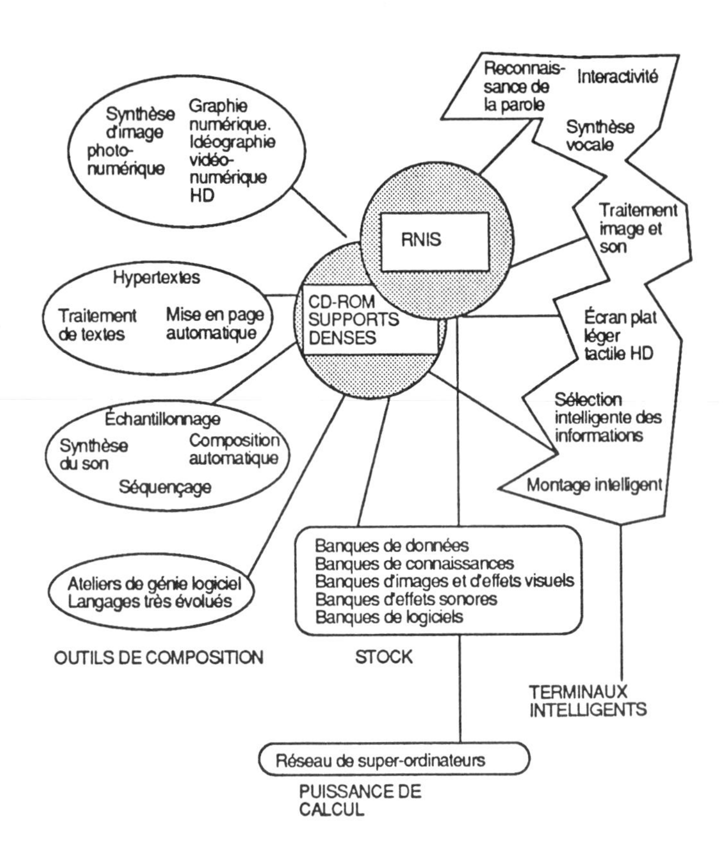

Le *séquenceur* est une sorte de traitement de texte musical. Il permet au musicien de manipuler et d'enregistrer une série de codes numériques qui pourront commander l'exécution de plusieurs séquences sonores synchronisées, sur un ou plusieurs synthétiseurs. Cela n'est rendu possible à une échelle de masse que grâce à l'interface Midi, c'est-à-dire Musical Instrument Digital Interface, norme internationale permettant à n'importe quel ordinateur de commander une séquence sonore sur n'importe quel synthétiseur. Il s'agit en fait du principe du piano mécanique. Le travail du musicien sur le séquenceur peut être comparé à celui de la personne poinçonnant le rouleau de papier qui commandera le piano. En remplaçant le piano par des synthétiseurs à plusieurs voix et le pénible exercice qui consiste à poinçonner le papier par l'usage de l'interface conviviale d'un micro-ordinateur et d'aides logicielles à la composition, on a une assez bonne idée du travail qu'accomplissent les compositeurs contemporains au moyen des séquenceurs. Une fois séquencé, un morceau de musique n'a plus besoin d'être joué par un interprète humain, il est directement exécuté par des instruments numériques ou synthétiseurs.

Le *synthétiseur* permet un contrôle total du son, bien différent de celui auquel donnaient lieu les instruments matériels. On peut par exemple passer en continu du son d'une harpe à celui d'une grosse caisse. Il est possible de programmer indépendamment le timbre, la hauteur, l'intensité, la durée des sons puisque l'on a affaire à des codes numériques, et non plus aux vibrations d'un ou de plusieurs instruments matériels.

Le raccordement du séquenceur, du synthétiseur et de l'échantillonneur dans le nouveau *studio numérique* permet de réunir en une seule toutes les fonctions musicales : composition, exécution et traitement en studio multipiste.

Nous manquons sans doute de recul pour évaluer pleinement toutes les conséquences de cette mutation technologique sur les métiers et l'économie de la musique, sur les pratiques musicales et sur l'apparition de nouveaux genres. La plupart des observateurs s'accordent cependant pour voir dans l'apparition des instruments numériques que nous venons de décrire une rupture comparable à celle de l'invention de la notation ou de l'apparition du disque.

L'image

Le domaine de l'image connaît une évolution tout aussi spectaculaire, et à certains égards parallèle à celle du son. A l'échantillonnage, par exemple, correspondrait la *numérisation d'image*. Une fois numérisée, la photo ou le dessin peuvent être retraités et détournés à volonté, les paramètres de couleur, de taille, de forme, de texture, etc., pouvant être modulés et réemployés séparément. La photo et la vidéo numérique haute définition rendront à moyen terme obsolète la phase de numérisation proprement dite, puisque l'image sera directement saisie sous forme digitale. Avant même cette numérisation intégrale, l'adressage numérique des images permet dès aujourd'hui de nouveaux procédés de montage et de synchronisation, pour la réalisation des films, qui s'apparentent beaucoup au traitement de texte.

Le contrôle indépendant des variables définissant le message iconique se pratique dans la *synthèse d'image*, exactement comme dans la synthèse sonore et pour les mêmes raisons : le détachement du support physique.

Les programmes d'intelligence artificielle qui font intervenir la structuration et l'animation des images par *objets* pourraient également être rapprochés du principe du séquenceur. Une fois définis un scénario et des acteurs, ou peut-être seulement en laissant interagir des objets-programmes, la séquence animée pourrait s'engendrer automatiquement.

L'*infographie*, qui regroupe toutes les techniques de traitement et de création d'image, représente certainement quelque chose de plus qu'une automatisation de la peinture ou du dessin. Comme la lunette astronomique, le microscope ou le rayon X, l'interface numérique élargit le champ du visible. Elle permet de faire voir des modèles abstraits de phénomènes physiques ou autres, de visualiser des données chiffrées qui seraient sans cela restées enfouies dans des tonnes de listings. L'image numérique est aussi le complément indispensable de la simulation, et l'on sait le rôle que tient aujourd'hui cette dernière dans la recherche scientifique.

Dans quelques dizaines d'années, tous les terminaux auront des interfaces graphiques perfectionnées. D'ores et déjà, il est en train de naître sous nos yeux une nouvelle idéographie ; quelque chose comme une écriture dynamique à base d'icônes, de schémas, et de réseaux sémantiques. Nous sommes ici à la frontière désormais de plus en plus ténue entre le domaine de l'image et celui de l'informatique, en attendant la libre communauté des interfaces.

Le logiciel

Si l'informatique est le médium fédérateur du monde contemporain des interfaces, elle ne manque pas de s'auto-interfacer suivant une boucle de rétroaction positive. Langages de plus en plus accessibles à la compréhension humaine immédiate, ateliers de génie logiciels, générateurs de systèmes experts, rendent la tâche de l'informaticien de plus en plus logique, synthétique et conceptuelle, au détriment d'une connaissance des replis de telle machine ou des bizzareries de tel logiciel. Les tâches de codage proprement dit, le contact avec le grain et la texture de la « matière informatique » dans ce qu'elle a de contingent s'éloignent peu à peu, exactement comme dans les autres activités de composition. La programmation déclarative, l'accès associatif (par le contenu et non par l'adresse physique) aux données contenues en mémoire, des langages fondés sur la logique ou utilisant des modes inédits jusque-là de représentation des connaissances, toutes ces nouveautés introduites par l'intelligence artificielle contiennent en puissance un changement de l'informatique sans doute encore plus radical que le passage du langage-machine au Fortran.

Répétons-le, tout se passe comme si les informaticiens revêtaient inlassablement les ordinateurs de nouvelles interfaces avec leur environnement physique et humain : systèmes intelligents de gestion de base de données, modules de compréhension du langage naturel, dispositifs de reconnaissance de forme ou systèmes-experts d'autodiagnostic... et des interfaces d'interfaces : écrans, et sur les écrans, icônes, boutons, menus, dispositifs aptes à se nouer de mieux en mieux aux modules cognitifs et sensoriels des utilisateurs à capter.

Inventer l'hypertexte et le multimédia interactif

Il faut penser les mutations du son et de l'image en connexion avec celles de l'hypertexte, et de l'intelligence artificielle. Des branchements et réinterprétations se produiront le long de zones de contact mouvantes, par les agencements et bricolages de nouveaux dispositifs que réaliseront une multiplicité d'acteurs.

La nouvelle écriture hypertextuelle ou multimédia sera certainement plus proche du montage d'un spectacle que de la rédaction classique, où l'auteur ne se souciait que de la cohérence d'un texte linéaire et statique. Elle demandera des *équipes* d'auteurs, un véritable travail collectif. Pensons par exemple à toutes les compétences requises pour la réalisation d'une encyclopédie interactive sur CD-ROM, depuis l'expertise dans les différents domaines couverts par l'encyclopédie jusqu'aux savoirs spécialisés en informatique en passant par cet art nouveau de la « mise en écran » interactive.

Inventer de nouvelles structures discursives, découvrir les rhétoriques encore inconnues du schéma dynamique, du texte à géométrie variable et de l'image animée, concevoir des idéographies où la couleur, le son et le mouvement s'associeront pour signifier, telles sont les tâches qui attendent les auteurs et les éditeurs du prochain siècle.

Les grands imprimeurs du XVIe siècle étaient à la fois des lettrés, des humanistes, des techniciens, et les explorateurs d'un nouveau mode d'organisation du savoir et des échanges intellectuels. Il faut imaginer que nous abordons, à l'égard des nouvelles technologies de l'intelligence, une époque comparable à celle de la Renaissance.

Le stock et sa circulation

Les processus de composition ou de création travaillent à partir de *stocks* : banques de données, banques de « connaissances » structurées pour la propagation des inférences, banques d'images et d'effets visuels, banques d'effets sonores, banques de logiciels... Et le stock s'accroît sans cesse de tout ce que produisent les dispositifs de composition : banques de films, banques de textes et d'hypertextes... La masse de données numériques disponibles enfle en permanence. Et plus elle grossit, plus il faut la structurer, la cartographier, la quadriller de voies à grandes vitesses et d'avenues logicielles ; plus les interfaces pour la chasse efficace et le butinage fructueux doivent se perfectionner. L'hypertexte ou le système à base de connaissances appartiennent à la réserve, mais ce sont aussi des modes d'accès au stock, des types d'interface.

Les futures *banques de connaissances* à grande échelle seront capables d'*élaborer* les informations qu'on leur confiera, c'est-à-dire qu'elles feront automatiquement certains liens pertinents entre les représentations, un peu comme si elles en comprenaient le sens. Elles pourront répondre aux questions en se fondant sur un modèle personnalisé du client, en tenant compte par surcroît de la *modalité* de l'interrogation : l'utilisateur veut-il des faits bruts, désire-t-il être guidé pour une exploration sans idée préconçue, veut-il qu'on lui suggère des liens pertinents... ?

C'est vraisemblablement grâce à des techniques d'intelligence artificielle que l'on tracera dans les hyperbanques de données ces routes et chemins de traverse dont rêvait Vannevar Bush. On peut imaginer un système expert d'interrogation lancé par une personne en quête d'information qui négocierait successivement avec les interfaces intelligentes de plusieurs banques de connaissances et finirait par ramener à son propriétaire le résultat de ses recherches présenté de façon lisible et cohérente, voire imagée.

Physiquement, ces armées d'interfaces en réorganisation permanente circuleront le long de deux voies principales : les supports denses et le réseau numérique à intégration de service (RNIS).

Les supports denses sont les disques compacts numériques à lecture laser (CD-ROM) ou les bandes magnétiques digitales ultra-compactes. La capacité d'un CD-ROM (500 mégaoctets) équivaut à 600 disquettes de 800 k ou à 250 000 pages de texte ou 500 livres de 500 pages. Cette capacité est obtenue à un cinquantième du coût du papier, avec un encombrement infiniment réduit. L'accès direct aux données par ordinateur permet tous les retraitements et redistributions imaginables, en particulier l'intégration à des dispositifs interactifs. Les futures bandes magnétiques digitales hyperdenses auront la capacité de quatre CD-ROM, avec la moitié de la taille d'une cassette audio. A notre liste des dimensions pertinentes au problème de l'interface il faudrait certainement ajouter la quantité et la densité, sur lesquelles s'articulent nombre d'effets d'interface.

Dès 1989, la société Dow Jones proposait des disques révisés chaque mois contenant des renseignements financiers sur les entreprises. On vend aussi des compact-disques contenant des milliers de logiciels pour ordinateurs personnels. Des encyclopédies, des dictionnaires, des Atlas géographiques, des corpus juridiques, historiques ou juridiques sont édités sur

CD-ROM. Par exemple, tout le corpus de la littérature grecque, des origines au VIIe siècle après Jésus-Christ, a été inscrit sur CD-ROM. Le chercheur peut demander et obtenir à la seconde les occurrences d'un vocable chez tel auteur, établir la liste des passages où figure le mot, les lire, les imprimer, les mettre de côté sur une disquette, les coller dans un texte en français, etc. Le disque optique ne se contente pas de stocker l'information passivement, l'interfaçage logiciel peut en faire un véritable environnement de travail dynamique, un kit de simulation ou un terrain de jeu. Des recherches se poursuivent activement sur la structuration et l'interfaçage des CD-ROM. Lorsque les médias denses seront aussi agréables à consulter que des revues en couleurs sur papier glacé (ce qui n'est pas encore le cas), le vieux support de cellulose sera sérieusement menacé.

Le RNIS (Réseau numérique à intégration de services, appelé réseau Numéris en France) actuellement en service ne transmet encore qu'à faible débit. Le réseau du futur, caractérisé par une capacité bien supérieure, utilise la fibre optique. Il est techniquement au point, mais ne fonctionne effectivement que dans quelques zones pilotes dans le monde. On envisageait dès 1990, en Amérique du Nord, la possibilité de câbler tous les foyers avec cinq canaux bi-directionnels à large bande. L'abonné au RNIS pourrait ainsi recevoir des centaines de chaînes de télévision haute définition, autant de stations de radio haute fidélité, utiliser un visiophone rendant parfaitement la voix et le visage, transférer des données informatiques à gros débit, transmettre par télécopie des images en couleurs avec un très grand degré de précision. L'abonné pourrait également utiliser les services d'une messagerie vocale intelligente, une combinaison des principes du répondeur (mais avec discrimination des correspondants) et de la messagerie électronique (mais avec la voix substituée au texte). Une prise portable permettrait à l'abonné de recevoir les messages qui lui sont destinés de n'importe quel point du globe où le RNIS aurait poussé ses ramifications.

La circulation dans les réseaux précédant le RNIS était contrainte par la nature des supports physiques et leurs limites quantitatives. On se trouve aujourd'hui face à un canal si large qu'on n'a pas encore d'idées précises sur les types d'œuvres, de formes culturelles, d'agencements de représentations qui pourraient y circuler ni sur les genres d'interaction qui devraient accompagner ces formes. Quels rôles seront dévolus aux personnes ou aux groupes empruntant le réseau ? On se contente, comme dans l'énumération qui précède, de projeter une télévision parfaite, un téléphone plus riche, une télématique « son et lumière », etc.

Peut-être est-ce du côté des interfaces que l'effort d'imagination devrait d'abord porter.

Les terminaux intelligents

Il y aurait deux axes d'utilisation du terminal intelligent. L'axe d'*interactivité*, tout d'abord, en connexion avec des mémoires denses physiquement présentes ou avec le stock disponible sur le réseau. On peut ici imaginer sans peine le perfectionnement de micro-interfaces concernant les principaux sens et modules cognitifs humains : reconnaissance partielle de la parole, synthèse vocale, écrans tactiles, tablettes graphiques pour le dessin ou l'écriture manuscrite, commandes par mouvement des yeux, direction de la voix ou gestes de la main. Toutes ces interfaces sont déjà disponibles ou à l'étude. Ces multiples modes d'interaction viendraient animer et alimenter des dispositifs fonctionnels caractérisés par l'*action mutuelle et simultanée* des utilisateurs et des systèmes. Ce serait le pôle de la conversation, du jeu, de l'exploration et du butinage, sans oublier certains types de *composition* informatique, hypertextuelle ou audiovisuelle.

La *sélection*, par opposition à l'interaction, organiserait le second axe d'utilisation du terminal intelligent. Le problème est ici de tirer profit de la quantité au lieu de s'y noyer. Les usages contemporains du magnétoscope, du câble et du réseau télématique peuvent nous aider, en extrapolant, à imaginer des dispositifs de sélection perfectionnés. Il ne s'agirait plus seulement de programmer l'enregistrement de séquences audiovisuelles pour en jouir en temps opportun ou d'obtenir des données précises à partir de questions dûment formulées. Comme nous l'avons vu à propos du rôle des systèmes experts dans les hypertextes, on pourrait apprendre à un « module personnel » du terminal à chasser dans le réseau tous les types de documents textuels et audiovisuels susceptibles de nous intéresser ; puis à hiérarchiser, organiser, compacter et mettre en page les documents en question suivant les modalités d'interface qui nous conviendraient le mieux. Ce retraitement exploiterait autant qu'il serait possible la plasticité inhérente au codage numérique, et la prise que donne ce codage à des programmes d'intelligence artificielle. On obtiendrait quelque chose comme des journaux audiovisuels intégralement personnalisés, différents pour chacun en fonction de ses intérêts et de ses choix. Certaines tendances actuelles de segmentation des publics, de désynchronisation des écoutes, et de personnalisation des interfaces informatiques seraient ainsi poussées jusqu'au bout.

Dans la prochaine génération de collecticiels, on prévoit déjà que des « agents logiciels » instruits par leurs propriétaires filtreront et classeront le courrier par ordre de priorité, négocieront des rendez-vous et chercheront dans le réseau les informations susceptibles d'intéresser leur maître. Un grand nombre de tâches administratives pourront être automatisées comme les envois réglementaires de messages ou de copies de rapports à certains correspondants. Les futurs agents logiciels pourront peut-être même, interrogés par d'autres agents logiciels ou directement par des humains, répondre à des questions concernant l'expertise spécifique de ceux qu'ils représentent. Il suffit pour cela de doter les systèmes experts de capacités de communication dans les réseaux et de lecture/écriture dans les hypertextes. On verra peut-être ainsi des entités logicielles s'entraider ou se donner des conseils sans « savoir » si elles s'adressent à des hommes ou à des programmes, initiant ainsi un processus social autonome au sein d'une écologie cognitive composite.

De même que l'interactivité, l'usage sélectif des terminaux intelligents viendrait à l'appui de toutes les fonctions de composition de textes, hypertextes, images animées, sons, programmes, configuration d'interfaces, etc. Ces opérations de composition, comme d'autres utilisations, pourraient faire appel à de la *puissance de calcul* sur le réseau numérique, aussi naturellement que nous tirons aujourd'hui de l'électricité du réseau EDF.

Le tableau ne serait pas complet si nous n'abordions pas la perspective qui se dessine au début des années quatre-vingt-dix dans les recherches sur les écrans plats et ultra légers. Le terminal informatique ou la télévision des années quatre-vingt ressemblent à bien des égards au livre du XIIe siècle : ils sont lourds, énormes, enchaînés par leur fil d'alimentation électrique. La mobilité et la légèreté du livre de poche, la portabilité du transistor ou du baladeur leur ouvriraient tout un nouveau champ d'utilisation et d'appropriation. De grands écrans plats s'accrocheront au mur. Je pourrai consulter un hypertexte dans mon lit, ou annoter un document avec mon stylet graphique dans le métro grâce à un petit terminal ultra-léger, sans fil, qu'une prise du RNIS branchée à proximité alimentera par micro-ondes.

L'image ici brossée ne fait appel qu'à des performances techniques déjà réalisées ou en cours d'étude avancée. Elle suppose surtout qu'un minimum de normalisation ou de compatibilité entre les systèmes et les matériels ait été négocié entre les États et les grandes firmes multinationales de l'électronique. Quoique nous soyons aujourd'hui très loin du compte à cet égard, les engagements internationaux déjà signés sur les normes du RNIS, et l'accord général qui s'est réalisé sur l'interface Midi (la norme musicale dont nous avons donné une définition plus haut) montrent qu'une compatibilité universelle n'est pas totalement hors de portée, fût-ce au prix de nombreuses couches logicielles de traduction et d'interfaçage.

Le processus d'unification du champ de la « communication » est assez ancien déjà, dans l'ordre économique et financier. Il s'est amorcé récemment sur le plan des savoir-faire et des métiers pendant le développement de la télématique. Avec la constitution du réseau numérique et le déploiement de ses usages tels qu'imaginés ici, télévision, cinéma, presse écrite, informatique et télécommunications verraient leurs frontières se dissoudre presque totalement au profit de la circulation, du métissage et de la métamorphose des interfaces sur un même territoire cosmopolite.

Bibliographie

BONNET A., HATON J.-P., TRUONG NGOC J.-M., *Systèmes experts, vers la maîtrise technique*. InterÉditions Paris, 1986.

BRANDT Stewart, *Inventing the Future at MIT*, Viking Penguin Inc., New York, 1987.

BRETON Philippe, *Histoire de l'informatique*, La Découverte, Paris, 1987.

DURAND Jean-Pierre, LÉVY Pierre et WEISSBERG Jean-Louis, *Guide de l'informatisation. Informatique et société*, Belin, Paris, 1987.

GANASCIA Jean-Gabriel, *L'Âme machine. Les enjeux de l'intelligence artificielle*, Le Seuil, Paris, 1990.

GOLDSTINE Hermann, *The Computer from Pascal to von Neumann*, Princeton University Press, Princeton, New Jersey, 1972.

La Recherche en intelligence artificielle (articles réunis par Pierre VANDEGINSTE), Le Seuil, Paris, 1987.

LÉVY Pierre, « L'invention de l'ordinateur », *in Éléments d'histoire des sciences* (sous la direction de Michel SERRES), Bordas, Paris,1989.

LÉVY Pierre, *La Machine univers. Création, cognition et culture informatique*, La Découverte, Paris, 1987, et Le Seuil, coll. « Points Sciences », Paris, 1992.

LIGONNIÈRE Robert, *Préhistoir et histoire des ordinateurs*, Robert Laffont, Paris, 1987.

MARCHAND Marie, *La Grande Aventure du minitel*, Larousse, Paris, 1988.

SCHANK Roger, *The Cognitive Computer*, Addison-Wesley Reading, Massachusetts, 1984.

10

Le temps réel

Quel serait le type de temps sécrété par l'informatisation ? L'antique manière d'inscrire les signes convenait au citadin ou au paysan. L'ordinateur et les télécommunications correspondent au nomadisme des mégapoles et des réseaux internationaux. L'informatique ne redouble pas, comme le faisait l'écriture, l'inscription sur le territoire, elle sert la mobilisation permanente des hommes et des choses qui a peut-être commencé avec la révolution industrielle. L'écriture était l'écho sur un plan cognitif de l'invention sociotechnique du délai et du stock. L'informatique, au contraire, participe au travail de résorption d'un espace-temps social visqueux, à forte inertie, au profit d'une réorganisation permanente et en temps réel des agencements sociotechniques : flexibilité, flux tendu, zéro stock, zéro délais.

On pourrait croire au premier abord que l'informatique poursuit, grâce par exemple aux banques de données, le travail d'accumulation et de conservation accompli par l'écriture. Ce serait méconnaître les principales finalités de la plupart des banques de données. Celles-ci n'ont pas vocation à contenir toutes les connaissances vraies sur un sujet, mais l'ensemble du savoir utilisable par un client solvable. Il s'agit moins de diffuser des lumières auprès d'un public indéterminé que de mettre une information opérationnelle à la disposition des spécialistes. Ceux-ci veulent obtenir l'information la plus fiable, le plus vite possible, pour prendre la meilleure décision. Or cette information opérationnelle est essentiellement périssable, transitoire. Près des deux tiers des données actuellement stockées dans le monde représentent des renseignements économiques, commerciaux ou financiers à caractère stratégique.

De surcroît, l'information dite « en ligne » (traduction de l'anglais *on line*, qui signifie : directement accessible au bout du fil) est généralement découpée en petits modules normalisés. On y accède sur un mode entièrement sélectif et non dans la continuité d'une lecture, puisqu'on ne prend connaissance en principe que du renseignement recherché. Le contenu des banques de données, s'il est utilisé, n'est pas *lu* à proprement parler. On y chercherait en vain des synthèses ou des idées. On sait par exemple que les textes des journaux accessibles par le minitel ressemblent plus à des dépêches d'agence qu'à des analyses approfondies d'une situation.

Le contenu actuel des banques de données ne sera vraisemblablement jamais relu ou réinterprété comme l'ont été les textes des siècles passés. En ce sens, la plupart des banques de données sont moins des mémoires que des miroirs, aussi fidèles que possible, de l'état présent d'une spécialité ou d'un marché.

Envisageons le cas des systèmes experts, que l'on pourrait considérer comme des bases de données très perfectionnées, capables de tirer des conclusions pertinentes des informations dont elles disposent. Les systèmes experts ne sont pas tant faits pour *conserver* le savoir-faire de l'expert que pour *évoluer* sans cesse à partir du noyau de connaissance qu'il a apporté. On ne fabrique pas un nouveau programme à chaque fois que l'on met au jour une nouvelle règle. Au contraire, les langages déclaratifs permettent d'enrichir ou de modifier le système sans avoir à tout recommencer. Autrement dit, sauf disposition spéciale, on n'enregistre pas les états passés de la connaissance. Celle-ci n'existe jamais dans le système qu'à son état le plus récent. Les possibilités matérielles d'enregistrement n'ont jamais été aussi grandes, mais ce n'est pas le souci du stock ou de la conservation qui anime l'informatisation. La notion de temps réel, inventée par les informaticiens, résume bien la pointe vive, l'esprit de l'informatique : la condensation sur le présent, sur l'opération en cours. La connaissance de type opérationnel portée par l'informatique est en temps réel. Elle s'opposerait en cela aux styles herméneutiques et théoriques. Par analogie avec le temps circulaire de l'oralité primaire et le temps linéaire des sociétés historiques, on pourrait parler d'une sorte d'implosion chronologique, d'un temps *ponctuel* instauré par les réseaux informatiques.

La fin de l'histoire ?

Le temps ponctuel annoncerait, non pas la fin de l'aventure humaine, mais son entrée dans un rythme nouveau qui ne serait plus celui de l'histoire. S'agit-il d'un retour au devenir sans trace, inassignable, des sociétés sans écritures ? Mais tandis que le premier devenir coulait d'une source immémoriale, le second semble s'engendrer lui-même dans l'instant, jaillissant des simulations, des programmes et du flux intarissable des données numériques. Le devenir de l'oralité se pensait immobile, celui de l'informatique laisse entendre qu'il va très vite, quoiqu'il ne veuille pas savoir d'où il vient et où il va. Il *est* la vitesse.

En transformant les personnages et les héros aventureux de l'oralité en concepts, l'écriture avait permis le déploiement d'une pensée de l'être. En animant dans ses programmes les vieux concepts issus de l'écriture, en faisant de la logique un moteur, l'informatique résorbe-t-elle tout à la fois l'être et l'histoire dans la pure accélération ?

Cette tendance rejoindrait évidemment celle de la société du spectacle, telle que l'a décrite Guy Debord. La surface glissante des écrans ne retient rien, toute explication possible s'y brouille et s'y efface, elle se contente de faire défiler des mots et des images spectaculaires, déjà oubliés le lendemain. Et les images sont d'autant plus clinquantes qu'elles sont numérisées, les musiques d'autant plus rapidement produites et périmées que des ordinateurs en font la synthèse. La perspective historique, et avec elle toute réflexion critique, aurait déserté la culture informatico-médiatique. Les utopies négatives qui tiennent lieu d'analyse de la culture contemporaine chez des auteurs comme Paul Virilio [109] ou Jean Chesneaux [18] seraient confirmées.

Mais cette version pessimiste de l'évolution culturelle néglige plusieurs faits fondamentaux. Tout d'abord, des livres historiques, réflexifs ou critiques continuent d'être publiés et lus.

D'autres rythmes de formation et de diffusion des connaissances que ceux des médias et de l'informatique (bientôt réunis en un seul grand réseau numérique) persistent à fonctionner, de l'institution scolaire et universitaire aux groupes de discussions qui se réunissent toujours autour d'associations ou de revues. Des savoir-faire et des représentations innombrables se transmettent et se transforment encore sur le mode oral dans les familles, les collectifs de travail et les divers réseaux de sociabilité. C'est l'imbrication, la coexistence et l'interprétation réciproque des divers circuits de production et de diffusion des savoirs qu'il faut penser, plutôt que d'amplifier et d'extrapoler certaines tendances, sans doute réelles mais partielles, liées au seul réseau médiatico-informatique. Enfin, et ce n'est pas le moindre des arguments que l'on pourrait opposer aux tenants de la prétendue destruction de la culture et aux alarmistes de la modernité-catastrophe, les styles de communication et d'élaboration des représentations au sein même du réseau numérique ne sont pas encore stabilisés. Comme nous l'avons vu, hypertextes, compositions multimédias, collecticiels et nouvelles écritures dynamiques pourraient fort bien réintroduire certaines formes de distance historique et de travail herméneutique au sein même de l'interconnexion en temps réel propre à l'informatique. Les supports d'information à haute densité tels que les CD-ROM invitent à la navigation dans les textes et les images sur un mode très différent de celui des banques de données classiques. Le contenu de ces disques compacts multimédias n'est pas nécessairement éphémère. Des textes littéraires classiques, par exemple, peuvent être lus, annotés, commentés, comparés, faire l'objet de recherches minutieuses avec un luxe de moyens hors de portée des techniques liées au papier. Bientôt, les documents audiovisuels numérisés pourront faire l'objet d'un travail critique similaire. Sans doute, les hypertextes et les collecticiels étaient encore peu répandus en 1990, mais que l'on songe aux premiers siècles de l'écriture en Mésopotamie, lorsqu'elle n'était encore employée qu'au recensement des troupeaux, aux inventaires bientôt périmés des palais et des temples. Qui aurait pu prédire à l'époque que ces signes creusés dans la glaise, à peine aménagés, porteraient un jour la science, la littérature, la philosophie ou l'opinion publique?

Indétermination et ambiguïté de l'informatique

L'informatique semble rejouer en quelques dizaines d'années le destin de l'écriture : utilisée d'abord pour le calcul, les statistiques, la gestion la plus prosaïque des hommes et des choses, elle est devenue très rapidement un médium de communication de masse, encore plus général, peut-être, que l'écriture manuscrite ou l'imprimerie, puisqu'elle permet aussi de traiter et de diffuser le son et l'image en tant que tels. L'informatique ne se contente pas de noter la musique, par exemple, elle contribue également à la jouer.

Pensant avec des instruments intellectuels liés à l'imprimerie, partageant les valeurs et l'imaginaire d'une civilisation de l'écriture, nous nous trouvons dans la position d'évaluer les modes de connaissance inédits qui émergent à peine d'une écologie cognitive en voie de formation. La tentation est bien grande de condamner ou d'ignorer ce qui nous est étranger. Il est possible qu'on n'aperçoive même pas l'existence de nouveaux styles de savoir, tout simplement parce qu'ils ne correspondent pas aux critères et aux définitions qui nous constituent et que nous avons hérités de la tradition. Il est également tentant d'identifier à l'ensemble des technologies intellectuelles liées aux ordinateurs certaines procédures contemporaines de communication et de traitement effectivement grossières, confondant ainsi le devenir de la culture informatisée avec ses tout premiers balbutiements.

Mais on pourrait opposer à cela qu'il reste tout de même des tendances lourdes, et que la constitution d'un nouveau type de temporalité sociale autour du « temps réel » semble bien être une de ces tendances. Je répète donc que le réseau informatico-médiatique n'est qu'un des multiples circuits de communication et d'interaction qui animent le collectif, et que nombre d'institutions, de structures et de traits culturels possèdent au contraire des rythmes de vie et de réaction extrêmement longs (États, langues, nations, religions, écoles, etc.). D'autre part, à se limiter au réseau numérique et aux circuits planétaires les plus directement engagés dans la course à la puissance, la signification du temps réel reste ambiguë, indéterminée. On peut certes y lire l'accélération du cycle de la marchandise, la montée du caractère stratégique et opérationnel des relations sociales, une manière d'effacement des mémoires et de la singularité des lieux. Mais ce n'est là que le plus visible. Par surcroît, ces tendances-là sont d'une vénérable ancienneté. Peut-être même les a-t-on déplorées à toutes les périodes de changement.

On peut toujours regretter « le déclin de la culture générale », la prétendue « barbarie » techno-scientifique ou « la défaite de la pensée », culture et pensée étant malheureusement figées dans une pseudo-essence qui n'est autre que l'image idéalisée du bon vieux temps. Il est plus difficile mais également plus utile de saisir le réel en train de naître, de le rendre conscient de lui-même, d'accompagner et de guider son mouvement de telle sorte que viennent au jour ses potentialités les plus positives.

L'informatique et la mémoire

Reprenons dans cette perspective le thème de la mémoire, qui a été un des fils conducteurs de notre étude de l'oralité primaire et de l'écriture. Dans le cas de l'informatique, la mémoire est tellement objectivée dans des dispositifs automatiques, tellement détachée du corps des individus ou des habitudes collectives qu'on se demande si la notion même de mémoire est encore pertinente.

Les savoir-faire, par exemple, ne s'acquièrent en principe qu'après une longue expérience et s'identifient aux corps, aux gestes, aux réflexes de personnes singulières. Or ce type bien particulier de mémoire incarnée perd ses caractéristiques traditionnelles sous l'action d'un double processus. Tout d'abord l'accélération du changement technique, dû notamment à l'informatisation, entraîne une variation, une modulation constante, voire des mutations radicales des connaissances opératoires au sein d'un même métier. La flexibilité ne concerne pas seulement les processus de production et les circuits de distribution. L'exigence de réorganisation en temps réel vise aussi les agencements cognitifs personnels. D'autre part, grâce notamment aux systèmes experts et à différents logiciels de simulation ou d'aide à la modélisation, des savoir-faire peuvent être séparés des personnes et des collectifs qui les avaient sécrétés, puis recomposés, modularisés, multipliés, diffusés, modifiés, mobilisés à volonté.

En accord avec sa visée opérationnelle, le savoir informatisé ne vise pas la conservation à l'identique d'une société se vivant ou se voulant immuable, comme dans le cas de l'oralité primaire. Il ne vise pas non plus la vérité, à l'instar des genres canoniques nés de l'écriture que sont la théorie ou l'herméneutique. Il cherche la vitesse et la pertinence de l'exécution, et plus encore la rapidité et l'à propos du changement opératoire. Sous le régime de l'oralité primaire, lorsqu'on ne disposait de presque aucune technique d'enregistrement extérieure, le collectif humain ne faisait qu'un avec sa mémoire. La société historique fondée sur l'écriture se caractérisait par une semi-objectivation du souvenir, la connaissance pouvait désormais être partiellement disjointe de l'identité des personnes, ce qui a rendu possible le souci de vérité sous-tendant, par exemple, la science moderne. Le savoir informatisé s'éloigne tant de la mémoire (ce savoir « par cœur »), ou encore la mémoire, en s'informatisant, est objectivée à un point tel que la vérité peut cesser d'être un enjeu fondamental, au profit de l'opérativité et de la vitesse.

Déclin de la vérité, de l'objectivité et de la critique

Ce trait du savoir informatisé n'est pas nécessairement et toujours condamnable. Il correspond à certains égards à ce que Jean-François Lyotard a appelé la post-modernité. Que signifie la fin du souci de vérité ? Ce n'est certes pas dire qu'il est désormais permis de mentir, ou que l'exactitude des faits n'importe plus. On veut seulement repérer un changement d'accent, un déplacement du centre de gravité dans certaines des activités cognitives mises en œuvre par le collectif social.

Rappelons-le, l'exigence de vérité *critique* présuppose la séparation partielle du savoir et de la mémoire identitaire des personnes que l'écriture rendit possible. Quant à l'exigence de vérité *objective*, elle est dans une large mesure conditionnée par la situation de communication hors contexte propre à la transmission écrite du savoir. Or les conditions qui faisaient de la vérité critique et objective la norme de la connaissance sont en train de se transformer rapidement.

La masse d'informations enregistrées croît à un rythme de plus en plus rapide. Les connaissances et les savoir-faire de la sphère techno-scientifique et de celles qui en dépendent évoluent de plus en plus vite. De ce fait, dans de nombreux domaines, la séparation entre la mémoire personnelle et le savoir n'est plus seulement partielle, les deux entités tendent à être presque totalement disjointes.

Dans la civilisation de l'écriture, le texte, le livre, la théorie restaient, à l'horizon de la connaissance, des pôles d'identification possibles. Derrière l'activité critique, il y avait encore une stabilité, une unicité possibles de la théorie vraie, de la bonne explication. Aujourd'hui, il devient de plus en plus difficile pour un sujet d'envisager son identification, même partielle, à une théorie. Les explications systématiques et les textes classiques où elles s'incarnent paraissent désormais trop fixes dans une écologie cognitive où la connaissance est en métamorphose permanente. Les théories, avec leur norme de vérité et l'activité critique qui les accompagne, cèdent du terrain aux *modèles*, avec leur norme d'efficience et le jugement d'à-propos qui préside à leur évaluation. Le modèle n'est plus couché sur le papier, ce support inerte, il tourne sur un ordinateur. C'est ainsi que les modèles sont perpétuellement rectifiés et améliorés au fil des simulations. Un modèle est rarement définitif.

Un modèle numérique n'est la plupart du temps ni « vrai » ni « faux », ni même à proprement parler « testable ». Il se révèle seulement plus ou moins utile, plus ou moins efficace ou pertinent eu égard à tel ou tel objectif particulier. Des facteurs très éloignés de l'idée de vérité peuvent intervenir dans l'évaluation d'un modèle : la facilité de simulation, la vitesse de réalisation et de modification, le branchement possible sur des modules logiciels de visualisation, d'aide à la décision, ou d'enseignement assisté...

Le déclin de la vérité critique ne signifie donc pas qu'on acceptera dorénavant n'importe quoi sans analyse, mais que nous aurons affaire à des modèles plus ou moins pertinents, obtenus et simulés plus ou moins vite, et cela de plus en plus indépendamment d'un horizon de *la* vérité, à laquelle nous pourrions adhérer durablement. S'il y a de moins en moins de contradictions, c'est parce que la prétention à la vérité diminue. On ne critique plus, on débogue.

La communication écrite incite les énonciateurs à construire des messages qui soient les plus indépendants possible des circonstances particulières de leur émission et de leur réception. Nous avons vu que cette contrainte avait joué un rôle important dans l'assomption du critère d'objectivité. Or la radio et la télévision, le téléphone, le réseau de transport toujours plus dense qui couvre la planète, l'extension de la télématique, l'interconnexion en temps réel qui caractérise une part croissante des circuits sociaux de communication transforment les conditions générales de l'énonciation, en particulier sous sa forme écrite. L'envoi d'un texte est de plus en plus accompagné ou suivi d'un coup de téléphone. L'article commente souvent un événement que chacun connaît déjà par la télévision, il redouble une communication de vive voix à un colloque, etc. A l'exception de certains livres, les messages écrits sont de moins en moins reçus ou interprétés hors du contexte de leur émission. De ce fait même, et en accord avec la vitesse de transformation du savoir, ils sont de moins en moins conçus pour durer. Les critères de pertinence, ici et maintenant, prennent donc peu à peu le pas sur ceux d'universalité et d'objectivité, même dans le champ scientifique. Cette évolution est encore plus marquée pour les connaissances ou les savoir-faire enregistrés sous forme de modèles numériques puisque, dans ce cas, aucune tradition d'écriture conservatrice ne freine le mouvement. Contrairement à la théorie, qui a d'abord pour fonction d'expliquer ou d'éclairer un phénomène, la simulation de modèles numériques serait plutôt opérationnelle, prévisionnelle, voire normative. Elle répond mieux à la question « comment ? » qu'à la question « pourquoi ? ».

La connaissance par simulation

Un modèle numérique n'est pas *lu* ou *interprété* comme un texte classique, il est le plus souvent *exploré* de manière interactive. Contrairement à la plupart des descriptions fonctionnelles sur papier ou aux modèles réduits analogiques, le modèle informatique est essentiellement plastique, dynamique, doué d'une certaine autonomie d'action et de réaction. Comme l'a bien remarqué Jean-Louis Weissberg, c'est cette dimension interactive que connote aujourd'hui le terme de simulation, tout autant que l'imitation ou la tromperie. La *connaissance par simulation* est sans doute l'un des nouveaux genres de savoir que porte l'écologie cognitive informatisée.

L'apparition des logiciels dits « tableurs » dans le sillage de la micro-informatique a mis des instruments de simulation comptable et budgétaire sur le bureau des cadres et des dirigeants de PME. Des logiciels de conception assistée par ordinateur permettent de tester la résistance aux chocs d'une pièce mécanique ou l'effet dans le paysage d'un bâtiment qui n'est pas encore construit. Des logiciels d'aide à la décision incitent les dirigeants d'entreprise ou les généraux à simuler les effets de leurs choix éventuels sur un modèle de la réalité économique ou militaire avant d'opter pour une solution. Les scientifiques de toutes disciplines recourent de plus en plus à des simulations numériques pour étudier des phénomènes inaccessibles à l'expérience (naissance de l'univers, évolution biologique ou démographique) ou simplement pour évaluer à moindres frais l'intérêt de nouveaux modèles, même quand l'expérimentation est possible. Enfin, les logiciels d'intelligence artificielle peuvent être considérés comme des simulations de capacités cognitives humaines : vision, audition, raisonnement, etc.

Sur le marché des logiciels pour micro-ordinateurs, on trouvait dès 1990 des sortes de kits de simulation très perfectionnés. Ces systèmes permettent de modéliser des situations complexes de production industrielle ou de transport, des flux financiers, des systèmes biologiques, des réseaux d'ordinateurs, etc. Des librairies logicielles proposent, déjà tout programmés, un certain nombre d'objets et de procédures de base dans chaque domaine. L'utilisateur n'a plus qu'à les adapter à sa situation particulière et à les assembler pour obtenir une simulation de sa future chaîne de production, de son *cash flow*, ou du système de communication qu'il projette d'installer. De cette façon, les longs et coûteux processus d'essais et erreurs nécessaires à la mise au point d'installations techniques, de nouvelles molécules ou de montages financiers peuvent être partiellement transférés sur le modèle, avec tous les gains de temps et de coût que l'on imagine. Mais c'est d'abord le bénéfice cognitif qui nous intéresse ici. Le jeu sur les paramètres et la simulation de toutes les circonstances possibles procurent à l'utilisateur du logiciel une sorte d'intuition des relations de cause à effet dans le modèle. Il acquiert une *connaissance par simulation* du système modélisé, qui ne s'identifie ni à une connaissance théorique, ni à une expérimentation directe, ni au recueil d'une tradition orale.

L'importance croissante en informatique des langages « orientés objets » montre que les ordinateurs sont de plus en plus considérés comme des instruments de simulation. En schématisant, on pourrait dire que la programmation classique consistait à organiser une chaîne d'opérations successives sur un flux de données, tandis que la programmation « orientée objet » revient à agencer les interactions d'entités distinctes capables d'accomplir certaines actions et de s'envoyer réciproquement des messages. L'« aquarium » réalisé par l'équipe d'Alan Kay pour Apple offre une bonne illustration de cette nouvelle voie de l'informatique. Dans ce projet, les caractéristiques et le mode de vie de plusieurs « objets-poissons » ont été définis par les programmeurs. Ces logiciels-poissons ont ensuite été plongés dans le même « aquarium », observable par l'écran d'un ordinateur, et ont interagi spontanément en fonction de leur « programme génétique » par des comportements de poursuites, de fuites, de dévoration, de frayage, etc. Il faut noter que le déroulement des *événements* dans l'« aquarium » n'avait nullement été programmé. Des enfants pouvaient ajouter, enlever des poissons ou modifier leurs caractères. Ils observaient ensuite les répercussions de leurs actes sur l'écologie de l'« aquarium » [13].

Au-delà des expérimentations pédagogiques comme celles de l'« aquarium », l'industrie de la synthèse d'image animée utilise déjà les principes de la programmation par objets pour simuler le comportement de grandes populations d'acteurs à l'écran. Par exemple, on programme le comportement éthologique du canard ou de l'étourneau, puis on lance plusieurs dizaines de copies de l'oiseau type pour obtenir l'allure d'un *vol* de canards ou d'étourneaux. Chaque objet calcule lui-même sa distance par rapport aux autres, le temps pendant lequel il peut rester éloigné du gros de la troupe, etc. Des recherches se poursuivent activement dans cette voie. Dans quelques années, certains chercheurs espèrent qu'il suffira de fournir un scénario et quelques indications de jeu à des objets-acteurs « intelligents » pour qu'ils calculent automatiquement leur film.

On entrevoit toutes les possibilités de simulation interactive ouvertes par la programmation « orientée objet ». La relation avec le modèle ne consiste plus à modifier certaines variables numériques d'une structure fonctionnelle abstraite, elle revient à agir directement sur ce que l'on considère intuitivement comme les acteurs effectifs d'un environnement ou d'une situation donnée. On améliore ainsi non seulement la simulation des *systèmes*, mais encore la simulation de l'*interaction naturelle avec les systèmes.*

Une imagination assistée par ordinateur

Comme nous l'avons vu, l'écriture permet d'étendre les capacités de la mémoire à court terme. Voilà qui explique son efficacité comme technologie intellectuelle. L'informatique de simulation et de visualisation est aussi une technologie intellectuelle, mais, quoiqu'elle étende aussi la « mémoire de travail » biologique, elle fonctionne plutôt comme un module externe et supplémentaire de la faculté d'*imaginer.*

Notre pouvoir de simuler mentalement les mouvements et réactions possibles du monde extérieur nous permet d'anticiper les conséquences de nos actes. L'imagination est la condition du choix ou de la décision délibérée. (Qu'arriverait-il si nous faisions ceci ou cela ?) Nous tirons parti de nos expériences antérieures en modifiant notre modèle mental du monde qui nous entoure. La capacité de simuler l'environnement et ses réactions joue certainement un rôle essentiel pour tous les organismes capables d'apprentissage.

Au vu des résultats de nombreuses expériences de psychologie cognitive, plusieurs savants, dont Philip Johnson-Laird [58], ont émis l'hypothèse que le raisonnement humain quotidien n'avait que très peu de rapports avec l'application des règles de la logique formelle. Il semble plutôt que les sujets se construisent des *modèles mentaux* des situations ou des objets sur lesquels portent leurs raisonnements, et qu'ils explorent ensuite les différentes possibilités à l'intérieur de ces constructions imaginaires. La simulation, que l'on peut qualifier d'imagination assistée par ordinateur, est donc sans doute du même coup un outil d'aide au raisonnement beaucoup plus puissant que la vieille logique formelle qui reposait sur l'alphabet.

La théorie, surtout dans sa version la plus formalisée, est une forme de présentation du savoir, un mode de communication ou même de persuasion. La simulation, au contraire, correspond plutôt aux étapes de l'activité intellectuelle antérieures à l'exposition raisonnée : l'imagination, le bricolage mental, les essais et erreurs.

Le problème du théoricien était de produire un réseau d'énoncés autosuffisants, objectifs, non critiquables, qui pourraient être interprétés de façon univoque et recueillir l'assentiment quelles que soient les circonstances particulières de leur réception. Le modèle numérique dont on se sert pour faire des simulations est beaucoup plus proche des coulisses de l'activité intellectuelle que de la scène théorique, c'est pourquoi le problème du modélisateur est d'abord de satisfaire à des critères de pertinence ici et maintenant. Mais cela n'empêche pas les simulations de jouer aussi un rôle de communication ou de persuasion important, en particulier lorsque l'évolution du modèle est visualisée par des images sur un écran.

La mesure de toute chose

La simulation prenant le pas sur la théorie, l'efficience gagnant sur la vérité, la connaissance par les modèles numériques sonne comme une revanche de Protagoras sur l'idéalisme et l'universalisme platonicien, une victoire inattendue des sophistes sur l'*organon* logique d'Aristote.

La connaissance par simulation n'a d'ailleurs de validité que dans un cadre épistémologique relativiste. Sinon, le modélisateur pourrait se laisser entraîner à croire que son modèle est « vrai », qu'il « représente » au sens fort la « réalité », en oubliant que tout modèle est construit pour tel usage de tel sujet à tel moment. La persistance contre nature du vieil habitus cognitif « théorique » à propos de représentations informatiques était naguère fréquente, lorsque la mise au point du modèle numérique d'un phénomène était longue, difficile et coûteuse. On pouvait alors s'identifier à un modèle conçu comme stable, y adhérer. A cet égard, la prolifération contemporaine des instruments de simulation, leur faible coût, leur facilité d'usage représentent sans doute le meilleur antidote contre la confusion d'un modèle et de la réalité. Tel modèle, plastique et variable, entre cent autres possibles que l'on pourrait monter sans trop d'efforts, apparaît pour ce qu'il est : une étape, un moment dans un processus ininterrompu de bricolage et de réorganisation intellectuelle.

La connaissance par simulation, moins absolue que la connaissance théorique, plus opératoire, plus liée aux circonstances particulières de son utilisation, rejoint ainsi le rythme sociotechnique spécifique des réseaux informatisés : le temps réel. La *simulation par ordinateur* permet à un sujet d'*explorer des modèles* plus complexes et en plus grand nombre que s'il en était réduit aux ressources de son imagerie mentale et de sa mémoire à court terme, même secondées par cet auxiliaire trop statique qu'est le papier. La simulation ne renvoie donc pas à quelque prétendue déréalisation du savoir ou du rapport au monde, mais bien plutôt à des pouvoirs accrus de l'imagination et de l'intuition. De même, le temps réel annonce peut-être la fin de l'histoire, mais non la fin des temps, ni l'arrêt du devenir. Plutôt qu'une catastrophe culturelle, on pourrait y lire une manière de retour au *kaïros* des sophistes. La connaissance par simulation et l'interconnexion en temps réel valorisent le moment opportun, l'occasion, les circonstances relatives, opposées au sens molaire de l'histoire ou à la vérité hors temps et hors lieu, qui n'étaient peut-être que des effets d'écriture.

On trouvera ci-contre un tableau récapitulant les principaux acquis de cette deuxième partie. Cette vision synoptique des « trois pôles de l'esprit » fait ressortir une sorte d'écho du pôle oral au sein du pôle informatico-médiatique : l'immédiateté des effets de l'action et le partage du même contexte par les protagonistes de la communication rapprochent les médias électroniques de l'oralité. Nous retrouvons ainsi, par des voies différentes, certaines intutions de McLuhan sur le « village global ». Concernant la « dynamique chronologique » du pôle informatico-médiatique, signalons que l'éclatement suggéré par la « pluralité de devenirs » et la « vitesse pure sans horizon » est compensé dans une certaine mesure par l'unification mondiale réalisée sur le réseau informatico-médiatique ainsi que par l'émergence de « problèmes planétaires » d'ordre démographique, économique et écologique. L'état d'humanité globale, *poursuivi* par l'homme de l'écriture et de l'histoire selon divers modes (empires, religions universalistes, mouvement des Lumières, révolution socialiste), est aujourd'hui *vécu* par l'homme informatico-médiatique. Cela ne signifie ni que tous les groupes sociaux vivants sur la planète participent de cette humanité-là, ni que la culture de la télévision et de l'ordinateur puisse être considérée comme un heureux dénouement à l'aventure de l'espèce.

Les trois pôles de l'esprit
(tableau récapitulatif)

	Pôle de l'oralité primaire	Pôle de l'écriture	Pôle informatico-médiatique
Figures du temps	Cercles.	Lignes.	Segments, points.
Dynamique chronologique	- Horizon de l'éternel retour. - Devenir sans repère ni trace.	- Histoire, sous l'horizon d'un accomplissement. - Traces, accumulation.	- Vitesse pure sans horizon. - Pluralité de devenirs immédiats. (La dynamique fondamentale du pôle informatico-médiatique reste partiellement indéterminée.)
Cadre temporel de l'action et de ses effets	- Inscription dans une continuité immémoriale. - Immédiateté.	- Délai, acte de différer. - Inscription dans la durée, avec tous les risques que cela implique	- Temps réel. - L'immédiateté a étendu son champ d'action et de rétroaction à la mesure du réseau informatico-médiatique.
Pragmatique de la communication	Les partenaires de la communication sont plongés dans les mêmes circonstances et partagent des hypertextes voisins.	La distance entre les hypertextes de l'auteur et du lecteur peut être très grande. Il en résulte une pression à l'universalité et à l'objectivité du côté de l'émission, ainsi que la nécessité d'une activité interprétative explicite du côté de la réception.	Connectés au réseau informatico-médiatique, les acteurs de la communication partagent de plus en plus le même hypertexte. La pression à l'objectivité et à l'universalité diminue. Les messages sont de moins en moins produits pour durer.
Distance du sujet par rapport à la mémoire sociale	La mémoire est incarnée dans des personnes vivantes et des groupes en acte.	La mémoire est semi-objectivée dans l'écrit : - possibilité de la critique liée à une séparation partielle du sujet et du savoir ; - exigence de vérité liée à l'identification partielle du sujet et du savoir.	La mémoire sociale (en transformation permanente) est presque totalement objectivée dans des dispositifs techniques : déclin de la vérité et de la critique.
Formes canoniques du savoir	- Récit. - Rite.	- Théorie (explication, fondation, exposé systématique). - Interprétation.	- Modélisation opérationnelle ou prévisionnelle. - Simulation.
Critères dominants	- Permanence ou conservation. - Signification (avec toute la dimension émotionnelle de ce terme).	Vérité, suivant les modalités de - la critique, - l'objectivité, - l'universalité.	- Efficacité. - Pertinence locale. - Changement, nouveauté.

Les *pôles* de l'oralité primaire, de l'écriture et de l'informatique ne sont pas des *ères*; ils ne correspondent pas de manière simple à des époques déterminées. A chaque moment et en chaque lieu *les trois pôles sont toujours présents*, mais avec plus ou moins d'intensité. Pour ne prendre des exemples que dans le domaine des formes du savoir, la dimension narrative travaille toujours dans les théories et les modèles; l'activité interprétative sous-tend la plupart des performances cognitives; enfin, la simulation mentale de modèles de l'environnement caractérise sans doute la vie intellectuelle de la plupart des vertébrés supérieurs, elle n'a donc pas attendu l'arrivée des ordinateurs pour apparaître. On pourrait en dire autant des « critères dominants », des types de temporalité, ou des configurations mnémoniques : les dimensions indexées sur un pôle donné sont partout présentes tout le temps, mais selon divers degrés d'intensité et de manifestation explicite. Pourquoi donc distinguer trois pôles ? C'est que l'utilisation de telle ou telle technologie intellectuelle place un accent particulier sur certaines valeurs, certaines dimensions de l'activité cognitive ou de l'image sociale du temps, qui deviennent alors plus explicitement thématisées et autour desquelles se cristallisent des formes culturelles particulières.

On ne déplore pas dans ces pages un quelconque déclin; on n'exalte pas non plus de prétendus progrès. Par exemple, dans le domaine de ce que nous avons appelé les « critères dominants » ou valeurs, la « signification » n'est ni meilleure ni pire que l'« efficacité ». La vie humaine n'est possible ni sans l'une ni sans l'autre. Le tableau se contente de suggérer que la dimension du sens est plus particulièrement liée aux formes du récit et du rite, à l'incarnation de la mémoire dans la personne vivante, à la perspective temporelle du retour ou de la restauration, etc. Mais cela ne dit rien sur la qualité bonne ou mauvaise de telle signification particulière dans telle circonstance. De la même façon, l'efficacité n'est pas bonne en soi, elle n'indique pas non plus nécessairement l'absence d'âme. Il peut y avoir des efficacités pleines de sens, des significations efficaces, et cela respectivement pour le meilleur ou pour le pire. Le tableau met seulement en évidence que le critère d'efficacité est plus spécialement lié à la simulation, à l'objectivation quasi totale de la mémoire, au temps réel, etc.

Le lecteur l'aura compris, il ne s'agit pas pour nous d'accréditer un récit simpliste et linéaire de la succession des styles de temporalité ou des genres de connaissance. Le mythe et la théorie continuent à coexister aujourd'hui avec la simulation. Protagoras ou Montaigne n'avaient pas attendu les ordinateurs pour être relativistes. Quoiqu'il ne fût branché sur aucun réseau télématique, Machiavel recommandait au Prince d'épouser les circonstances et de saisir les occasions indépendamment d'un quelconque horizon historique. Répétons-le, presque toutes les manières de penser sont présentes en tout lieu et à chaque époque.

La génétique des populations a décrit la très grande diversité des gènes en réserve dans une espèce donnée. En réponse aux transformations de l'écosystème, tel ou tel trait de caractère va devenir majoritaire, mais sans que soient éliminés pour autant les gènes commandant d'autres caractères qui pourraient se révéler utiles lors d'une prochaine modification de l'environnement. De même, les changements d'écologies cognitives dus, entre autres, à l'apparition de nouvelles technologies intellectuelles déclenchent l'expansion de modes de connaissance longtemps limités à certains domaines, le dépérissement relatif de tel style de savoir, des changements d'équilibres, des déplacements de centres de gravité. La montée de la connaissance par simulation doit être entendue suivant une modalité ouverte, plurivoque et distribuée.

Bibliographie

Chaos Computer Club, *Danger pirates informatiques*, Plon, 1988 (1re édition en allemand : *Das Chaos Computer Buch*, sous la direction de Jurgen WIECKMANN, Rowohlt Verlag GmbH, Reinbek bei Hamurg, 1988).

CHESNEAUX Jean, *La Modernité monde*, La Découverte, Paris, 1988.

CORTEN André, TAHON Marie-Blanche (sous la direction de), *La Radicalité du quotidien. Communauté et informatique*, VLB, Montréal, 1987.

BRANDT Stewart, *Inventing the Future at MIT*, Viking Penguin Inc., New York, 1987.

DEBORD Guy, *Commentaires sur la Société du spectacle*, Éditions Gérard Lebovici, Paris, 1988.

DEBORD Guy, *La Société du spectacle*, Buchet-Chastel, Paris, 1967.

DURAND Jean-Pierre, LÉVY Pierre et WEISSBERG Jean-Louis, *Guide de l'informatisation. Informatique et société*, Belin, Paris, 1987.

GRAS Alain, POIROT-DELPECH Sophie (sous la direction de), *L'Imaginaire des techniques de pointe*, L'Harmattan, Paris, 1989.

LÉVY Pierre, « L'invention de l'ordinateur », *in Éléments d'histoire des sciences* (sous la direction de Michel SERRES), Bordas, 1989.

LIGONNIÈRE Robert, *Préhistoire et histoire des ordinateurs*, Robert Laffont, Paris, 1987.
MIÈGE Bernard, *La Société conquise par la communication*, Presses universitaires de Grenoble, 1989.
TURKLE Sherry, *Les Enfants de l'ordinateur*, Denoël, 1986 (édition originale : *The Second Self*, Simon and Schuster, New York, 1984).
VIRILIO Paul, *L'Espace critique*, Galilée, Paris, 1987.
WEISSBERG Jean-Louis (sous la direction de), *Les Chemins du virtuel. Simulation informatique et création industrielle*, numéro spécial des *Cahiers du CCI*, Paris, avril 1989.

11

L'oubli

Dans le milieu mouvant et mal délimité du réseau numérique, d'un collecticiel à l'autre, on passera par degrés progressifs du statut de lecteur à celui d'annotateur, puis à celui d'auteur. Des hiérarchies sociales pourront se marquer par des *droits d'écriture* et des *droits d'annotation et de liaison* sur des hypertextes ou des bases de connaissance plus ou moins stratégiques. Malgré le maintien probable de stratifications rigides et de privilèges, il y a de fortes chances pour que s'accentue le bourgeonnement incontrôlable et l'extension rhizomatique de la masse de représentations discursives ou iconiques qui a déjà cours aujourd'hui.

La digitalisation permet le passage de la copie à la modulation. Il n'y aurait plus de dipositifs de « réception », mais des interfaces pour la sélection, la recomposition et l'interaction. Les agencements techniques se mettraient à ressembler aux modules sensoriels humains qui, eux non plus, ne « reçoivent » pas, mais filtrent, sélectionnent, interprètent et recomposent.

Qui enseigne et qui apprend ? Qui demande et qui reçoit ? Qui infère à partir de nouvelles données, relie entre eux les renseignements, découvre des connexions ? Qui filtre et ne retient que l'essentiel ? Qui parcourt infatigablement les lacis labyrinthiques du réseau ? Qui simule quoi ? Des individus ? Des agents logiciels ? Des groupes reliés par des collecticiels ? Des opérateurs de tous ordres. Des institutions. Des négociants à cheval entre deux mondes, des passeurs, des collectifs transversaux. Des traducteurs, des interfaces et des réseaux d'interfaces. L'univers numérique décrit plus haut tient certes de la science-fiction réaliste ; mais il est peut-être plus encore une image transposée de l'écologie cognitive. Car c'est depuis longtemps que le savoir s'accumule, grossit et fermente, s'altère et s'abîme, fuse et bifurque dans un grand réseau mixte, impur, bouillonnant, qui semble penser de lui-même.

Comme l'utopie politique dont elle est une variante, l'utopie technicienne est confrontée à la complexité des processus sociaux, à l'irréductible multiplicité du réel, aux aléas de l'histoire. Elle rêve aujourd'hui d'un monde synchrone, sans délais, sans frictions ni perte. Elle projette un temps contracté sur le point de l'instant, un espace aboli. Elle voudrait la flexibilité d'un hypertexte ou d'un modèle numérique pour ces monstres tardifs, composites, tissés de mille mémoires que sont les collectifs. Même si cet idéal se réalise, au prix de dépenses énormes, sur quelques rares segments industriels, militaires ou financiers, partout ailleurs continueront à régner le désordre et la profusion de Babel.

A supposer que s'établisse effectivement la couche d'interfaces numériques ici décrite, les vieux supports de l'écriture et de l'image garderont toujours quelque importance. Une foule de circuits informels, personnels, relevant de la très ancienne oralité, continuera d'irriguer les profondeurs du collectif. Quoique traité par de nouvelles procédures, une grande part de l'héritage culturel subsistera.

On ne saurait sous-estimer non plus le *temps* nécessaire à traduire et coder l'ancien stock, les difficultés que l'on rencontrera pour normaliser les systèmes, la somme d'efforts et d'imagination qu'il faudra déployer pour élaborer l'un après l'autre de nouveaux documents hypertextuels, des œuvres multimédias originales, des modèles numériques de phénomènes complexes. Même si d'étonnants dispositifs techniques sont déjà prêts à l'emploi, on n'improvisera pas une tradition esthétique et intellectuelle en quelques années.

Des dynamiques culturelles comme celles de la Renaissance se sont effectivement organisées autour de certains outils de communication. On a vu des formes sociales inédites apparaître en même temps que des systèmes techniques. La révolution industrielle du XIXe siècle en offre un exemple souvent déplorable. Mais les dispositifs matériels en eux-mêmes, séparés de la niche locale de subjectivité qui les sécrète et les réinterprète en permanence, n'indiquent strictement aucune direction à l'aventure collective. Il y faut les conflits et les projets qui animent les acteurs sociaux. Rien d'heureux ne se fera sans l'engagement passionné de sujets.

Aussi consubstantielles qu'elles soient à l'intelligence des hommes, les technologies intellectuelles ne tiennent pas lieu de pensée vivante. L'énorme stock d'images et de paroles bruissant le long des connexions, scintillant sur les écrans, reposant en masses compactes dans les disques, n'attendant qu'un signal pour se lever, se métamorphoser, se combiner entre elles et se répandre sur le monde en flots inépuisables, cette profusion de signes, de programmes, cette gigantesque bibliothèque de modèles en voie de constitution, toute cette immense réserve ne fait pas encore une mémoire.

Car l'opération de la mémoire ne peut se concevoir sans les surgissements et défaillances qui la désagrègent, la travaillent de l'intérieur. Tendu vers ses projets, le vivant détruit, transforme, réinterprète les images et les mots de ce qui devient, par cette activité même, le passé. La subjectivité de la mémoire, sa pointe essentielle et vitale, consiste précisément à rejeter la trace ou l'enregistrement dans le passé pour inaugurer un nouveau temps.

Il faut donc encore une mémoire humaine singulière pour *oublier* les données des banques, les simulations, les discours entrelacés des hypertextes et le ballet multicolore qu'irradie sur les écrans le soleil froid des processeurs. Pour inventer la culture à venir, on devra s'approprier les interfaces numériques. Ensuite, il faudra les oublier.

III

Vers une écologie cognitive

Nous avons conclu notre enquête sur l'histoire des genres de connaissance par une mise en correspondance de certaines formes culturelles avec l'usage dominant de technologies intellectuelles. Il nous est notamment apparu que la culture informatico-médiatique était porteuse d'un certain type de temporalité sociale : le « temps réel », et d'une « connaissance par simulation », non répertoriée avant l'arrivée des ordinateurs.

Forts de cet acquis, nous pouvons maintenant poursuivre notre recherche sur un mode plus réflexif : quel est le rapport entre la pensée individuelle, les institutions sociales et les techniques de communication ? On montrera que ces éléments disparates s'articulent pour former des *collectifs pensants hommes-choses*, transgressant les frontières traditionnelles des espèces et des règnes. Dans cette troisième et dernière partie, nous dessinons le programme de l'*écologie cognitive* qui se propose l'étude de ces collectifs cosmopolites.

Nous rencontrerons sur notre chemin deux thèmes philosophiques majeurs, qui font aujourd'hui l'objet de débats passionnés : la raison et le sujet.

En ce qui concerne la raison on retrouvera, au terme d'une discussion informée par les sciences cognitives, la multiplicité et la variabilité que notre enquête historique de la deuxième partie nous avait déjà suggérées. Mais cela ne nous renverra pas à la pure et simple contingence des manières de connaître ni à quelque relativisme absolu. En étudiant les articulations entre les modules du système cognitif humain et les divers systèmes sémiotiques fournis par les cultures, il est en effet possible de décrire précisément comment émergent certains types de rationalité.

Quant au problème du sujet et de ses rapports avec l'objet, il nous conduit dans les parages tumultueux des héritages de Kant et de Heidegger. Nous verrons que toute l'écologie cognitive, par son intérêt pour les mélanges et les emboîtements fractals de subjectivité et d'objectivité, se présente comme une antithèse de l'approche kantienne de la connaissance, si soucieuse de distinguer ce qui relève du sujet et ce qui revient à l'objet.

Critiquer la conception du sujet léguée par une certaine tradition philosophique ne nous fait pas pour autant adhérer aux thèmes favoris de la méditation heideggérienne. Certes, nous souscrivons à sa mise en question du sujet conscient, rationnel et volontaire, « arraisonnant » un monde inerte et soumis à ses fins. Mais, pour sortir de la métaphysique, au lieu de choisir la voie verticale, « ontologique » et vaine à laquelle nous convie le maître de Fribourg, nous dessinons un parcours zigzaguant, sautant d'une échelle à l'autre, hypertextuel, rhizomatique, aussi hétérogène, multiple et bariolé que le réel lui-même.

Cette partie se termine sur une méthodologie propre à prévenir les dualismes massifs qui nous dispensent si souvent de penser, et plus particulièrement de penser la pensée : l'esprit et la matière, le sujet et l'objet, l'homme et la technique, l'individu et la société, etc. A ces oppositions grossières entre essences prétendument universelles, nous proposons de substituer des analyses moléculaires et chaque fois singulières en termes de réseaux d'interfaces.

12

Au-delà du sujet et de l'objet

L'intelligence ou la cognition sont le fait de réseaux complexes où interagissent un grand nombre d'acteurs humains, biologiques et techniques. Ce n'est pas « moi » qui suis intelligent, mais « moi » avec le groupe humain dont je suis membre, avec ma langue, avec tout un héritage de méthodes et de technologies intellectuelles (dont l'usage de l'écriture). Pour ne citer que trois éléments parmi des milliers d'autres, sans l'accès aux bibliothèques publiques, la pratique de plusieurs logiciels fort utiles et de nombreuses discussions avec des amis, le signataire de ce texte aurait été incapable de le rédiger. Hors du collectif, dépourvu de technologies intellectuelles, « je » ne penserais pas. Le prétendu sujet intelligent n'est qu'un des micro-acteurs d'une écologie cognitive qui l'englobe et le contraint.

Le sujet pensant est aussi fragmenté par le bas, dissous de l'intérieur. Un grand nombre d'ouvrages récents en psychologie cognitive insistent sur la pluralité, la multiplicité de parties de toutes tailles et de toutes natures qui composent le système cognitif humain. Les modules de Fodor, la société de l'esprit de Minsky, les assemblées de neurones ou réseaux neuronaux de tous les « connexionnismes » [75] dessinent une figure de l'esprit singulièrement éclatée. Ajoutons à cela que bon nombre de processus cognitifs sont automatiques, hors du contrôle de la volonté délibérée. Du point de vue d'une science de l'esprit, la conscience et ce qui en relève directement ne représentent plus qu'un aspect mineur de la pensée intelligente. La conscience est simplement une des interfaces importantes entre l'organisme et son environnement, elle opère à une échelle (moyenne) d'observation possible, qui n'est pas nécessairement la plus pertinente pour aborder les problèmes de la cognition.

Quelle image se dégage de cette dissolution du sujet cognitif dans une micro-société biologique et fonctionnelle vers le bas, et de son imbrication dans une méga-société peuplée d'hommes, de représentations, de techniques de transmission et de dispositifs d'enregistrement, vers le haut ? Qui pense ? Il n'y a plus de sujet ou de substance pensante, ni « matérielle », ni « spirituelle ». Ça pense dans un réseau où des neurones, des modules cognitifs, des humains, des institutions d'enseignement, des langues, des systèmes d'écriture, des livres et des ordinateurs s'interconnectent, transforment et traduisent des représentations.

Ces idées rejoignent une tendance de la philosophie française représentée aujourd'hui par Gilles Deleuze et Michel Serres. Ces auteurs ont radicalisé le proto-matérialisme empédocléen des mélanges, le monisme naturaliste d'un Spinoza ou le pluralisme infinitiste d'un Leibniz.

Dans *Mille Plateaux* [26], Deleuze et Guattari décrivent les « rhizomes » qui s'étendent sur un même « plan de consistance », transgressant toutes les classifications arborescentes et connectant des strates de l'être totalement hétérogènes. La multiplicité et les processus moléculaires s'opposent aux forces unifiantes.

Dans *Le Parasite* [93], Michel Serres utilise les mêmes mots pour parler des relations humaines et des choses du monde. Quoique les deux domaines soient habituellement séparés et étudiés par des sciences différentes, il est question dans tous les cas de communications, d'interceptions, de traductions, de transformations sur des messages, de « parasites ». A l'analyse, toute entité se révèle réseau en devenir. Dans *Statues* [94], Serres explore de nouveau les intermédiaires et les transformations réciproques entre les sujets et les objets. Il montre comment, par la momie, le cadavre et les os, l'objet naît du sujet, et comment, inversement, le sujet collectif se fonde sur les choses et se mélange à elles. Il arrive à une philosophie de la connaissance « objectale », qui prend totalement à contre-pied la vulgate kantienne selon laquelle le

« sujet transcendantal » imposerait ses formes *a priori* à toute expérience et détiendrait la clé de l'épistémologie.

Annonçant un renouveau de la philosophie de la nature, Illya Prigogine et Isabelle Stengers [86] ont tenté de montrer qu'il n'y avait pas de coupure absolue entre un univers physique inerte, soumis à des lois, et le monde inventif et bigarré du vivant. Les notions de singularité, d'événement, d'interprétation et d'histoire sont au cœur même des derniers développements des sciences physiques. La science classique excluait l'histoire et la signification de l'univers physique pour le refouler dans le vivant, voire dans le seul sujet humain. Mais plusieurs courants scientifiques contemporains redécouvrent une nature où les êtres et les choses ne sont plus séparés par quelque rideau de fer ontologique.

Enfin, Bruno Latour [64, 65, 66, 67] et la nouvelle école d'anthropologie des sciences ont montré le rôle essentiel des circonstances et des interactions sociales dans tout processus intellectuel, même, et peut-être surtout, lorsqu'il s'agit de pensée formelle ou scientifique. Aucune essence, aucune substance ne trouve grâce aux yeux de Latour, qui montre par l'enquête historique ou ethnographique comment les institutions les plus respectables, les faits scientifiques les plus « durs » ou les objets techniques les plus fonctionnels sont en réalité le résultat provisoire d'associations contingentes et disparates. Derrière toute entité un peu stable, il donne à voir le réseau agonistique impur, hétérogène, qui la maintient dans l'existence. Comme les rhizomes de Deleuze et Guattari, les réseaux de Latour ou de Callon [15] ne respectent pas les distinctions établies entre choses et gens, sujets pensants et objets pensés, inerte et vivant. Tout ce qui produira une différence dans un réseau sera considéré comme un acteur, et tout acteur se définira lui-même par la différence qu'il produit. Cette conception de l'acteur amène en particulier à considérer de manière symétrique les humains et les dispositifs techniques. Les machines sont faites par des hommes, elles contribuent à former et informer le fonctionnement des sociétés et les aptitudes des personnes, elles effectuent souvent un travail qui pourrait être accompli par des gens comme vous ou moi. Les dispositifs techniques sont donc bien des acteurs à part entière dans un collectif qu'on ne peut plus dire purement humain, mais dont la frontière est en redifinition permanente.

L'*écologie cognitive* est l'étude des dimensions techniques et collectives de la cognition. Les travaux que nous venons de citer en indiquent sans doute la voie, mais elle est encore à naître. Nous nous bornons dans cet ouvrage à annoncer son programme et à présenter quelques-uns de ses principes.

Entre le sujet et l'objet.

Filons quelque temps une métaphore, que nous empruntons à Dan Sperber [101]. Imaginons que les images, les énoncés, les idées (qu'on regroupera sous le terme générique de représentations) soient des virus. Ces virus particuliers habiteraient la pensée des gens et se propageraient d'un esprit à l'autre par tous les moyens de communication. Par exemple, si je pense que « la lutte des classes est le moteur de l'histoire », je dois transformer cette idée en sons ou en signes écrits pour vous inoculer le virus marxiste. L'image de Marilyn Monroe a donné lieu à une épidémie foudroyante, grâce au cinéma, à la télévision, à la photographie, mais aussi, avouons-le, à cause d'une singulière absence de défenses immunitaires des esprits masculins par rapport à ce virus particulier.

Prenant cette métaphore au sérieux, on reconnaîtra avec Dan Sperber que les phénomènes culturels relèvent pour une part d'une épidémiologie des représentations. Une culture pourrait alors s'identifier à une certaine distribution de représentations dans une population donnée.

Le milieu écologique où se propagent les représentations se compose de deux grands ensembles d'éléments : les esprits humains et les réseaux techniques d'enregistrement, de transformation et de transmission des représentations. L'apparition de technologies intellectuelles telles que l'écriture ou l'informatique transforme le milieu où se propagent les représentations. Il modifie donc leur distribution :

— *certaines représentations sont conservées qui ne pouvaient l'être auparavant, elles connaissent alors une plus grande diffusion* ; par exemple, de grandes quantités de listes ou de tables numériques (telles que les cours quotidiens de la Bourse) ne peuvent être maintenues sans trop d'erreurs et largement propagées que dans une culture qui dispose au moins de l'imprimerie ;

— *de nouveaux traitements d'information sont possibles*

et donc de nouveaux types de représentation apparaissent; par exemple, les comparaisons systématiques de données à l'aide de *tableaux* ne sont possibles qu'avec l'écriture; les simulations numériques de phénomènes naturels supposent à l'évidence les ordinateurs.

Si les conditions de la sélection naturelle changent, il y a tout lieu de penser qu'on assistera à une modification des équilibres entre les espèces, à la disparition de quelques-unes et à l'émergence de quelques autres. Il en sera de même si les conditions de la « sélection culturelle » se transforment. En ce qui concerne les mutations culturelles induites par l'écriture et l'imprimerie, nous avons déjà évoqué les travaux menés par des ethnologues comme Jack Goody [43] ou des historiens comme Elisabeth Eisenstein [32].

Goody a montré, par exemple, qu'il ne pourrait y avoir de religion éthique universaliste sans écriture, car seule cette dernière permet d'isoler des dogmes et des principes moraux de tout contexte social. Les « religions du livre » sont évidemment fondées sur l'écriture.

Eisenstein a mis en évidence les liens très étroits qui unissent la naissance de la science moderne aux XVIe et XVIIe siècles et l'usage massif de l'imprimerie. Grâce à l'invention de Gutenberg, une masse d'informations précises et chiffrées sont devenues disponibles, les systèmes de mesure et de représentation ont été uniformisés, les gravures ont pu transmettre des images détaillées de la Terre, du ciel, des plantes, du corps humain, etc.

Avec les religions universalistes et la science moderne, nous n'avons plus affaire à des représentations prises une à une, mais à de véritables formes culturelles dont l'apparition et le maintien dépendent de technologies intellectuelles.

L'épidémiologie des représentations proposée par Dan Sperber est particulièrement stimulante parce qu'elle construit un pont causal entre la psychologie et la sociologie d'une part, entre la sphère des représentations et le domaine technique d'autre part. Pour expliquer la propagation ou le maintien de telle image ou proposition dans une collectivité, les particularités de la mémoire à long terme des êtres humains interviendront au même titre que les propriétés d'un système de notation ou la configuration d'un réseau d'ordinateurs. Les représentations circulent et se transforment dans un champ unifié, franchissant les frontières entre objets et sujets, entre l'intériorité des individus et le grand jour de la communication.

Ce cadre théorique pourrait cependant se révéler trop étroit. En s'intéressant exclusivement aux entités substantielles, discrètes et stables que sont les représentations, l'écologie cognitive risque de négliger tout ce qui relève des *manières* de penser, de parler, d'agir. Pour reprendre un vocabulaire en usage courant dans les sciences cognitives, l'épidémiologie des représentations ne rend compte que des connaissances déclaratives. Or l'écologie cognitive devrait aussi intégrer à ses analyses les connaissances procédurales qui contribuent largement à la constitution des cultures.

D'autre part, il semble tout aussi légitime de mettre l'accent sur les *processus* d'où émergent les distributions de représentations que sur ces distributions elles-mêmes. Une culture serait alors moins définie par une certaine répartition d'idées, d'énoncés et d'images dans une population humaine que par le *mode de gestion sociale de la connaissance* qui engendre cette répartition.

Enfin, l'épidémiologie des représentations nous éclaire assez peu sur la *pensée collective* en tant que telle, que nous devons faire figurer au programme de recherche de l'écologie cognitive. Sur ce dernier point, après les travaux de Gregory Bateson et de son école, les thèses de l'anthropologue Mary Douglas ont récemment jeté quelque lumière.

Entre le cognitif et le social

Dans le prolongement de la cybernétique, Gregory Bateson [7, 8] a contribué à répandre l'idée que tout système dynamique, ouvert et doué d'un minimum de complexité possédait une forme « d'esprit ». L'application de ce principe aux groupes familiaux jouit d'un certain succès depuis la fin des années soixante.

Au lieu de soigner la maladie mentale d'un *individu*, les thérapeutes familiaux [110] tentent de modifier les règles de communication, de perception et de raisonnement qui prévalent au sein du *groupe* où vit le « patient désigné ». Ils partent en effet de l'hypothèse que le dérèglement d'une personne est un symptôme de celui de sa famille. Diverses techniques (l'humour, le paradoxe, le recadrage, etc.) permettent au thérapeute d'intervenir sur la famille considérée comme un système cognitif. La thérapie familiale est censée produire des modifications de nature épistémologique ou cognitive : le groupe transforme la représentation de la réalité qu'il avait construite ; il acquiert une capacité d'abstraction (pouvoir communiquer au sujet de son mode de communication, par exemple) ; les possibilités d'apprentissage et d'interprétation du système familial en tant que tel sont déverrouillées, il ne se limitera plus dans ses réactions à quelques réponses stéréotypées.

Pour des entités sociales comme les institutions, les nations, voire les époques historiques, l'idée d'un fonctionnement cognitif collectif est ancienne, mais elle n'a jamais atteint le caractère directement opératoire de la thérapie systémique. Ne parle-t-on pas couramment d'« esprit du temps » ? Certains partis révolutionnaires ne se sont-ils pas considérés comme des « intellectuels collectifs » ? Au XIXe siècle, des philosophes comme Hegel, Comte, Marx ou même Nietzsche ont sans doute donné un caractère plus rigoureux à cette intuition que des manières de penser divergentes s'épanouissaient au sein de cultures distinctes. Seul Marx, dépassant la description ou le récit, a rendu compte de ce phénomène historique sur un mode analytique et causal. Son explication, invoquant le ressort de l'intérêt de classe et utilisant la métaphore du reflet de l'infrastructure dans la superstructure, reste cependant assez grossière. Une bonne part des entreprises anthropologiques, sociologiques et historiques depuis la fin du XIXe siècle peut être considérée comme un effort pour élucider plus avant la question de la pensée collective et des représentations sociales.

Récemment, l'anthropologue Mary Douglas a saisi le problème à bras-le-corps. Dans son livre *Ainsi pensent les institutions* [30], elle met en évidence les déterminants sociaux de la mémoire, ou l'origine institutionnelle des systèmes de classification. Inversement, elle montre que des activités cognitives de comparaison, d'analogie et d'argumentation sont toujours à l'œuvre dans les constructions sociales.

Pour illustrer le problème de la mémoire sociale, Mary Douglas analyse le cas des Nuers, étudié par Evans Prichard. Les membres de ce peuple se souviennent généralement de leurs ancêtres sur neuf à onze générations. Le problème est d'expliquer comment les Nuers, qui ne disposent pas de l'écriture, font pour garder trace d'événements si anciens. (Peu de mes lecteurs sont sans doute capables de faire remonter si haut dans le passé la liste de leurs ascendants.) Mais il faut aussi comprendre pourquoi les Nuers ne retiennent jamais plus de onze ancêtres. En effet, il apparaît « qu'en dépit de l'émergence continuelle de nouvelles générations, le nombre d'ascendants connus reste toujours le même. Un bon nombre d'ancêtres sont donc rayés de la liste au fur et à mesure. La mémoire collective descend du fondateur de la tribu à ses deux fils, à ses quatre petits-enfants, puis crée un trou béant qui engloutit un bon nombre d'ancêtres[1] ». En fait, l'oubli ne se fait pas au hasard. Les calculs sur les dons et les dettes des têtes de bétails qui s'échangent entre familles au moment des mariages *obligent* les Nuers à savoir à qui exactement ils sont apparentés jusqu'à la cinquième génération, mais non au-delà. C'est pourquoi la mémoire de la collectivité ne remonte pas plus haut en ce qui concerne les ascendants les plus récents. Cette mémoire tient assez solidement car les généalogies récentes sont généralement simplifiées dans leur structure par certaines règles d'équivalence et, pour des raisons pratiques d'ordre économique, elles sont souvent évoquées et répétées, et ce de manière collective.

Par ailleurs, « les coalitions politiques sont basées sur la lignée des quatre générations issues de l'ancêtre fondateur, de ses fils, de ses petits-fils et de ses arrière-petits-fils, chacun fondant une unité politique[2] ». C'est pourquoi on se souvient aussi des ancêtres les plus éloignés. Tous ceux qui prennent place entre les premiers ascendants et les plus récents disparaissent de la mémoire des Nuers. On voit que leurs institutions politiques, économiques et matrimoniales conditionnent leurs souvenirs collectifs.

La société Nuer est plutôt égalitaire. Mary Douglas suggère que si leur système politique avait été une chefferie héréditaire, certains d'entre eux retiendraient de plus longues lignées d'ancêtres.

Un autre exemple de la façon dont les institutions commandent la mémoire peut être pris dans notre propre société. La communauté scientifique valorise la découverte et fonctionne sur un mode compétitif. Cela engage les savants

1. Mary Douglas, *Ainsi pensent les institutions*, Usher, Paris, 1989, p. 63.
2. *Ibidem*, p. 65.

à poursuivre des recherches originales et les porte à souligner ce que leurs résulats amènent de nouveau plutôt qu'à se pencher sur le passé de la science. Voilà qui expliquerait pourquoi les oublis et les bras morts de l'histoire des sciences sont si fréquents. Le chercheur qui redécouvrirait une loi, un théorème, ou reprendrait un fil tendu par un savant du passé ne laisserait pas son propre nom à la postérité, mais plutôt celui de son prédécesseur. C'est pourquoi peu de chercheurs s'engagent dans cette voie à contresens, qui prend à rebours l'« esprit » de l'institution scientifique. Cela n'empêche d'ailleurs pas que des précurseurs ou des grands noms du passé puissent être appelés à la rescousse dans telle ou telle reconstruction de l'histoire d'une discipline pour qu'elle ait justement l'air d'aboutir comme naturellement au point que l'on veut mettre en valeur. Le type de mémoire exercée par la communauté des savants dépend étroitement de ses objectifs et de son style de régulation.

Toute institution est une technologie intellectuelle

Du fait même de son existence, une structure sociale quelconque contribue à maintenir un ordre, une certaine redondance dans le milieu où elle a cours. Or l'activité cognitive, elle aussi, vise à produire un ordre dans l'environnement de l'être connaissant, ou tout au moins à diminuer la part du bruit et du chaos. Connaître, tout comme instituer, revient à classer, ranger, orienter, construire des configurations stables et des périodicités. A l'échelle près, il y a donc une manière d'équivalence entre l'activité instituante d'un collectif et les opérations cognitives d'un organisme. Pour cette raison, les deux fonctions peuvent se nourrir l'une de l'autre. En particulier, les individus s'appuient constamment sur l'ordre et la mémoire dispensés par les institutions pour décider, raisonner, prévoir.

La culture fournit un énorme équipement cognitif aux individus. A chaque étape de notre trajectoire sociale la collectivité nous munit de langues, de systèmes de classification, de concepts, d'analogies, de métaphores, d'images, nous épargnant la peine de les inventer à nos frais. Les règles juridiques ou administratives, la division du travail, la structure hiérarchique des grandes organisations et leurs normes d'action sont des formes de mémoire, de raisonnement et de prise de décision automatiques incorporées à la machine sociale et qui économisent d'autant l'activité intellectuelle des individus. Puisqu'elles sont conventionnelles et historiquement datées, il est évident que les technologies intellectuelles (l'écriture, l'informatique...) sont des institutions. Il est peut-être moins admis que toute institution peut être considérée comme une technologie intellectuelle.

Les processus sociaux sont des activités cognitives

Nous venons de le voir, les institutions sociales fondent une bonne part de nos activités cognitives. Symétriquement, une structure sociale ne se maintient pas sans argumentations, analogies et métaphores qui sont évidemment le résultat des activités cognitives de personnes : le gouvernement comparé à la tête de l'« organisme » social [91], le mariage à l'assemblage des deux moitiés du corps, etc. Mais l'activité cognitive individuelle n'est pas le dernier terme de l'explication puisque les métaphores tirées du domaine extra-social (le corps, la nature) tirent en retour leur évidence des structures sociales elles-mêmes.

Constituer une classe revient à tracer des limites. Or aucune frontière ne va de soi. Il y a sans doute des gradients et des discontinuités dans le monde, mais le strict découpage d'un ensemble suppose la sélection d'un ou de plusieurs *critères* pour séparer l'extérieur de l'intérieur. Le choix de ces critères est forcément conventionnel, historique, circonstanciel. Où commencent l'Allemagne, la couleur bleue, l'intelligence? La plupart du temps, répétons-le, les concepts et les classes d'équivalence permettant de reconnaître des analogies et des identités sont tracés par la culture. Mais des groupes ou même des individus peuvent, non sans difficultés, remettre en question une partie de ces délimitations conceptuelles. C'est par exemple une des principales vocations de la communauté scientifique que de réorganiser les classifications admises dans le reste de la société. La science n'est pas seule en cause. La plupart des actes des protagonistes sociaux ont pour effet ou pour enjeu direct le maintien ou la modification des limites et du sens des concepts. Qu'est-ce qui est juste? Où commencent un salaire décent, un prix excessif? Qui est citoyen? Où s'arrête le domaine du sacré ? Dans la mesure où la connaissance est pour une large part affaire de classement, tout processus social, et même micro-social, peut être interprété comme un processus cognitif.

Les sujets individuels ne se contentent pas de transmettre des mots d'ordre ou de reconduire passivement les analogies de leur culture, ou les raisonnements de leurs institutions. Suivant leurs intérêts et leurs projets, ils déforment ou réinterprètent les concepts hérités. Ils inventent en situation des procédures de décision ou de nouvelles partitions du réel. Certes, le social pense dans les activités cognitives des sujets. Mais inversement les individus contribuent à la construction et à la reconstruction permanentes des machines pensantes que sont les institutions. Si bien que toute structure sociale ne se maintient ou ne se transforme que par l'interaction intelligente de personnes singulières.

La dimension technique de l'écologie cognitive

Les collectifs cognitifs s'auto-organisent, se maintiennent et se transforment moyennant l'engagement permanent des individus qui les composent. Mais ces collectifs ne sont pas constitués seulement d'êtres humains. Nous avons vu que les techniques de communication et de traitement des représentations y jouaient également un rôle essentiel. Il nous faut élargir encore les collectifs cognitifs aux autres techniques, et même à tous les éléments de l'univers physique impliqués par les actions humaines.

Routes et voitures, courants et navires, voiles et vents réunissent ou séparent les cultures, influent sur la forme et la densité des réseaux de communication. L'agriculture inventée au Néolithique ou l'industrie qui s'est développée en Europe aux XVIIIe et XIXe siècles ont été les pivots de mutations sociales fondamentales. Les changements techniques déséquilibrent et recomposent un collectif cognitif cosmopolite, comprenant à la fois des hommes, des animaux, des plantes, des ressources minérales, etc. Les villes, ces organismes de pierre, de chair, d'eau et de papier, ces échangeurs complexes tramés par mille artifices, furent de formidables accélérateurs intellectuels, des mémoires vivantes et composites.

Les techniques agissent donc *directement* sur l'écologie cognitive en transformant la configuration du réseau méta-social, en cimentant de nouveaux agencements entre groupes humains et multiplicités naturelles telles que vents, fleuves, minerais, électrons, animaux, plantes ou macromolécules. Mais elles agissent aussi sur les écologies cognitives de façon *indirecte*, puisque, comme nous y avons insisté dans la première partie, elles sont de puissantes sources de métaphores et d'analogies.

Nous avons proposé plus haut cette règle que toute institution pouvait être interprétée comme une technologie intellectuelle parce qu'elle cristallisait une partition du réel, des procédures de décision, une mémoire. Puisque les outils, machines et procédés de production sont des institutions, chacun d'eux est donc une technologie intellectuelle, même quand il n'a pas directement pour objet le traitement de l'information, l'enregistrement ou la transmission des représentations. Les dispositifs matériels sont des formes de mémoire. Intelligence, concepts et même vision du monde ne sont pas seulement gelés dans les langues, ils sont aussi cristallisés dans les instruments de travail, les machines, les méthodes. Un changement technique est *ipso facto* une modification du collectif cognitif, il implique de nouvelles analogies et classifications, de nouveaux mondes pratiques, sociaux et cognitifs. C'est parce que ce fait fondamental a été souvent négligé que nombre de mutations techniques dans les entreprises et les administrations se sont soldées par des échecs ou de très graves dysfonctionnements. On s'est contenté d'analyser en surface le changement des méthodes de production et la réorganisation des flux informationnels; mais on n'a pas mesuré et pris en compte l'intelligence invisible portée par les anciennes techniques et les collectifs de travail qui s'étaient construits dessus.

Deux principes d'ouverture

Afin de ne pas enfermer l'écologie cognitive naissante dans des schémas de pensée rigides, il convient de garder à l'esprit deux principes d'ouverture. L'un soutient qu'une technologie intellectuelle doit s'analyser comme une multiplicité indéfiniment ouverte. L'autre rappelle que le sens d'une technique n'est jamais définitivement donné à sa conception, ni à un quelconque moment de son existence, mais qu'il est l'enjeu des interprétations contradictoires et contingentes des acteurs sociaux.

Le principe de multiplicité branchée : une technologie intellectuelle en contient toujours plusieurs. C'est le système formé de ces multiples technologies qu'il faut prendre en compte. Par exemple, dans une machine à traitement de texte, il y a l'écriture, l'alphabet, l'imprimerie, l'informatique, l'écran cathodique... Non content de combiner plusieurs technologies qui se transforment et se redéfinissent mutuellement, les dispositifs techniques de communication font réseau. Chaque nouveau branchement contribue à modifier les usages et les significations sociales d'une technique donnée. Pour garder notre exemple, les imprimantes laser, les linotypes, les banques d'images numérisées, les banques de données, les télécommunications, etc., transforment les possibilités et les effets concrets du traitement de texte. C'est dire qu'il ne faut considérer aucune technologie intellectuelle comme une substance immuable dont la signification et le rôle dans l'écologie cognitive resteraient toujours identiques. Une technologie intellectuelle doit être analysée comme un réseau d'interfaces ouvert sur la possibilité de nouveaux branchements et non comme une essence. Cette notion de réseau d'interfaces sera plus amplement développée par la suite.

Le principe d'interprétation : chaque acteur, détournant et réinterprétant les possibilités d'usage d'une technologie intellectuelle, leur confère un nouveau sens. A l'instant où j'écris ces lignes, j'ai grossi la taille des caractères qui s'affichent à mon écran. Une possibilité destinée initialement à la mise en pages, je l'ai détournée à des fins de confort de lecture. Cet exemple est évidemment infime, mais une multitude de détournements et de réinterprétations minuscules finissent par composer le processus sociotechnique réel (non heideggérien). Le destin de la télématique en France fournit une illustration bien connue de ce principe. L'engouement pour la messagerie a surpris tous les observateurs, car il n'était pas du tout le principal usage prévu par les concepteurs. Le réseau étatique et utilitaire conçu par la DGT fut détourné, réinterprété par certains acteurs comme un réseau très privé de communication interactive. Mais les marchands en tous genres se sont jetés sur le marché de la « nouvelle communication », captant à leur tour l'attrait du public pour le média, etc. Le sens d'une technique n'est jamais donné à son origine. A chaque instant t + 1 de nouveaux branchements, de nouvelles interprétations peuvent modifier, voire inverser le sens qui prévaut à l'instant t.

Ni déterminisme...

Le cas de l'*imprimerie* est particulièrement propre à illustrer nos deux principes. Les Chinois connaissaient l'imprimerie plusieurs siècles avant la chrétienté latine. Mais, sous un nom identique, il ne s'agissait pas du même réseau d'interfaces que celui qui se mettra en place à la fin du XVe siècle en Europe. Tandis que l'alphabet latin ne compte que quelques dizaines de caractères, l'idéographie chinoise en a des milliers, ce qui ne facilitait évidemment pas les manipulations des imprimeurs de l'Empire du Milieu. C'est pourquoi les planches gravées finirent par l'emporter sur les caractères mobiles. D'autre part, les matériaux étaient différents : les Chinois utilisaient plutôt la céramique ou le bois, alors que les Européens fondaient des caractères en métal beaucoup plus solides. Pour l'impression proprement dite, Gutenberg avait réemployé la presse à vis des vignerons quand les Chinois brossaient des feuilles de papier sur une planche encrée, face tournée vers le haut. L'imprimerie chinoise n'était pas branchée sur la même écriture, la même métallurgie, les mêmes dispositifs de pressage que l'imprimerie européenne. Ses caractéristiques techniques la rendaient peu propre à devenir la première activité industrielle mécanisée et standardisée, comme ce fut le cas en Europe. D'autre part, la société chinoise n'utilisa pas du tout l'imprimerie de la même façon que la société européenne. D'une culture à l'autre, cette technique fut prise dans des circuits de signification et d'usage radicalement différents. En Chine, l'impression resta presque toujours un monopole d'État. On publia essentiellement les classiques du bouddhisme, du taoïsme et l'histoire officielle des dynasties. En Europe, l'imprimerie fut dans l'ensemble, et malgré les tentatives de contrôle des gouvernements, une activité industrielle et commerciale libre, décentralisée, concurrentielle, publiant non seulement des classiques et des ouvrages religieux, mais des nouveautés dans tous les domaines de la vie culturelle, contrairement à ce qui se passa dans l'Empire du Milieu.

Illustrons nos principes d'interprétation et de multiplicité branchée par un exemple plus récent. Le *microprocesseur* a d'abord été construit pour guider des missiles et pas du tout pour constituer la pièce centrale d'un ordinateur personnel Réciproquement, l'ordinateur personnel n'était pas automatiquement déductible du microprocesseur. L'aventure de la micro-informatique a contribué à remettre en question le schéma linéaire des « générations » de matériels informatiques d'après lequel les progrès ne se mesuraient qu'en vitesse de calcul, capacité de mémoire et densité d'intégration des circuits.

La mise au point du microprocesseur fut-elle la « cause » essentielle ou déterminante des succès de l'ordinateur personnel ? Non, ce ne fut qu'un événement parmi d'autres, interprété et mobilisé au service d'une lutte contre les géants de l'informatique. Citons, parmi la liste hétérogène des agents captés par les fondateurs des premières firmes de micro-informatique : le langage de programmation Basic, des interfaces de communication conçues pour des utilisateurs qui ne seraient pas des informaticiens professionnels, le mouvement de la « contre-culture » qui battait son plein aux États-Unis dans les années soixante-dix, les sociétés de capital-risque à l'affût de profits rapides, etc. Les entreprises innovantes de la Silicon Valley ont fait entrer en scène dans l'histoire de l'informatique d'autres acteurs sociaux que l'État, la science et les grandes entreprises. En 1976, IBM n'a pas donné le même sens qu'Apple au microprocesseur, il ne l'a pas enrôlé dans le même réseau d'alliances. Nous voyons ici que les projets divergents des acteurs sociaux peuvent conférer des significations différentes aux mêmes techniques. Dans notre exemple, un des projets consistait à faire de l'ordinateur un médium de communication de masse, tandis que l'autre voulait conserver l'usage des ordinateurs qui prévalait jusque-là.

En écologie cognitive, il n' y a pas de causes et d'effets mécaniques, mais des occasions et des acteurs. Des innovations techniques *rendent possibles* ou *conditionnent* l'apparition de telle ou telle forme culturelle (pas de science moderne sans imprimerie, pas d'ordinateurs personnels sans microprocesseur), mais elles ne les *déterminent* pas nécessairement. C'est un peu comme dans le domaine biologique : une espèce *ne se déduit pas* d'un milieu. Il n'y aurait évidemment pas de poisson sans eau, mais la mer ne devait pas obligatoirement être peuplée de vertébrés, elle aurait pu ne contenir que des algues et des mollusques.

... ni structuralisme

Il faut insister sur les dimensions collectives, dynamiques et systémiques des rapports entre culture et technologies intellectuelles. Ces dimensions ont été gravement sous-estimées par des auteurs comme Marshall McLuhan [76] ou Walter Ong [82], qui se sont polarisés sur le rapport direct entre les individus et les médias. Selon eux, les moyens de communication seraient notamment des prolongements de la vue ou de l'ouïe. Toute la théorie macluhanienne, par exemple, est fondée sur l'hypothèse selon laquelle chaque nouveau média réorganise le *sensorium* des individus. Mais les effets proprement collectifs comme ceux qui tiennent à la *récurrence* de certains types de traitement des représentations sont très mal appréhendés. On arrive ainsi au paradoxe d'une analyse immédiate des médias : comme l'imprimerie présente les signes de manière visuelle, séquentielle et standardisée, elle provoquerait un mode de pensée visuel, séquentiel et standardisé. Ce genre de proposition n'est évidemment que la grossière caricature d'une analyse des rapports entre activité cognitive et technologies intellectuelles.

L'écologie cognitive qu'on essaie d'illustrer ici doit aussi être distinguée des approches en termes de structures, d'*épistémé* ou de paradigmes. Il y a sans doute des structures, mais il faut les décrire comme elles sont : provisoires, fluides, distribuées, moléculaires, sans limites précises. Elles ne descendent pas du ciel des idées, elles n'émanent pas plus des mystérieux « envois » de l'être heideggérien, mais résultent de dynamiques écologiques concrètes. Les paradigmes ou les *épistémaï* n'expliquent rien. Ce sont eux, au contraire, qui demandent à être expliqués par l'interaction et l'interprétation d'agents effectifs.

Dissipons un dernier malentendu. En développant l'idée d'une écologie cognitive, nous n'avons nullement l'intention de nier ou de rabaisser le rôle des sujets dans la cognition. Certes, l'activité cognitive n'est pas le privilège d'une substance isolée. On ne pense que dans un collectif. Nous avons même avancé que les groupes en tant que tels étaient doués de pensée (ce qui ne veut pas dire : de conscience). Mais cette position aurait plutôt pour effet de faire proliférer les subjectivités que de les gommer. Des interactions compliquées d'hommes et de choses sont animées de projets, douées de sensibilité, de mémoire, de jugement. Elles-mêmes fragmentées et multiples, les subjectivités individuelles se mélangent à celles des groupes et des institutions. Elles composent les macro-subjectivités mouvantes des cultures qui les nourrissent en retour.

A l'opposé de certains courants des sciences humaines qui ont longtemps hypostasié des « structures » mystérieusement agissantes aux dépens d'une subjectivité déclarée illusoire ou subordonnée, l'écologie cognitive repère mille formes d'intelligence active au sein d'un collectif cosmopolite, dynamique, ouvert, parcouru d'individuations auto-organisatrices locales et ponctué de singularités mutantes.

Bibliographie

BATESON Gregory, *La Nature et la pensée*, Le Seuil, Paris, 1984.

BATESON Gregory, *Vers une écologie de l'esprit* (2 vol.), Le Seuil, Paris, 1977-1980.

BOORSTIN Daniel, *Les Découvreurs*, Seghers, Paris, 1986 (édition originale : *The Discoverers*, Random House, New York, 1983).

CALLON Michel (sous la direction de), *La Science et ses réseaux. Genèse et circulation de faits scientifiques*, La Découverte/Conseil de l'Europe/Unesco, Paris-Strasbourg, 1989.

CICOUREL Aaron, *La Sociologie cognitive*, PUF, Paris, 1979.

DELEUZE Gilles, GUATTARI Félix, *Mille Plateaux. Capitalisme et schizophrénie*, Minuit, Paris, 1980.

DELEUZE Gilles, *Le Pli. Leibniz et le baroque*, Minuit, Paris, 1988.

DOUGLAS Mary, *Ainsi pensent les institutions*, Usher, Paris, 1989 (édition originale : *How Institutions Think*, Syracuse University Press, Syracuse, New York, 1986).

EISENSTEIN Elisabeth, *The Printing Revolution in Early Modern Europe*, Cambridge University Press, Cambridge/Londres/New York, 1983 (édition française : La Découverte, 1991).

FODOR Jerry, *La Modularité de l'esprit. Essai sur la psychologie des facultés*, Minuit, Paris, 1986 (édition originale : *The Modularity of Mind. An Essay on Faculty Psychology*, MIT Press, Cambridge, Massachusetts, 1983).

GOODY Jack, *La Logique de l'écriture : aux origines des sociétés humaines*, Armand Colin, Paris, 1986.

GOODY Jack, *La Raison graphique : la domestication de la pensée sauvage*, Minuit, Paris, 1979.

GUATTARI Félix, *Les Trois Écologies*, Galilée, Paris, 1989.

LATOUR Bruno, *Les Microbes, guerre et paix*, suivi de *Irréductions*, A.M Métailié, Paris, 1984.

LATOUR Bruno, WOOLGAR Steve, *La Vie de laboratoire. La production des faits scientifiques*, La Découverte, Paris, 1988 (édition originale : *Laboratory Life. The Construction of Scientific Facts*, Sage Publications, Londres, 1979).

LATOUR Bruno, *La Science en action*, La Découverte, Paris, 1989 (édition originale : *Science in Action*, Open University Press, Londres, 1987).

MCCLELLAND James, RUMELHART David (sous la direction de), *Parallel Distributed Processing. Explorations in the Microstructures of Cognition* (2 vol.), MIT Press, Cambridge, Massachusetts/Londres, 1986.

MINSKY Marvin, *La Société de l'esprit*, InterÉditions, 1988 (édition originale : *The Society of Mind*, Simon and Schuster, New York, 1986).

MORIN Edgar, *La Méthode*. Tome 3 : *La Connaissance de la connaissance*. Livre premier : *Anthropologie de la connaissance*, Le Seuil, Paris, 1986.

ONG Walter, *Orality and Litteracy : the Technologising of the Word*, Methuen, Londres/New York, 1982.

PRIGOGINE Illya, STENGERS Isabelle, *Entre le temps et l'éternité*, Fayard, Paris, 1988.

PRIGOGINE Illya, STENGERS Isabelle, *La Nouvelle Alliance*, Gallimard, Paris, 1979.

SCHLANGER Judith, *Les Métaphores de l'organisme*, Vrin, Paris, 1971.

SERRES Michel, *Le Parasite*, Grasset, Paris, 1980.

SERRES Michel, *Statues*, François Bourin, Paris, 1987.

SPERBER Dan, « Anthropology and Psychology : towards an Epidemiology of Representations », *Man* (N.S.), 20, 73-89.

WATZLAWICK Paul, HELMICK BEAVIN Janet, JACKSON Don, *Une logique de la communication*, Le Seuil, Paris, 1972.

13

Les technologies intellectuelles et la raison

L'approche écologique de la cognition permet de renouveler certains thèmes classiques de la philosophie ou de l'anthropologie, et notamment celui de la raison. De nombreux travaux menés en psychologie cognitive depuis les années soixante montrent que la déduction ou l'induction formelles sont très loin d'être pratiquées spontanément et correctement par des sujets réduits aux seules ressources de leur système nerveux (sans papier, ni crayon, ni possibilité de discussion collective). Il n'existe vraisemblablement aucune faculté particulière de l'esprit humain qu'on puisse identifier à la « raison ». Comme certains humains ont malgré tout réussi à tenir quelques raisonnements abstraits, il faut sans doute expliquer ces succès par l'appel à des ressources cognitives extérieures au système nerveux. La prise en compte des *technologies intellectuelles* permet de comprendre comment des pouvoirs d'abstraction et de raisonnement formel se sont développés au sein de notre espèce. La raison ne serait pas un attribut essentiel et immuable de l'âme humaine mais un effet écologique, reposant sur l'usage de technologies intellectuelles variables dans l'espace et historiquement datées.

L'homme irrationnel

Qu'est-ce que la rationalité ? Voilà sans doute une question qui prête à bien des controverses. Accordons-nous pour l'instant sur cette définition minimale : une personne rationnelle devrait suivre les règles de la logique ordinaire et ne pas contredire trop grossièrement la théorie des probabilités ni les principes élémentaires de la statistique. Or, un certain nombre de recherches qui se mènent en psychologie cognitive expérimentale depuis la fin des années soixante ont montré de façon convaincante que, lorsqu'il est séparé de son environnement sociotechnique par les protocoles expérimentaux de la psychologie cognitive, l'être humain n'est pas rationnel [40, 58, 104].

Des expériences sur la déduction ont été réalisées sur des centaines et des centaines de sujets, en majorité des étudiants ou des universitaires, et parmi ceux-là de nombreux logiciens. La plupart des sujets ont du mal à traiter les phrases négatives, s'emmêlent dans les quantificateurs (tous, quelques...) et commettent des erreurs dans leurs syllogismes. Quoique les logiciens de métier aient de meilleures performances que les autres, beaucoup d'entre eux se trompent quand même.

Sans aides extérieures telles qu'écritures symboliques (p=>q), tables de vérités, diagrammes et discussions collectives devant un tableau noir, les humains semblent ne posséder aucune aptitude particulière à la déduction formelle. Ils ne sont d'ailleurs pas plus habiles dans les raisonnements inductifs (trouver une règle générale à partir de cas particuliers) ou ceux qui portent sur les probabilités ou les statistiques.

Il semble que nous ne prenions en compte dans nos raisonnements que ce qui cadre avec les stéréotypes et les schémas préétablis que nous avons l'habitude d'utiliser. Bien plus que le contenu brut des données, notre humeur du moment et la manière dont sont présentés les problèmes déterminent les solutions que nous adoptons.

Comment expliquer cette irrationalité naturelle ? On peut en rendre compte par l'hypothèse de l'« architecture » du système cognitif humain (par analogie avec l'architecture des ordinateurs). Notre attention consciente ou notre mémoire à court terme ne pourraient traiter qu'une très petite quantité d'informations à la fois. Notre système cognitif offrirait très peu de ressources aux « processus contrôlés ». En revanche, la mémoire à long terme disposerait d'une énorme capacité d'enregistrement et de restitution pertinente des connaissances. Dans cette mémoire à long terme, l'information ne serait pas entassée en vrac mais structurée en réseaux associatifs et en schémas. Ces schémas seraient autant de « fiches mentales » sur les situations, les objets et les concepts qui nous sont utiles dans la vie courante. On pourrait dire que notre vision du monde, ou notre modèle de la réalité, est inscrite dans notre mémoire à long terme.

En vertu de ces hypothèses sur l'architecture cognitive, voici comment on pourrait rendre compte des erreurs de raisonnement systématiques constatées par la psychologie cognitive. Même si nous « connaissons » les principes de la logique, des probabilités et des statistiques (ils sont stockés quelque part dans la mémoire à long terme), nous les suivons rarement, car ils nous demanderaient de mettre en œuvre des « processus contrôlés », très coûteux en attention et en mémoire à court terme. Vu l'architecture du système cognitif humain, il est beaucoup plus économique et rapide de faire appel aux schémas tout faits de notre mémoire à long terme. Ce que nous avons retenu de nos expériences antérieures pense pour nous.

Une fois activés les schémas, modèles et associations de la mémoire à long terme, nous déclenchons un certain nombre de processus dits *heuristiques*. Les heuristiques sont des méthodes rapides qui donnent des résultats corrects la plupart du temps, mais qui peuvent parfois se révéler faux. Ce sont des voies de traverse ou des raccourcis eu égard aux canons de la stricte rationalité, mais ils sont plus économiques que ces derniers parce que « câblés » dans le système cognitif. Étant automatiques ou semi-automatiques, ils ne mobilisent que très peu la mémoire à court terme (l'attention). Par exemple, au lieu de prendre en compte toutes les données d'un problème, nous avons tendance à ne retenir que les plus saillantes ou celles qui coïncident avec des situations que nous avons l'habitude de traiter.

Les technologies intellectuelles au secours de la mémoire à court terme.

Les technologies intellectuelles permettent de corriger certaines faiblesses de l'esprit humain en autorisant des traitements d'information du même type que ceux des « processus contrôlés », mais sans que les ressources de l'attention et de la mémoire à court terme soient saturées. La mémoire à court terme peut par exemple déléguer une partie de ses fonctions à l'encre, au papier et au codage scripturaire. Les processus de lecture/écriture et de comptage ayant été automatisés par un précoce et long apprentissage, ils ne font plus appel aux ressources de l'attention et de la mémoire immédiate. En utilisant une technologie intellectuelle, on poursuit le même but qu'en suivant une heuristique, il s'agit toujours d'économiser les processus contrôlés, qui demandent une attention soutenue. Mais, au lieu de faire appel à un automatisme interne (comme l'heuristique du « plus saillant »), on utilise des dispositifs externes (papier et crayon pour dresser la liste des données d'un problème) ainsi que d'autres automatismes internes, montés dans le système cognitif par l'apprentissage (lecture/écriture, comptage, etc.).

Une bonne part de ce que nous appelons « rationalité », au sens le plus étroit du terme, se ramène à l'utilisation d'un certain nombre de technologies intellectuelles, aide-mémoire, systèmes de codage graphique et procédés de calculs faisant appel à des dispositifs extérieurs au système cognitif humain.

La logique est un de ces systèmes de codage graphique. Elle n'a été à peu près formalisée que depuis vingt-quatre siècles (un très court laps de temps comparé à la durée de l'aventure humaine). La théorie des probabilités n'existe que depuis trois siècles, et les statistiques seulement depuis deux cents ans. C'est dire le caractère historique et provisoire de toute définition de la rationalité qui s'appuierait sur ces technologies intellectuelles. Il est fort possible que se stabilisent de nouvelles technologies intellectuelles à support informatique qui feraient apparaître « irrationnels », ou du moins très grossiers, des raisonnements utilisant pourtant la logique classique et la théorie des probabilités. On pense en particulier à certaines techniques d'intelligence artificielle ou de simulation qui permettent de prendre en compte et de visualiser de manière dynamique et interactive un très grand nombre de facteurs, impossibles à appréhender de manière efficace par les seules techniques de la graphie et du calcul sur papier. Il n'existe pas qu'une seule rationalité mais des normes de raisonnement et des procédures de décision fortement liées à l'usage de technologies intellectuelles, elles-mêmes historiquement variables.

Encore une fois, la logique est une technologie intellectuelle datée, fondée sur l'écriture, et non pas une manière naturelle de réfléchir. L'écrasante majorité des raisonnements humains n'utilise pas de règles de déduction formelles. La logique est à la pensée ce que la règle en bois pour tracer des lignes droites est au dessin. C'est pourquoi les travaux d'intelligence artificielle fondés uniquement sur la logique formelle ont peu de chance d'arriver à une simulation profonde de l'intelligence humaine. Au lieu d'une réplique de la pensée vivante, l'IA classique ou logiciste a construit en réalité de nouvelles technologies intellectuelles, comme les systèmes experts.

Comment les technologies intellectuelles s'articulent au système cognitif humain : une théorie connexionniste

Mais il existe d'autres tendances en intelligence artificielle. Les chercheurs du courant *connexionniste* se réfèrent beaucoup plus au fonctionnement du système nerveux qu'aux règles de la logique formelle. Selon les connexionnistes, les systèmes cognitifs sont des réseaux composés de nombreuses petites unités pouvant prendre plusieurs états d'excitation. Les unités ne changent d'état qu'en fonction des états des unités à qui elles sont connectées. Toutes les transformations dans le réseau ont donc des causes locales et les effets se propagent de proche en proche. Pour les connexionnistes, le paradigme de la cognition n'est pas le raisonnement, mais la perception. Son mécanisme type serait le suivant :

— A l'instant t un réseau se trouve dans un certain état stable.

— A l'instant suivant, les extrémités du réseau en contact avec le monde extérieur (les capteurs) changent d'état.

— Les changements d'état des capteurs occasionnent par propagation des changements d'état parmi les autres unités du réseau.

— Les unités continuent à modifier réciproquement leurs états jusqu'à ce que le réseau atteigne un nouvel état stable. Cet état d'équilibre global fonctionne comme une « représentation » des événements extérieurs au système qui ont occasionné le changement d'état des capteurs. La perception est l'ensemble du processus de déstabilisation et de re-stabilisation du réseau.

Il faut également souligner que, selon les théories connexionnistes, chaque nouvelle perception laisserait des traces dans le réseau. En particulier, les connexions qui seraient le plus souvent empruntées par le processus de déstabilisation/stabilisation en sortiraient renforcées. Il n'y aurait donc pas de différence essentielle entre perception, apprentissage et mémorisation, mais une seule fonction psychique que l'on pourrait nommer par exemple « expérience », en conservant à ce mot toute son ambiguïté. L'imagination, ou la simulation de modèles mentaux, serait le déclenchement d'une pseudo-perception à partir de stimuli internes. Cette simulation utiliserait évidemment les traces mnésiques laissées par les expériences antérieures (la mémoire à long terme).

Si le système cognitif humain réalise ses calculs en se stabilisant sur des solutions perceptives plutôt qu'en enchaînant correctement des inférences, comment expliquer que nous fassions parfois de véritables raisonnements suivant les règles de la logique ? Comment rendre compte de l'existence d'une pensée abstraite en général, et de l'activité scientifique en particulier ? Rumelhart, Smolensky, McLelland et Hinton, dans un chapitre passionnant de *Parallel Distributed Processing* [75], tentent de répondre à ces questions. Comme on pouvait s'y attendre, ces auteurs supposent que seule l'existence d'artefacts extérieurs aux systèmes cognitifs humains rend possible la pensée abstraite. Examinons donc une nouvelle fois le rôle des technologies intellectuelles, mais, cette fois-ci, d'un point de vue connexionniste.

Le problème est le suivant : comment arriver à des conclusions logiques sans être logique, sans qu'il y ait aucune faculté spéciale du psychisme humain telle que « la raison » ? Selon Rumelhart, Smolensky, McLelland et Hinton, on devrait compter trois grandes capacités cognitives humaines : la faculté de percevoir, d'imaginer et de bricoler. La combinaison de ces trois facultés et leur articulation avec les technologies intellectuelles permettent de rendre compte de tous les exploits de la prétendue pensée abstraite. Examinons une par une les trois aptitudes cognitives élémentaires.

La faculté de *perception* ou de reconnaissance de formes se caractérise par sa grande rapidité. Le système cognitif se stabilise en une fraction de seconde sur l'interprétation d'une distribution d'excitation particulière des capteurs sensoriels. Nous reconnaissons immédiatement une situation ou un objet, nous voyons la solution d'un problème simple, sans avoir besoin de faire appel à une chaîne de déductions conscientes. En cela nous sommes exactement comme les autres animaux. La perception immédiate est l'habileté cognitive de base.

La faculté d'*imaginer*, ou de se faire des simulations mentales du monde extérieur, est une sorte particulière de perception, déclenchée par des stimuli internes. Elle nous permet d'anticiper les conséquences de nos actes. L'imagination est la condition du choix ou de la décision délibérée : qu'arriverait-il si nous faisions ceci ou cela? Grâce à cette faculté, nous tirons parti de nos expériences antérieures. La capacité de simuler l'environnement et ses réactions joue certainement un rôle capital pour tous les organismes capables d'apprentissage.

Nous disposons pour finir d'une faculté opératoire ou manipulatoire qui serait beaucoup plus spécifique de l'espèce humaine que les précédentes. L'aptitude au *bricolage* est la marque distinctive de l'*homo faber* (quoiqu'il n'y ait qu'une différence de degré avec les performances des animaux, en particulier ceux qui se servent de leurs membres antérieurs à d'autres fins que la locomotion). Ce pouvoir de manier et de remanier l'environnement va se révéler crucial pour la constitution de la culture, la pensée logique ou abstraite n'étant qu'un des aspects, variable et historiquement daté, de cette culture. En effet, c'est parce que nous possédons d'importantes aptitudes à la manipulation et au bricolage que nous pouvons trafiquer, réordonner et disposer des parcelles du monde qui nous entoure de telle sorte qu'elles finissent par *représenter* quelque chose. Nous agençons des systèmes sémiotiques comme nous taillons des bifaces, comme nous construisons des cabanes de rondins ou des trois-mâts. Les cabanes servent à nous abriter, les bateaux à naviguer, les systèmes sémiotiques à représenter.

Soulignons au passage qu'en se définissant comme espèce fabricatrice, l'humanité s'engage du même coup dans le travail du sens. La mise au point d'un nouvel exercice opératoire est indissociable d'une activité de réinterprétation d'un matériau préexistant : le bois pour les cabanes, la peau de bête pour les vêtements, les encoches et les impressions de sceaux sur des mottes d'argile pour l'écriture. Dans chaque cas, une activité manipulatoire, tâtonnante et interprétative fait entrer des matériaux préexistants dans de nouveaux domaines d'usage et de signification.

Une fois identifiées les trois facultés élémentaires, nous pouvons décomposer les opérations de la prétendue pensée abstraite de telle manière qu'au bout de l'analyse il ne reste plus aucune abstraction.

Étant donné un problème tel qu'une multiplication de deux nombres de dix chiffres par exemple, comment procédons-nous pour le résoudre ? Premièrement, grâce à la faculté de bricolage, nous construisons une représentation matérielle du problème au moyen de symboles visibles ou audibles. En l'occurrence, le principe de cette représentation matérielle est déjà à notre disposition puisque nous l'avons apprise à l'école. Nous allons « poser la multiplication », c'est-à-dire coucher les deux nombres sur le papier, puis mettre en œuvre l'algorithme de la multiplication que l'on nous a enseigné. Notons qu'il existe un très grand nombre d'algorithmes de la multiplication possibles, suivant les systèmes de numération, les écritures, les bouliers, les abaques, les systèmes de jetons, les tables de multiplication, d'addition ou de fraction disponibles... Mais dans tous les cas, grâce à un système de symboles et aux procédures qui l'accompagnent, le problème complexe et abstrait sera décomposé en petits problèmes simples et concrets. A partir de cette décomposition, la faculté de reconnaissance de forme rapide pourra toujours s'appliquer. Il faut que l'on « voie » immédiatement chacune des micro-solutions intermédiaires, directement (deux fois trois font... six) ou indirectement en regardant dans une table, sur une certaine partie du boulier, etc.

Une fois traduits dans des systèmes de signes fournis par la culture, des problèmes abstraits ou complexes se trouvent à la portée de la faculté opératoire et de la perception immédiate.

Les modes de représentation tels que signes d'écriture, tables, tableaux, diagrammes, cartes visent à symboliser sous une forme immédiatement perceptible des données nombreuses ou difficiles à appréhender directement. De plus, ces représentations sont conçues pour qu'on puisse aisément effectuer dessus des opérations. La différence entre les chiffres arabes et les chiffres romains offre une bonne illustration de cette idée du lien entre le système de notation et les procédures qui lui sont liées. Les chiffres arabes, avec la notation par position, autorisent des algorithmes pour les opérations arithmétiques beaucoup plus simples que les chiffres romains. Que l'on pense également aux cartes géographiques quadrillées en longitude et en latitude. Ce mode de représentation de l'espace a permis au marin de calculer plus aisément sa position dans des mers inconnues qu'avec le traditionnel portulan. Les technologies intellectuelles efficaces résultent souvent de cette alliance de la visibilité immédiate (moyennant apprentissage) et de la facilité d'opérer.

Nous pouvons maintenant définir l'abstraction dans ses rapports avec les technologies intellectuelles. Est abstrait tout problème hors de la portée de nos capacités de manipulation et de reconnaisance de forme immédiate. Grâce à des systèmes de représentations externes, des problèmes abstraits peuvent être traduits ou reformulés de telle sorte qu'on puisse les résoudre en exécutant une série d'opérations simples et concrètes, mettant en jeu nos facultés opératoires et perceptives. Pour être correctement effectuées, ces manipulations de représentations doivent faire l'objet d'apprentissage et d'entraînement, comme n'importe quelle autre activité. Un problème qui *resterait* abstrait serait tout simplement insoluble.

Une fois que nous y sommes suffisamment exercés, nous pouvons *imaginer* que nous manipulons des symboles sensibles et que nous effectuons pendant cette activité des reconnaissances de forme rapide. C'est ici qu'entre en jeu la troisième faculté cognitive : notre capacité de faire « tourner » des modèles mentaux de notre environnement. On peut par exemple imaginer que l'on pose une retenue pendant un exercice de calcul mental ou bien disposer mentalement certaines informations en tableau à double entrée, utiliser des images intérieures de diagrammes, de figures ou de cartes pour schématiser un raisonnement ou une situation complexe, etc. Notre adresse à résoudre certains problèmes, immobiles, les yeux fermés, dérive de notre capacité apprise à les résoudre physiquement, en enchaînant des actes réels et des perceptions sur des systèmes sémiotiques fournis par notre culture.

Les systèmes cognitifs sont des mixtes sujet/objet ou des réseaux d'interfaces composites

Grâce à la simulation de modèles mentaux, le système cognitif introjecte partiellement les systèmes de représentation et les algorithmes opératoires dont il a acquis l'usage. Les technologies intellectuelles, quoique appartenant au monde sensible « extérieur », participent aussi de manière capitale au processus cognitif lui-même. Elles incarnent une des dimensions objectales de la subjectivité connaissante. Les processus intellectuels n'impliquent pas seulement l'esprit, ils mettent en jeu des choses, des objets techniques complexes à fonction représentative et les automatismes opératoires qui les accompagnent.

Les technologies intellectuelles jouent un rôle capital dans les processus cognitifs, même les plus quotidiens; il suffit pour s'en rendre compte de songer à la place de l'écriture dans les sociétés développées contemporaines. Elles informent profondément notre usage des facultés de perception, de manipulation et d'imagination. Par exemple, nous n'avons pas la même perception de la ville où nous vivons suivant que nous avons ou non l'habitude d'en consulter des plans. Bien souvent, les méthodes pour résoudre certains problèmes sont incorporées dans les systèmes de représentations que nous offre la culture, comme c'est le cas par exemple dans la notation mathématique ou dans les cartes géographiques.

C'est par la dimension objectale qui la traverse que la cognition se trouve engagée dans l'histoire, une histoire beaucoup plus rapide que celle de l'évolution biologique. Les créations de nouveaux modes de représentation et de manipulation de l'information marquent des étapes importantes dans l'aventure intellectuelle de l'humanité. Et l'histoire de la pensée n'est pas identifiée ici à la série des *produits* de l'intelligence humaine, mais bel et bien aux transformations du *processus* intellectuel lui-même, ce mixte d'activités subjectives et objectales.

L'école apparaît en même temps que l'écriture; sa fonction ontologique est précisément de réaliser l'intime fusion d'objets et de sujets qui permet l'exercice de l'une ou l'autre version de la « rationalité ». C'est là qu'on fait de la calligraphie et de la lecture une seconde nature, qu'on entraîne les enfants à utiliser les dictionnaires, les index et les tables, à déchiffrer les idéogrammes, tableaux, schémas et cartes, à dessiner l'inclusion et l'intersection avec des patates, qu'on les exerce à la manipulation et à l'interprétation des signes, qu'on leur apprend en un mot la plupart des techniques de l'intelligence qui ont cours dans une société donnée.

Les empiristes imaginaient le savoir uniquement modelé par l'expérience. Le monde extérieur était censé inscrire ses régularités sur la table rase de l'esprit. Contre l'empirisme, Kant avait accordé une place prépondérante aux structures transcendantales du sujet connaissant. Selon le philosophe de Königsberg, l'expérience elle-même est organisée par les catégories du sujet. Pour qualifier la révolution qu'il estimait avoir accomplie dans la philosophie, Kant la comparait lui-même à la révolution copernicienne : c'était désormais autour du sujet que tournait le problème de la connaissance.

L'écologie cognitive incite à réviser la distribution kantienne des rôles entre sujets et objets. La psychologie contemporaine et la neurobiologie ont certainement confirmé que le système cognitif humain n'était pas une table rase. Son architecture et ses différents modules spécialisés organisent de manière très contraignante nos perceptions, notre mémoire et nos raisonnements. Mais nous articulons aux appareils spécialisés de notre système nerveux des dispositifs de représentation et de traitement de l'information qui leur sont extérieurs. Nous construisons des automatismes (comme celui de la lecture) qui soudent très étroitement les modules biologiques et les technologies intellectuelles. Si bien qu'il n'y a pas plus de raison pure que de sujet transcendantal invariable. Dès sa naissance, le petit humain pensant se constitue au moyen de langues, de machines, de systèmes de représentation qui vont structurer son expérience.

Le sujet transcendantal est historique, variable, indéfini, composite. Il comprend des objets et des codes représentatifs liés à l'organisme biologique par les premiers apprentissages. Il doit même être étendu à tout l'équipement cognitif fourni à l'individu par sa culture et par les institutions auxquelles il participe : langue, concepts, métaphores, procédures de décision... L'être connaissant est un réseau complexe où les nœuds biologiques sont redéfinis et interfacés par des nœuds techniques, sémiotiques, institutionnels, culturels. La distinction tranchée entre un monde objectif inerte et des sujets-substances seuls porteurs d'activité et de lumière est abolie. Il faut penser des *effets de subjectivité* dans des réseaux d'interfaces et des mondes émergeant provisoirement de conditions écologiques locales.

Bibliographie

ANDERSON John, *Cognitive Psychology and its Implications* (2e édition), W.H. Freeman and Company, New York, 1985.
BADDELY Alan, *Your Memory : a User's Guide*, McGraw-Hill, Toronto, 1982.
DENIS Michel, *Image et cognition*, PUF, Paris, 1989.
GARDNER Howard, *The Mind's New Science. A History of the Cognitive Revolution*, Basic Books, New York, 1985.
GUINDON Raimonde (sous la direction de), *Cognitive Science and its Application for Human-Computer Interaction*, Laurence Erlbaum, Hillsdale, New Jersey, 1988.
JOHNSON-LAIRD Philip, *Mental Models*, Harvard University Press, Cambridge, Massachusetts, 1983.
LATOUR Bruno (sous la direction de), *Les Vues de l'esprit*, n° 14 de la revue *Culture technique*, juin 1985.
MCCLELLAND James, RUMELHART, David (sous la direction de), *Parallel Distributed Processing. Explorations in the Microstructures of Cognition* (2 vol.), MIT Press, Cambridge, Massachusetts/Londres, 1986.
STILLINGS Neil *et al.*, *Cognitive Science. An Introduction*, MIT Press, Cambridge, Massachusetts, 1987.

14

Les collectivités pensantes et la fin de la métaphysique

Dans la philosophie cartésienne, la libre volonté, la raison et l'attention renvoyaient indéfiniment les unes aux autres au sein d'une substance unique et transparente à elle-même. Cette image de l'âme humaine est désormais caduque.

Même si l'on n'accepte pas toutes ses idées, Freud a montré de manière convaincante qu'une part essentielle de nos sentiments et de nos mobiles était inconsciente. Il a d'autre part proposé des modèles du psychisme mettant en scène plusieurs instances (par exemple le « ça », le « moi » et le « surmoi ») interagissant de manière plus ou moins conflictuelle, négociant, passant des compromis, etc. Chacune de ces instances est censée fonctionner suivant des principes différents. Par exemple, le « ça », siège des « processus primaires », ne connaîtrait ni l'écoulement du temps ni la logique, tandis que le « moi » serait plutôt raisonnable.

Ce que la psychanalyse a réalisé au début du siècle concernant la vie émotionnelle, la psychologie contemporaine l'accomplit aujourd'hui pour la dimension cognitive du psychisme. Deux thèses chères aux psychologues cognitifs se situent notamment à l'antithèse de la figure cartésienne de l'âme. Celle de la modularité ou de la multiplicité de l'esprit, et celle des limites de la simple introspection, c'est-à-dire le caractère étroitement borné de la conscience.

La question de l'unité de l'âme est liée à celle du degré

d'inconscience des opérations mentales. En effet, si la plupart des fonctions psychiques s'effectuaient sous le regard de la conscience, il ne serait pas absurde de supposer une sorte de langage commun aux différentes parties de l'esprit, ou tout au moins une traduction possible dans l'idiome de la conscience. De plus, l'accès direct d'une partie de l'esprit à la diversité des opérations mentales serait en elle-même la réalisation d'une sorte d'unité psychique. En revanche, si presque toute la vie psychique se trouve en dehors de la zone de l'attention, la thèse de la modularité ou de la multiplicité hétérogène des fonctions et des instances psychiques devient plus plausible. Dans ce cas, les différentes parties de l'esprit ne partageraient pas la même « logique » sous-jacente.

La société de l'esprit

Selon Marvin Minsky [79], l'esprit ne forme pas un tout cohérent et harmonieux. Il est au contraire constitué de pièces et de morceaux. En employant une métaphore, le célèbre chercheur en intelligence artificielle du MIT suggère qu'un crâne humain contiendrait des milliers d'ordinateurs différents, structurés suivant des centaines d'architectures distinctes, mis au point séparément au cours de millions d'années d'évolution. Il n'y aurait même pas de code ou de principe d'organisation commun à l'ensemble du système cognitif. Minsky nous dresse un tableau de l'esprit humain dans lequel des *milliers* d'agents, éventuellement regroupés en « agences », sont en compétition pour des ressources limitées, poursuivent des objectifs divergents, coopèrent, se subordonnent les uns aux autres... Le psychisme doit être imaginé comme une société cosmopolite, non comme un système cohérent, encore moins comme une substance.

De nombreux philosophes, de Platon à Nietzsche, et des psychologues comme William James, Freud et Jung, avaient déjà reconnu, chacun à leur manière, la foule bigarrée qui se cache derrière chaque pensée. Aujourd'hui, des psychologues humanistes étrangers aux sciences cognitives, comme James Hillmann, ou des philosophes fort éloignés de la tradition anglo-saxonne, tels Deleuze et Guattari, plaident aussi pour une approche multiple, polythéiste, de la psyché.

De grands psychologues, comme Piaget, ont pu laisser

entendre que l'intelligence était un ensemble unique et généralisable d'habiletés logico-mathématiques opérant dans tous les domaines. Selon Howard Gardner [39, 40], on doit reconnaître au contraire des intelligences variées, indépendantes les unes des autres. Plusieurs séries de faits viennent appuyer cette thèse. Tout d'abord, il est bien connu que les dommages de zones limitées du cerveau peuvent affecter certaines compétences mentales en laissant les autres parfaitement intactes. D'autre part, on rencontre couramment des idiots savants, des musiciens ignorants, des personnes fort habiles dans les relations interpersonnelles mais réfractaires à la géométrie, etc. Enfin, dans beaucoup de cultures, plusieurs types d'intelligence sont identifiés indépendamment. En se fondant sur certaines données de la psychologie cognitive et après une enquête comparative portant sur les représentations de l'intelligence dans les cultures du monde, Gardner suppose l'existence d'au moins sept aptitudes mentales différentes. Il faudrait distinguer les pensées linguistique, musicale, logico-mathématique, spatiale, corporelle/kinesthésique, interpersonnelle, et intrapersonnelle. La compétence linguistique caractérise l'orateur ou l'écrivain, la compétence spatiale le géomètre ou l'architecte, la compétence corporelle/kinesthésique est celle du sportif, etc. Chacun de nous possède toutes ces capacités, mais à des degrés différents. Ainsi, nul n'est intelligent ou stupide en général. Il nous faut prendre l'habitude de considérer les personnes comme des groupes, des sociétés. Tout jugement porté sur le groupe dans son ensemble, sans distinction des individus qui le composent, sera forcément injuste.

La modularité de l'esprit

Un des fondateurs des sciences cognitives contemporaines, le linguiste Noam Chomsky [19], a prétendu qu'il existait des *organes* mentaux comme il y a des cœurs, des appareils visuels ou des systèmes de la coordination motrice. Pourquoi le cerveau serait-il la seule entité du monde biologique à être dépourvue de structure, indifférenciée ? Chomsky a tenté en particulier de mettre en évidence qu'un *processeur de langage*, génétiquement déterminé, était responsable de l'acquisition des langues ainsi que de la compréhension et de la production des énoncés linguistiques. Si l'on suit jusqu'au bout les conséquences de cette idée, c'est toute une manière d'envisager la cognition qui doit être abandonnée. Par exemple, en supposant que Chomsky a raison, il ne pourrait y avoir *une* théorie de l'apprentissage commune à tous les domaines, car il n'y a aucune raison *a priori* pour que tous les « organes de l'esprit » se développent de la même manière.

A la suite de Chomsky, Jerry Fodor [37] estime qu'une part importante du système cognitif humain est structurée par facultés relativement indépendantes les unes des autres. Les modules perceptifs (vision, audition, etc.) sont les exemples types de telles facultés autonomes.

Ces facultés ou modules cognitifs ne partagent pas de ressources communes à l'ensemble du système cognitif telles que mémoire, « intelligence » ou attention. Ils se suffisent à eux-mêmes. Quelle que soit par ailleurs la mobilisation de notre mémoire ou de notre attention, nous continuons à voir et à entendre de la même façon.

Les modules cognitifs décrits par Fodor fonctionnent automatiquement, hors du contrôle conscient. Dans le cas de la faculté linguistique, par exemple, de nombreuses expériences montrent qu'on est *obligé* de comprendre le sens d'une phrase qu'on entend. Il est impossible de la considérer seulement comme du bruit. Il en est de même pour la lecture. Nous sommes incapables de regarder une ligne imprimée comme une suite de taches noires. Nous ne pouvons nous empêcher de *lire*.

Comme corrélat de leur caractère automatique, les modules cognitifs spécialisés sont extrêmement rapides. La plupart des humains sont en mesure de répéter en écho un discours continu *en comprenant ce qu'ils répètent* avec seulement un quart de seconde de décalage. Les modules de l'audition, de la compréhension du langage et de la parole accomplissent leurs opérations à toute vitesse et coordonnent parfaitement leurs fonctionnements sans que notre volonté délibérée soit mobilisée.

Un grand nombre de modules du système cognitif sont donc « encapsulés », automatiques et très rapides. Cela signifie, entre autres, qu'ils échappent à la conscience. Leurs résultats peuvent bien parvenir à la zone d'attention de notre esprit, mais les processus mis en œuvre par ces modules nous restent totalement opaques et se dérobent à toute tentative de contrôle.

L'architecture cognitive et la conscience

Qu'est-ce que la conscience? La transparence de l'esprit à lui-même? Le sens moral (science sans conscience n'est que ruine de l'âme)? La réponse de la psychologie cognitive pourrait bien être celle-ci : la conscience est l'agent responsable de l'affichage partiel de la mémoire à court terme. La plupart des acteurs de la société de l'esprit sont en relation avec d'autres acteurs de cette société et non avec le monde extérieur. Mais nous sommes presque totalement insensibles à ces relations entre nos agents. Nous ne pouvons saisir que les événements internes représentés dans notre mémoire à court terme.

La mémoire à court terme ayant, comme nous le savons, des ressources limitées, il est très difficile d'être conscient de plus de deux ou trois choses à la fois, ou de diriger notre attention sur plusieurs événements en même temps. Or notre système cognitif accomplit une foule d'opérations simultanément. Étant extérieures au champ d'attention, ces opérations sont donc inconscientes. Puisqu'elles échappent à la volonté délibérée, elles sont automatiques. D'après ce que nous connaissons du fonctionnement du cerveau et du système cognitif humain en général, aucune agence de l'esprit, même inconsciente, n'a de supervision ou de contrôle sur toutes les autres. La conscience omnisciente et la volonté omnipotente ne seront pas remplacées par quelque chef d'orchestre clandestin.

Lorsque l'on dit que la plupart des processus cognitifs sont *automatiques*, on ne veut pas soutenir par là que le cerveau serait un équivalent formel d'une machine de Turing. Que la plupart des processus cognitifs soient automatiques ne signifie pas que le système nerveux soit effectivement composé d'une multitude de petits ordinateurs au comportement déterminé, incapables de sortir des rails d'une programmation préalable. Les dispositifs électroniques d'aujourd'hui sont très différents des agencements fluides, continus, partiellement instables et indéterminés du vivant. Les notions de déterminisme et d'automatisme sont distinctes. C'est parce qu'ils sont autonomes, non contrôlés, relativement indépendants les uns des autres, qu'un grand nombre de processus cognitifs peuvent être qualifiés d'automatiques. L'esprit est majoritairement inconscient, machinal, fait de pièces et de morceaux. L'ignorance mutuelle de ces parties assure la rapidité et l'indépendance de certains traitements, ceux de la perception par exemple. Cet automatisme conditionne sans doute la survie de nos organismes. Il vaut sans doute mieux pour nous que la manière dont nous voyons ou dont nous entendons ne soit pas fonction de notre humeur ou de nos partis pris du moment.

Comme ils ne font pas appel à l'interprétation de connaissances déclaratives, les processus automatiques, ou compilés, n'occupent pas de place dans la mémoire de travail. Ils la libèrent ainsi pour d'autres tâches. Chacun de nous est capable de tenir une conversation en accomplissant une tâche automatique, que celle-ci soit câblée dès la naissance, comme la vision ou la respiration, ou bien apprise, comme la conduite automobile. Beaucoup de processus automatiques sont dirigés par des données extérieures à l'organisme. Par exemple, le son d'une voix humaine déclenche automatiquement le module de reconnaissance et de compréhension de la parole, quelles que soient nos intentions. La majeure partie du fonctionnement de notre esprit échappe à notre contrôle volontaire.

L'écologie cognitive et la fin de la métaphysique

Nous venons de résumer certains apports de la psychologie contemporaine. Il faut maintenant en tirer les conclusions qui intéressent l'écologie cognitive. Tous les travaux sur les modules cognitifs, la société de l'esprit et les intelligences multiples nous suggèrent que la pensée repose pour une large part sur l'articulation de divers appareils automatiques, sur la coopération conflictuelle de facultés hétérogènes. Le mécanisme, l'inconscience, la multiplicité hétéroclite, en un mot l'extériorité radicale sont logés au cœur même de la vie mentale. Dès lors, il n'y a aucune absurdité à concevoir la participation à la pensée de mécanismes ou de processus non biologiques, comme des dispositifs techniques ou des institutions sociales, elles-mêmes constituées de choses et de gens. Non seulement il n'est plus possible de faire de la pensée l'attribut d'une substance unique et transparente à elle-même, mais la distinction nette entre subjectivité et objectivité doit être abandonnée. Par un détour inattendu, l'écologie cognitive nous fait retrouver « la fin de la métaphysique » annoncée par Heidegger. Mais, cette fois-ci, la métaphysique (c'est-à-dire le durcissement d'un sujet libre et volontaire en face d'un univers objectif, réduit à l'inertie et aux mécanismes causaux) ne s'efface pas au profit de la transcendance d'un être nous destinant de ses lointains. L'écologie cognitive substitue aux oppositions tranchées de la métaphysique un monde bigarré, mélangé, où des *effets de subjectivité* émergent de processus locaux et transitoires. Subjectivité et objectivité pures n'appartiennent de droit à aucune catégorie, à aucune substance bien définie. D'un côté, des mécanismes aveugles et disparates, des objets techniques, des territoires géographiques ou existentiels concourent à la formation des subjectivités [26, 47, 48]. De l'autre, les choses du monde sont truffées d'imaginaire, investies et partiellement constituées par la mémoire, les projets et le travail des hommes.

Réexaminons le cas du langage. Il est notoirement difficile de tourner sept fois sa langue dans sa bouche avant de parler. Quoique les énoncés linguistiques que nous émettions parviennent la plupart du temps à notre conscience, le module du langage est très largement involontaire.

Comme chacun le sait depuis la vulgarisation de la psychanalyse, « ça parle ». Mais « ça parle » en un sens encore plus radical que chez Freud ou Lacan. Ce ne sont pas seulement nos pulsions, refoulements et autres complexes qui s'expriment par notre bouche, mais aussi des grammaires, des dictionnaires, des provinces entières avec leurs idiotismes et leurs manières de dire, mais encore les nombreux réseaux sociaux auxquels nous appartenons... C'est toute une foule cosmopolite qui nous transmet ses « mots d'ordre » et parle par notre voix.

Après d'autres, Michel Serres a souligné cette dimension semi-automatique, impersonnelle, du langage. Selon l'auteur du *Parasite*, le langage participerait à la fois du sujet, puisqu'il nous constitue, et de l'objet, à cause de son caractère largement automatique, extérieur, socialement partagé.

Le langage est un bon exemple de la dimension sociale, transpersonnelle, de la cognition. Nous avons vu qu'un grand nombre de processus et d'éléments divers interviennent dans une pensée. Encore une fois, il n'y a donc plus de paradoxe à prétendre qu'un groupe, une institution, un réseau social ou une culture dans son ensemble « pensent » ou connaissent. *La pensée est toujours déjà le fait d'un collectif.* Sociologie et psychologie ne correspondent qu'à des différences de grain dans l'observation. On a toujours affaire au devenir de réseaux hétérogènes. Il s'agit simplement d'appréhender la société de l'esprit à une autre échelle. Ici et là, de semblables processus coopératifs ou agonistiques sont à l'œuvre. De part et d'autre, ce sont encore divers messages qui sont traduits et retraduits, se transforment et circulent.

L'argument de la discontinuité

La multiplicité des agents, la discontinuité et l'absence de frontières nettes des collectifs humains ne peuvent tenir lieu d'arguments pour refuser la cognition au social. Les mêmes raisons mèneraient à nier que les personnes pensent. Les dispositifs cognitifs des individus ne sont pas plus substantiels, plus homogènes ni mieux découpés que ceux des groupes. Le fonctionnement du corps, l'usage de techniques, les systèmes sémiotiques fournis par la culture, une foule d'événements et de situations sociales viennent brouiller les frontières d'un agencement cognitif personnel déjà composé de pièces disparates et de processus antagonistes.

Penser est un devenir collectif où se mêlent hommes et choses. Car les artefacts jouent leur partie dans les collectifs pensants. Du stylo à l'aéroport, des idéographies à la télévision, des ordinateurs aux complexes d'équipements urbains, le système instable et pullulant des choses participe intégralement à l'intelligence des groupes.

Comme dans les dispositifs cognitifs des individus, beaucoup de processus sociaux sont automatiques, machinaux, encapsulés. Le secrétariat de cette organisation, le service de la comptabilité de telle entreprise, tel segment de la bureaucratie d'un ministère fonctionnent ou devraient fonctionner comme des machines, du point de vue de ceux qui les utilisent ou les subissent. Mais un réseau de coursiers peut être remplacé par une messagerie électronique, un service de comptabilité par un programme d'ordinateur, etc. Les machines sociales sont indifféremment composées d'humains et d'artefacts, d'animaux et de puissances naturelles. Qu'il y ait de nombreux segments non biologiques ou non humains dans le collectif cognitif ne change strictement rien à sa nature pensante, du point de vue fonctionnel qui nous intéresse ici. Le cerveau comprend de nombreux modules automatiques. De même, le social est truffé de segments machinaux. Répétons-le, ces segments sont souvent relativement indépendants les uns des autres, débranchables, comme une photocopieuse, un ordinateur, une centrale hydroélectrique ou le département d'une grande organisation.

La conscience est individuelle, mais la pensée est collective

Ne faut-il pas être conscient pour penser ? Peut-on prétendre que des groupes sont effectivement des sujets cognitifs, alors qu'on ne peut parler de conscience collective que par métaphore ? Comme nous l'avons vu, du point de vue des sciences cognitives contemporaines, la conscience et ce qui en relève directement représentent un aspect certes important mais non pas essentiel de l'intelligence. La conscience peut être considérée comme une des interfaces entre l'organisme, son environnement, et le fonctionnement de son propre système cognitif. C'est le système d'affichage d'une partie de la mémoire à court terme, la petite fenêtre sur les processus contrôlés. Ces processus contrôlés sont moins puissants et rapides que les processus automatiques ou réflexes. En revanche, ils offrent plus de souplesse. Ils présentent une meilleure sensibilité aux *buts* en cours que les automatismes, qui auraient tendance à réagir aux *données* en fonction d'un câblage inné ou de l'expérience passée. Or, dans les groupes, cette souplesse et cette sensibilité peuvent être atteintes par d'autres moyens que la conscience. La délibération collective, l'existence de contre-pouvoirs, les mécanismes institutionnalisés de temporisation pourraient par exemple en tenir lieu. Il y aurait donc d'autres dispositifs que la conscience pour atteindre la flexibilité et les capacités de négociation avec la nouveauté qui caractérisent l'intelligence.

Dans le social, rien ne correspond aux limites drastiques de la mémoire à court terme qu'on observe dans les systèmes cognitifs personnels, surtout depuis l'invention de l'écriture. Or, comme nous l'avons vu, il semble bien que la séquentialité et le sentiment d'unité associés à la vie mentale consciente soient très étroitement liés aux contraintes qui pèsent sur l'architecture cognitive de l'individu humain. De nouveau, comme les groupes ne partagent pas de telles contraintes avec les individus, ils n'ont sans doute pas besoin de conscience pour être intelligents.

Encore faut-il préciser que la linéarité et le sentiment d'unité ne valent qu'à une échelle moyenne d'introspection. Au niveau neuronal, le fonctionnement parallèle, la multiplicité des entités en interaction, et donc l'inconscience, sont au contraire des traits déterminants. Ni la conscience, ni l'unité substantielle, ni le fonctionnement séquentiel ne sont indispensables à la pensée.

La conscience n'est donc presque rien, c'est pourquoi nous pouvons doter de pensée des collectifs cosmopolites par nature inconscients. Or la conscience (forcément individuelle) semble, d'un autre côté, presque tout.

Le plus souvent simple relais, effet de réseau, point singulier au sein d'un dispositif social et cosmique qui l'excède de toutes parts, la conscience fonctionne précisément en s'érigeant comme centre causal et source de représentations. En proclamant « je pense, je sais, je veux, etc. », elle s'approprie et s'attribue ce qui, en toute rigueur, n'appartient qu'à un agencement infiniment complexe dépassant les limites de l'individu. Cette illusion n'est pas sans importance, car des décisions suivies d'effets, des transformations réelles de l'écologie cognitive ou du méta-social cosmopolite vont en découler. Cette erreur féconde, cette oscillation entre l'infime réalité et la grande illusion, ce presque rien qui se croit presque tout et finit tout de même par produire quelque chose au sein du méga-réseau (et notamment de fragiles réseaux de consciences...), voilà qui définit la place paradoxale de la conscience individuelle dans l'écologie cognitive. Quoique nous nous *sachions* effets contingents de réseaux cosmopolites, nous ne nous *vivons* pas, ou très rarement, sur ce mode. Par surcroît, nous devons rendre compte de nos paroles et de nos actes *en tant qu'êtres conscients*. Ce qui semble un insurmontable paradoxe sur le papier ne trouble nullement le sommeil de la plupart des humains (ils ont bien d'autres soucis) et ne les dissuade pas non plus de poursuivre dès le réveil leurs passions ordinaires. N'est-ce-pas une nouvelle preuve de l'étroitesse du domaine d'application de la logique ?

Objets inanimés, avez-vous donc une âme ?

Même si l'on admet que des groupes humains en tant que tels soient capables de cognition, on peut être plus réticent à accepter que des collectifs mixtes, comprenant des choses et des ensembles naturels, puissent être intelligents. Comment une *chose* pourrait-elle participer de l'intelligence ? Nous limiterons provisoirement notre réponse aux technologies intellectuelles, laissant donc de côté les moulins à vent, les trains à grande vitesse et les canaux d'irrigation au profit de systèmes sémiotiques comme les écritures, de machines complexes comme les ordinateurs, ou d'objets maniables comme les feuilles de papier, les crayons et les livres imprimés.

Leroi-Gourhan a pu dire que le biface prolongeait la main, comme une sorte de monstrueux ongle culturel. McLuhan a fondé son analyse des médias sur leurs rapports aux sens. L'imprimerie prolongerait et magnifierait la vue, la radio augmenterait la puissance de notre oreille, etc. La métaphore du prolongement peut-elle nous aider à comprendre le rôle des technologies intellectuelles ? Est-ce en tant qu'outils du système nerveux, extensions du cerveau, que des choses apparemment inertes peuvent participer à l'intelligence ? On aurait l'image d'instruments plutôt passifs commandés par une pensée humaine souveraine, comme le ciseau et le marteau entre les mains du sculpteur. Mais cette description ne tient plus si la pensée s'identifie plutôt à un effet de collectif hétérogène qu'à l'attribut d'une entité unifiée et maîtresse d'elle-même.

L'esprit humain n'est pas un centre organisateur autour duquel tourneraient des technologies intellectuelles, comme autant de satellites à son service. Il n'est lui-même qu'un agencement sans soleil central de satellites de toutes tailles et de toutes compositions.

L'ordinateur ou bien encore l'arrangement formé par le papier, le crayon et l'alphabet forment des micro-modules relativement cohérents qui viennent s'ajouter comme des nœuds supplémentaires à de nombreux autres nœuds semi-indépendants d'un réseau cognitif à la fois personnel et transpersonnel.

Comment délimiter nettement la pensée de ce dont elle vit et qui s'étend dans toutes les directions, sans limites précises ? Comment séparer l'intelligence du réseau organique, objectif, social auquel elle tient ? Qu'est-ce que l'esprit sans la main qui dessine et peint, sculpte, écrit, et construit, et manie le fleuret ? Et sans le pinceau, le crayon, le ciseau entre les doigts de cette main ? Qu'est-ce que la pensée sans l'image intérieure et donc sans le globe oculaire, son humeur vitreuse, ses pigments irisés, et tout ce qui fut inventé pour faire image, de l'ocre d'Altamira aux pixels des écrans ? Qu'est-ce que l'esprit sans le langage, ce véhicule ubiquitaire, demi-sujet, demi-objet, produit du collectif, qui parle presque en nous comme un automate ? Qu'est-ce que l'esprit sans la conversation, sans la présence du social et de tous ses appareils à mémoire ? Presque rien.

Technologies intellectuelles et subjectivité fractale

Qui pense ? Un immense réseau follement compliqué, qui pense multiplement et dont chaque nœud est à son tour un entrelacs indiscernable de parties hétérogènes, et ainsi de suite en une descente fractale sans fin. Les acteurs de ce réseau ne cessent de traduire, de répéter, de couper, d'infléchir dans tous les sens ce qu'ils reçoivent des autres. De petites flammes évanescentes de subjectivité unitaire courent sur le réseau comme des feux follets sur la lande aux multiplicités. Subjectivités transpersonnelles de groupes. Subjectivités infrapersonnelles du tour de main, du coup d'œil, de la caresse. Certes, la personne pense, mais parce qu'un méga-réseau cosmopolite pense en elle, villes et neurones, école publique et neurotransmetteurs, systèmes de signes et réflexes. En cessant de maintenir la conscience individuelle au centre, on découvre un nouveau paysage cognitif, plus complexe, plus riche. En particulier, le rôle des interfaces et des connexions de tous ordres acquiert une importance capitale. Pour ne prendre qu'un exemple classique, on sait que l'usage de l'alphabet imprimé fait surtout travailler le cerveau gauche (plutôt analytique et linguistique), tandis que les écritures idéographiques mettent aussi à contribution le cerveau droit (plutôt global, branché sur les images et les rythmes). Ainsi les technologies intellectuelles ne se connectent pas sur l'esprit ou la pensée en général, mais sur certains segments du système cognitif humain. Elles forment avec ces modules des agencements transpersonnels, transversaux, dont la cohérence pourrait être plus forte que certaines connexions intra-personnelles.

Les technologies intellectuelles reposent *hors* des sujets cognitifs, comme cet ordinateur sur mon bureau ou ce livre dans vos mains. Mais elles sont aussi *entre* les sujets comme les codes partagés, les textes qui circulent, les logiciels que l'on copie, les images que l'on imprime ou que l'on transmet par voie hertzienne. Connectant les sujets, s'interposant entre eux, les techniques de communication et de représentation structurent le réseau cognitif collectif et contribuent à déterminer ses propriétés. Les technologies intellectuelles sont encore *dans* les sujets, par l'imagination et l'apprentissage. Même les mains vides et sans bouger, on pense avec des écritures, des méthodes, des règles, des compas, des tableaux, des graphes, des oppositions logiques, des comptines algorithmiques, des modes de représentation et de visualisation divers. Pour écrire ce qu'on lit maintenant, j'ai utilisé un logiciel d'hypertexte où les nœuds — des blocs de texte — sont organisés en réseaux au lieu de se suivre séquentiellement. Ces réseaux sont représentés à l'écran par des cartes où des étiquettes (les noms des blocs) sont reliées par des flèches. Même lorsque je n'étais pas devant mon ordinateur, lorsqu'une idée me venait, j'imaginais la portion de diagramme où elle irait s'inscrire.

L'intériorisation des technologies intellectuelles peut être très forte, quasi réflexe, comme peuvent l'être la connaissance d'une langue naturelle, la lecture et l'écriture d'idéogrammes ou d'alphabets, les systèmes de numération et de mesure, la représentation en lignes et en colonnes, l'usage du clavier des machines à écrire ou des ordinateurs, etc. Paroles chuchotées au crépuscule, signes brillant au soleil de midi ou sur le ciel inverse des écrans, nous introjectons des agencements sémiotiques dispersés dans le monde. Et c'est avec ces éléments du dehors intériorisés, subjectivés, métaphorisés par l'habitude ou l'imagination que nous créons de nouvelles entités audibles ou visibles, concrétions durables ou événements fugaces, que d'autres ou peut-être nous-mêmes intérioriserons à nouveau... L'étude des technologies intellectuelles permet donc de mettre en évidence un rapport d'emboîtement fractal et réciproque entre objets et sujets. Le sujet cognitif ne fonctionne qu'au moyen d'une multitude d'objets simulés, associés, imbriqués, réinterprétés, supports de mémoire et points d'appui de combinaisons diverses. Mais ces choses du monde sans qui le sujet ne penserait pas sont elles-mêmes le produit de sujets, de collectivités intersubjectives qui les ont saturées d'humanité. Et ces communautés et ces sujets humains, à leur tour, portent la marque des éléments objectifs qui se mêlent inextricablement à leur vie, et ainsi toujours de nouveau le long d'un enveloppement alterné en abîme de la subjectivité par les objets et de l'objectivité par les sujets.

Bibliographie

CHOMSKY Noam, *Règles et représentations*, Flammarion, Paris, 1985 (édition originale : *Rules and Representations*, Columbia University Press, New York, 1980).

DELEUZE Gilles, GUATTARI Félix, *Mille Plateaux. Capitalisme et schizophrénie*, Minuit, Paris, 1980.

DENIS Michel, *Image et cognition*, PUF, Paris, 1989.

FODOR Jerry, *La Modularité de l'esprit. Essai sur la psychologie des facultés*, Minuit, Paris, 1986 (édition originale : *The Modularity of Mind. An Essay on Faculty Psychology*, MIT Press, Cambridge, Massachusetts, 1983).

GARDNER Howard, *Frames of Mind : The Idea of Multiple Intelligence*, Basic Books, New York, 1983.

GARDNER Howard, *The Mind's New Science. A History of the Cognitive Revolution*, Basic Books, New York, 1985.

GUATTARI Félix, *Cartographies schizoanalytiques*, Galilée, Paris, 1989.

GUATTARI Félix, *Les Trois Écologies*, Galilée, Paris, 1989.

McCLELLAND James, RUMELHART David (sous la direction de), *Parallel Distributed Processing. Explorations in the Microstructures of Cognition* (2 vol.), MIT Press, Cambridge, Massachusetts/Londres, 1986.

MINSKY Marvin, *La Société de l'esprit*, InterÉditions, 1988 (édition originale : *The Society of Mind*, Simon and Schuster, New York, 1986).

SERRES Michel, *Statues*, François Bourin, Paris, 1987.

SERRES Michel, « Gnomon », *in Éléments d'histoire des sciences* (sous la direction de Michel Serres), Bordas, Paris, 1989.

VATTIMO Gianni, *Les Aventures de la différence*, Minuit, Paris, 1985.

15

Interfaces

Il a beaucoup été question d'interfaces dans ce livre. Nous avons préféré faire travailler et illustrer le concept avant de le définir, mais le moment est peut-être venu de traiter cette notion pour elle-même. Au-delà de sa signification spécialisée en informatique ou en chimie, la notion d'interface renvoie à des opérations de traduction, de mise en contact de milieux hétérogènes. Elle évoque à la fois la communication (ou le transport) et les processus transformateurs nécessaires au succès de la transmission. L'interface tient ensemble les deux dimensions du devenir : le mouvement et la métamorphose. C'est l'opératrice du passage.

L'analyse « en réseau d'interfaces » d'un dispositif sociotechnique interdit la fascination paralysante, l'éblouissement de la pensée et de l'action par les essences. Chaque nouvelle interface transforme l'efficace et la signification des interfaces précédentes. Tout est affaire de branchements, de réinterprétations, de traductions dans un monde grumeleux, mélangé, cosmopolite, opaque, où aucun effet, aucun message ne se propage magiquement sur les trajectoires lisses de l'inertie, mais doit au contraire passer par les torsions, les transmutations et les récritures des interfaces.

L'interface en informatique

Comme vocable spécialisé, le mot « interface » désigne un dispositif assurant la communication entre deux systèmes informatiques distincts ou bien un système informatique et un réseau de communication. Dans cette acception du terme, l'interface effectue essentiellement des opérations de transcodage et de gestion des flux d'information. Le modem (modulateur-démodulateur) est un exemple d'interface simple. Il transforme les signaux binaires des ordinateurs en signaux analogiques aptes à voyager sur le réseau téléphonique classique et réalise également la transformation inverse. C'est grâce aux interfaces numériques/analogiques que sont les modems que des ordinateurs peuvent communiquer *via* le réseau téléphonique.

Une *interface homme/machine* désigne l'ensemble de logiciels et d'appareils matériels permettant la communication entre un système informatique et ses utilisateurs humains.

On use de plus en plus souvent du terme d'interface, sans autre précision, au sens d'interface homme/machine. Ce vocable se substitue partiellement à ceux d'*entrée* et de *sortie* des systèmes informatiques. Le clavier d'un ordinateur a d'abord été considéré comme un « organe d'entrée » au même titre, par exemple, qu'un lecteur de cartes perforées. Les écrans furent envisagés longtemps comme des « organes de sortie », à l'instar des lumières clignotantes, des perforateurs de ruban ou des imprimantes des ordinateurs des années soixante. La dactylocodeuse ou l'opératrice de saisie alimentait la machine, d'autres opérateurs recueillaient et traitaient les résultats du calcul. Le vocabulaire témoignait de la position que l'automate occupait au cœur du dispositif sociotechnique. L'« entrée » et la « sortie » étaient situées de part et d'autre d'une machine centrale. Cette époque est révolue. Moyennant un véritable pliage logique, les deux extrémités se sont rejointes et, tournées du même côté, elles forment aujourd'hui l'« interface ». Au moment où la majorité des utilisateurs ne sont décidément plus des informaticiens de profession, quand les problèmes subtils de la communication et de la signification supplantent ceux de la gestion lourde et du calcul brut qui furent ceux de la première informatique, l'interface devient le point nodal de l'agencement sociotechnique.

Nous avons appliqué rétroactivement le terme d'interface

à tous les dispositifs techniques assurant le contact entre une calculatrice électronique et son environnement extérieur. C'est ainsi qu'un ordinateur nous est apparu comme un emboîtement, un feuilletage, un réseau d'interfaces successives. Les interfaces d'un jour sont éliminées le lendemain (comme les lecteurs de cartes perforées) ou recouvertes par les nouvelles et ainsi intégrées à la machine (interfaces matérielles comme certains commutateurs électroniques, ou logicielles comme le langage binaire).

Cette analyse en termes de réseau d'interfaces nous a permis de récuser toute vision essentialiste, statique ou logiciste de l'ordinateur. On ne peut déduire aucun effet social ou culturel de l'informatisation en se fondant sur une définition prétendument stable des automates numériques. Qu'on branche de nouvelles interfaces (l'écran cathodique, la souris, un nouveau langage de programmation, une réduction de la taille) sur le réseau d'interfaces qu'est l'ordinateur à l'instant t, et l'on obtiendra à l'instant t + 1 un autre collectif, une autre société de micro-dispositifs, qui entrera dans de nouveaux agencements sociotechniques, médiatisera d'autres relations, etc. On aura beau prétendre que le Macintosh et l'Edvac [1] sont deux ordinateurs, ce sont des réseaux d'interfaces totalement différents, qui s'imbriquent avec des modules cognitifs, sensorimoteurs et anatomiques différents et n'entrent pas dans les mêmes agencements pratiques avec les autres techniques, procédés de travail, institutions, etc.

Prenons une machine à traitement de texte. Elle contient un grand nombre d'interfaces : il y a là des langues, des nombres, des écritures, des alphabets, l'imprimerie, la machine à écrire (le clavier), l'informatique, plusieurs logiciels, l'écran cathodique. Beaucoup de ces interfaces n'agissent que dans les replis de l'ordinateur, traduisant, transformant dans l'ombre. Mais tous contribuent à composer l'agencement complexe qu'est la machine. La dimension d'enveloppements successifs, de combinaison et d'intégration verticale croise une autre dimension, celle des branchements horizontaux. Pour garder notre exemple, la PAO (publication assistée par ordi-

1. C'est dans les plans de l'Edvac *(Electronic Discrete Variable Computer)*, rédigés par John von Neumann, que sont formulés pour la première fois les principes fondamentaux qui sont encore aujourd'hui à la base de l'organisation interne des ordinateurs. La construction de l'Edvac ne fut achevée qu'en 1951 [70].

nateur) est venue de l'association de quatre traits d'interface majeurs : les traitements de texte Wysiwig[1], les micro-ordinateurs, les logiciels de mise en pages et les imprimantes laser à bas prix. A la fin des années soixante-dix, l'idée de la PAO s'est imposée peu à peu, au fur et à mesure que les interfaces s'ajoutaient les unes aux autres, sans que personne ne l'ait explicitement poursuivie. En ouvrant de nouveaux espaces à la publication décentralisée, la PAO a provoqué toute une réorganisation des circuits de la communication d'entreprise, de la petite édition et du journalisme. Comme ils ont été incorporés à des logiciels de PAO, beaucoup de vieux savoir-faire de l'imprimerie se sont largement répandus, des métiers nouveaux sont apparus, etc.

Quoiqu'elle représente un des principaux usages de l'informatique au début des années quatre-vingt-dix, il était absolument impossible de prévoir la PAO en considérant les ordinateurs des années soixante, car ni l'imprimante à laser à bas prix, ni l'ordinateur personnel, ni les logiciels de traitement de texte « conviviaux » n'étaient envisagés à l'époque. La PAO était même inimaginable en 1975. Chaque nouvelle interface autorise de nouveaux branchements, qui vont eux-mêmes ouvrir de nouvelles possibilités, si bien qu'il est impossible de prévoir ou de déduire quoi que ce soit au-delà d'une ou deux couches techniques.

Si l'on branche la PAO sur les banques d'images numérisées, les banques de données, les hypertextes, les télécommunications, les systèmes experts, on obtient encore un nouvel effet concret, difficilement déductible des composants de base de l'agencement en question. Le sens d'un dispositif technique n'est pas la somme du sens de ses composants, mais surgit toujours de nouveau, sur le mode interprétatif, d'un extérieur inassignable.

1. Le principe Wysiwyg *(what you see is what you get)* assure une conformité en principe parfaite entre ce qui apparaît à l'écran et ce qui sera imprimé sur le papier. En effet, les premiers logiciels de traitement de textes, pour signaler à l'écran qu'un mot sera imprimé en italiques, le faisaient précéder d'un code conventionnel, alors que les logiciels Wysiwyg font tout simplement apparaître *en italiques* à l'écran le mot qui sera imprimé en italiques. Ce principe d'interface permet à l'utilisateur de contrôler l'apparence de la page avant même l'impression, évitant ainsi les mauvaises surprises, raccourcissant le processus d'essais et erreurs, améliorant enfin les conditions du travail sur l'écran, débarrassé de codes abstraits inutiles.

Les technologies intellectuelles comme réseaux d'interfaces

Plutôt que de confiner la notion d'interface au domaine de l'informatique, on peut la faire travailler dans l'analyse de toutes les technologies intellectuelles. Le livre que vous avez entre les mains, par exemple, est un réseau d'interfaces. Il y a tout d'abord le principe même de l'écriture, qui est l'interface visuelle de la langue ou de la pensée. A ce premier trait d'interface vient s'articuler celui de l'alphabet phonétique (plutôt que l'idéographie). A son tour, le système alphabétique est enveloppé sous une apparence, dans un emballage particulier. Ce sera l'interface romaine, plutôt que la grecque ou l'arabe. Mais l'alphabet romain lui-même, comment sera-t-il présenté, suivant quelle calligraphie ? Avec des lettres carolines, italiques, onciales ? Et tous ces caractères, sur quel matériau sont-ils inscrits ? Papyrus, tablette d'argile, marbre, parchemin, papier, écran cathodique, à cristaux liquides ? Chaque support autorise des formes, des usages et des branchements différents de l'écrit : le papyrus commande le rouleau, le parchemin et le papier ont permis l'invention du codex.

L'imprimerie s'est édifiée sur un réseau d'interfaces déjà élaboré : l'alphabet latin, la caroline normalisée par Alcuin sous Charlemagne, le papier, le codex. Après le triomphe de la presse mécanique, on l'a vu, les imprimeurs ont ajouté de nouvelles couches logicielles pour faciliter l'accès au texte : pages de titre, tables des matières, index, numérotation des pages, signes de ponctuation...

Qu'est-ce qu'un livre ? Une société de mots ? Certes, mais ces mots sont matérialisés, connectés, présentés et mis en valeur auprès du lecteur par un réseau d'interfaces accumulé et poli par les siècles. Que l'on supprime ou que l'on ajoute une seule interface dans le réseau technique de l'écrit à un moment donné et tout le rapport au texte se transforme.

C'est uniquement à la condition de descendre au plan moléculaire des interfaces que l'on pourra comprendre les agencements sociotechniques auxquels participent les technologies intellectuelles. « Technologie intellectuelle » est trop molaire. Comme si de multiples dispositifs vus de loin, pris en gros, unifiés violemment sous un concept, pouvaient avoir des caractères pratiques indépendants de leurs branchements concrets, des modifications de la micro-société qui les compose, des interprétations des acteurs sociaux. L'interface ouvre à une description moléculaire, vibratoire, multiple et réticulaire des technologies intellectuelles.

L'interface est toujours pourvue de bouts libres prêts à se nouer, de crochets propres à s'enclencher sur des modules sensoriels ou cognitifs, des strates de personnalité, des chaînes opératoires, des situations. L'interface est un agencement indissolublement matériel, fonctionnel et logique fonctionnant comme piège, dispositif de capture. Je suis capté par l'écran, la page, ou l'écouteur, je suis aspiré dans un réseau de livres, accroché à mon ordinateur ou à mon minitel. Le piège s'est d'autant mieux refermé, les liens avec mes modules sensoriels et autres sont d'autant plus étroits que j'oublie le dispositif matériel et que je ne me sens plus captivé que par les interfaces qui sont dans l'interface : les phrases, l'histoire, l'image, la musique.

Mais inversement, l'interface contribue à définir le mode de capture de l'information offert aux acteurs de la communication. Elle ouvre, ferme et oriente les domaines de significations, d'utilisations possibles d'un médium. Le magnétoscope transforme le rapport à la télévision, les écouteurs et la petite taille des baladeurs réinstituent l'usage du magnétophone... L'interface conditionne la dimension pragmatique, ce que l'on peut faire avec l'interface ou le « contenu », si mal nommé. Car, à l'analyse, un contenu *contient* à son tour, comme l'oignon composé de pelures successives, sans qu'on puisse jamais trouver de chair pleine ou de noyau de signification. Le sens renvoie toujours aux filaments nombreux d'un réseau, se négocie aux frontières, en surface, au hasard des rencontres.

Ontologie des interfaces

La même espèce qui a raffiné jusqu'à l'exquis le monde des significations s'est entourée d'un techno-cosme. Ces deux aspects de l'humain se font écho, s'entrelacent, se confondent presque. L'essence de la technique est toute dans ces vagues alternées de buissonnement et de solidification de réseaux d'interfaces que découvre l'histoire. Comme dans l'univers symbolique, tous les usages, toutes les interprétations techniques se tiennent, s'appuient les uns sur les autres, se répondent ou s'opposent au sein d'une énorme structure instable, en réaménagement permanent. Des bifurcations ou des associations inattendues ouvrent brusquement de nouveaux univers de possibles au sein d'un agencement technique aussi bien que dans un texte. Le collectif sociotechnique est ainsi fait que d'énormes révolutions de l'écologie cognitive pivotent sur la pointe aiguë de petites réformes dans la société des choses : Gutenberg passant des années à régler des problèmes de presse à vis, d'encre, d'alliage entre le plomb et l'étain...

Toutes les techniques, et non seulement les technologies intellectuelles, peuvent s'analyser en réseaux d'interfaces. Armes, outils, machines diverses, comme les dispositifs d'inscription ou de transmission, sont précisement conçus pour s'imbriquer le plus étroitement possible avec des modules cognitifs, des circuits sensorimoteurs, des portions d'anatomie humaine et d'autres artefacts en de mutiples agencements de travail, de guerre ou de communication.

La notion d'interface peut s'étendre encore au-delà du domaine des artefacts. Et c'est d'ailleurs sa vocation puisque l'interface est une surface de contact, de traduction, d'articulation entre deux espaces, deux espèces, deux ordres de réalité différents : d'un code à l'autre, de l'analogique au numérique, du mécanique à l'humain... Tout ce qui est traduction, transformation, passage est de l'ordre de l'interface. Ce peut être un objet simple comme une porte, mais aussi un agencement hétérogène (un aéroport, une ville), le moment d'un processus, un fragment d'activité humaine. Ces entités appartiennent sans doute à des règnes ou des strates ontologiques distincts, mais d'un point de vue pragmatique il s'agit toujours de conducteurs déformants dans un collectif hétérogène, cosmopolite. Les agencements composites les plus divers peuvent interfacer, c'est-à-dire articuler, transporter, diffracter, interpréter, détourner, transposer, traduire, trahir, amortir, amplifier, filtrer, inscrire, conserver, conduire, transmettre ou parasiter. Propagation d'activités dans des réseaux transitoires, ouverts, bifurquants...

Qu'est-ce qui passe à travers l'interface? D'autres interfaces. Les interfaces sont impliquées, repliées, froissées, déformées les unes dans les autres, les unes par les autres, détournées de leurs finalités initiales. Et cela jusqu'à la dernière enveloppe, jusqu'au dernier petit pli. Encore une fois, s'il y a contenu, on doit l'imaginer fait de contenants emboîtés, agglomérés, pressés, tordus... L'intérieur est composé d'anciennes surfaces, prêtes à resurgir, plus ou moins visibles par transparence, contribuant à définir un milieu continûment déformant. Si bien qu'un acteur quelconque n'a rien de substantiel à communiquer mais toujours d'autres acteurs et d'autres interfaces à capter, chasser, envelopper, détourner, déformer, connecter, métaboliser.

La première interface de notre corps est la peau, étanche et poreuse, frontière et lieu d'échanges, limite et contact. Mais cette peau qu'enveloppe-t-elle? Au niveau de la tête, la boîte crânienne. Et dans cette boîte? Le cerveau : un extraordinaire réseau de commutateurs et de fils entrelacés, eux-mêmes connectés par d'innombrables (neuro-) transmetteurs.

La fonction reproductrice fait se joindre (interface) les deux sexes et constitue le corps entier en médium, en canal ou contenant pour d'autres individus. L'appareil circulatoire : un réseau de canaux. Le sang, un véhicule. Le cœur, un échangeur. Les poumons : une interface entre l'air et le sang. L'appareil digestif : un tube, un transformateur, un filtre. Enzymes, métabolites, catalyseurs, processus de codage et de décodage moléculaires. Toujours des intermédiaires, des transporteurs, des messagers. Le corps comme un immense réseau d'interfaces.

La langue : une toile infiniment compliquée où se propagent, se divisent et se perdent les fulgurations lumineuses du sens. Les mots sont déjà des interfaces, mis en résonance par une voix, détendus ou tordus par un chant, connectés bizarrement à d'autres mots par un rythme ou des rimes, projetés dans l'espace visuel par l'écriture, normalisés, multipliés et mis en réseau par l'imprimé, mobilisés, rendus si légers au bout du doigt par le logiciel... vêtements multiplement revêtus, frissons diversement ébranlés par d'autres palpitations.

Chaque instant n'est lui-même qu'un passage entre deux instants. Une multitude indéfinie et grouillante de véhicules, de canaux, d'interprètes, et d'émissaires fait le fond du devenir. *Angelos* : le messager. Toujours polyphonique et parfois discordant, voici le chœur irisé des anges.

Retour au problème de la connaissance

A quoi nous sert ici cette ontologie de l'interface, ou mieux, cette méthodologie ? A préparer le terrain à la pensée de la pensée qu'est l'écologie cognitive.

Un monde moléculaire et connexionniste résistera mieux aux massives oppositions binaires entre substances : le sujet et l'objet, l'homme et la technique, l'individu et la société, etc. Or, ce sont ces grosses dichotomies qui empêchent de reconnaître que tous les agencements cognitifs concrets sont au contraire constitués d'alliages, de réseaux, de concrétions provisoires d'interfaces appartenant généralement aux deux côtés des frontières ontologiques traditionnelles.

Il ne s'agit nullement de nier l'hétérogénéité ou la diversité du réel pour tout rabattre sur un seul pôle. On n'ira pas clamer, par exemple, qu'il n'y a *que* de la « matière » et que cela nous autorise à faire entrer des cerveaux en composition avec des téléphones ou des ordinateurs. On ne prophétisera pas plus quelque nouvelle version du panpsychisme qui nous permettrait d'affirmer que des choses pensent. Nous n'avons pas besoin de si massives unifications pour faire participer les choses à la pensée ou connecter les ordinateurs aux cerveaux. A l'opposé des métaphysiques à espaces homogènes et universels, la notion d'interface nous force au contraire à reconnaître une diversité, une hétérogénéité du réel perpétuellement rencontrée, produite et soulignée, de proche en proche et aussi loin que l'on aille. Si tout processus est interfaçage, donc traduction, c'est que presque rien ne parle la même langue ni ne suit la même norme, c'est qu'aucun message ne se transmet tel quel, dans un milieu conducteur neutre, mais doit au contraire franchir des discontinuités qui le métamorphosent. Le message lui-même est une mouvante discontinuité sur un canal et son effet sera de produire encore des différences. La théorie de la communication, malgré toutes ses insuffisances, avait suggéré une ontologie à base d'*événements*, purement relationnels, et qui ne sont donc ni matériels ni spirituels, ni objectifs ni subjectifs.

Sous les entités instituées que sont les techniques de communication, les genres de connaissance, ou les représentations culturelles, la méthode d'analyse en réseaux d'interfaces révèle des collectifs hétérogènes ouverts sur de nouveaux branchements, des réseaux noués et dispersés au gré de dynamiques écologiques. Elle permet de dissoudre les substances, les définitions immuables et les prétendues déterminations pour rendre les êtres et les choses à la fluidité du devenir. A leur devenir social, enjeux de luttes et de projets, mais aussi à leur possible devenir esthétique ou existentiel.

La théorie des interfaces que nous avons tenté de mettre en œuvre dans cet ouvrage nous a évité de réifier, d'autonomiser artificiellement tel genre de connaissance, tel complexe de représentations comme s'il existait en soi, indépendamment de ses supports, de ses branchements, du dispositif sociotechnique qui lui donne sens. Comme dans la version connexionniste ou neuronale de l'intelligence, toute la connaissance réside dans l'articulation des supports, l'architecture du réseau, l'agencement des interfaces. Traduire d'anciens savoirs dans de nouvelles technologies intellectuelles revient à produire de nouveaux savoirs (écrire un texte, composer un hypertexte, concevoir un système expert). L'illusion consiste à croire qu'il y aurait des « connaissances » ou des « informations » stables qui pourraient changer de support, être représentées autrement ou simplement voyager tout en gardant leur identité. Illusion, car ce dont s'occupent les théories de la connaissance : savoirs, informations et significations sont précisément des effets de supports, de connexions, de proximités, d'interfaces.

Qu'est-ce que connaître ? Cela met en jeu des replis un peu plus denses, froissés plus serrés, des feuilletés d'interfaces vraisemblablement plus épais, des réseaux connectant sans doute plus longuement leurs échangeurs et leurs canaux... Mais entre le cours du monde comme il va dans le grand collectif cosmopolite des hommes, des vivants et des choses, et les processus cognitifs, il n'existe aucune différence de nature, à peine peut-être une frontière imperceptible et fluctuante.

Conclusion

Pour une techno-démocratie

La technique et le grand hypertexte

L'ensemble des messages et des représentations circulant dans une société peut être considéré comme un grand hypertexte mouvant, labyrinthique, aux cent formats, aux mille voies et canaux. Les membres de la même cité partagent nombre d'éléments et de connexions du méga-réseau commun. Pourtant, chacun n'en a qu'une vision personnelle, terriblement partielle, déformée par d'innombrables traductions et interprétations. Ce sont justement ces associations indues, ces métamorphoses, ces torsions opérées par des machines locales, singulières, subjectives, connectées sur un extérieur, qui réinjectent du mouvement, de la vie, dans le grand hypertexte social : dans la « culture ».

Quel est le mode de constitution de cet hypertexte ? De quelle manière se relient les représentations ? Quelle est la topologie des réseaux où circulent les messages ? Quels types d'opérations produisent, transforment et transportent les discours et les images ? Telles sont quelques-unes des questions auxquelles devrait pouvoir répondre une écologie cognitive.

En même temps qu'elle doit mobiliser tout ce que les sciences humaines classiques ont à dire sur les arts, les sciences, la communication et la culture, l'écologie cognitive doit faire appel à la *technologie* des sciences, de la culture, etc. En effet, les liens, les nœuds, les échangeurs et les opérateurs du grand réseau cosmopolite où s'inscrivent les civilisations ne sont pas seulement des personnes mais aussi des ouvrages de l'art.

Si nous avons mis ici l'accent sur la technologie, c'est afin de réparer une injustice, pour rendre à l'intelligence *les choses* trop longtemps tenues à l'écart. Il ne s'agit nullement de prétendre que « la technique » prise en gros (comme si le mot désignait une entité réelle et homogène) « détermine », ou fonde, ou forme l'« infrastructure » de quoi que ce soit. Lorsque l'on cherche à comprendre comment pensent et rêvent les collectifs, on serait plutôt confronté à des systèmes écologiques ouverts, en réorganisation permanente et peuplés d'innombrables acteurs.

Des artefacts concrets jouent certes un rôle capital dans tel ou tel agencement particulier de communication, de représentation ou de calcul. Mais ils sont alors totalement imbriqués à des collectifs humains. La « technique » ? Une poussière d'interfaces, une foule hétéroclite de symbiotes artificiels, très différents les uns des autres, partageant les aventures divergentes des groupes qui les abritent. Leur engagement dans une voie particulière résulte de circonstances locales, de l'interprétation peut-être contingente des acteurs humains qui les entourent et leur donnent sens. Ce ne sont donc pas les membres uniformes d'une même espèce « technique » coalisés en vue de telle fin ou pour l'obtention de tel effet. Il n'y a pas plus de nature des choses que de nature humaine.

Les techniques ne déterminent rien. Elles résultent de longues chaînes entrecroisées d'interprétations et demandent elles-mêmes à être interprétées, entraînées dans de nouveaux devenirs par la subjectivité en acte des groupes ou des individus qui s'en emparent. Mais définissant pour une part l'environnement et les contraintes matérielles des sociétés, contribuant à structurer les activités cognitives des collectifs qui les utilisent, *elles conditionnent* le devenir du grand hypertexte. L'état des techniques influe effectivement sur la topologie du méga-réseau cognitif, sur les types d'opérations qui s'y exécutent, les modes d'associations qui s'y déploient, les vitesses de transformation et de circulation des représentations qui rythment sa métamorphose perpétuelle. La situation technique incline, pèse, elle peut même interdire. Elle ne dicte pas.

Une certaine configuration de technologies intellectuelles à un moment donné ouvre certains champs de possibles (et pas d'autres) à une culture. Quelles possibilités ? On ne le sait le plus souvent qu'après coup. Gutenberg n'a pas prévu et ne pouvait prévoir le rôle que l'imprimerie allait jouer dans le développement de la science moderne, le succès de la Réforme ou, tant par le biais du livre que du journal, sur l'évolution politique de l'Occident. Il a fallu que des acteurs humains se coalisent, se risquent, tâtonnent, explorent. Des acteurs informés par l'histoire longue dont ils héritent, orientés par les problèmes qui travaillent leur collectif, limités par l'horizon de sens de leur siècle.

La signification et le rôle d'une configuration technique à un moment donné ne peuvent se séparer du projet qui l'anime, ou peut-être des projets concurrents qui se la disputent et la tiraillent en tous sens. On ne peut *déduire* le prochain état de la culture ni les nouvelles productions de la pensée collective des nouvelles possibilités offertes par les techniques de communication à support informatique. On peut seulement proposer quelques indications, dessiner une ou deux pistes. Dans cette conclusion, notre propos consiste avant tout à désigner les technologies intellectuelles comme terrain politique fondamental, comme lieu et enjeu de conflits, d'interprétations divergentes. Car c'est autour des équipements collectifs de la perception, de la pensée et de la communication que s'organise pour une large part la vie de la cité au quotidien et que s'agencent les subjectivités des groupes.

Dans quelle mesure certains projets, certains acteurs singuliers parviendront-ils à détourner de son destin spectaculaire le grand réseau numérique où convergent progressivement l'informatique, les télécommunications, l'édition, la télévision, le cinéma et la production musicale ? Échappera-t-il aux courtes vues rationalisatrices et utilitaires ? Pourra-t-on s'y lancer à la recherche d'autres raisons que celles du profit, d'autres beautés que celles du spectacle ?

Il n'y aura de réponses positives à ces questions que si l'on renonce préalablement à l'idée d'une technoscience autonome, régie par des principes différents de ceux qui prévalent dans les autres sphères de la vie sociale, tant au plan de la connaissance que de l'action. Nous revenons ainsi au thème de notre introduction. Tout au long de ce livre, nous avons vu que les projets, conflits, et interprétations divergentes des acteurs sociaux (tant concepteurs que producteurs ou utilisateurs) jouaient un rôle décisif dans la définition des technologies intellectuelles. Il est possible, croyons-nous, de généraliser un tel jugement à la technoscience dans son ensemble. Cette proposition est libératrice, car si derrière la dynamique contemporaine des sciences et des techniques se cachent non plus la raison et l'efficacité (que l'on donne à ces termes une valeur positive ou négative), mais une multitude de raisons et de processus interprétatifs divergents, alors il n'est plus possible, de droit, d'exclure la technoscience de la sphère politique.

La technoscience est herméneutique de part en part

Peut-on séparer un domaine béni où régnerait la pure herméneutique d'une zone maudite où serait laissé libre cours à la pure *opération*, sans que la grâce du sens ne vienne jamais la toucher ?

A une échelle microscopique, il y a autant d'interprétation en fonction du contexte ou de l'histoire dans la lecture d'une courbe tracée par un instrument de mesure que dans la lecture d'un classique chinois ou d'un texte sacré. A l'échelle macroscopique, l'histoire des sciences et des techniques est entièrement pétrie d'interprétations et de réinterprétations de tous ordres (comme l'ont bien montré, par exemple, les auteurs d'*Éléments d'histoire des sciences*, sous la direction de Michel Serres).

La technique, même la plus moderne, est toute en bricolage, réemploi et détournement. On ne peut utiliser sans interpréter, métamorphoser. L'être d'une proposition, d'une image, ou d'un dispositif matériel ne se détermine que par l'utilisation qu'on en fait, par l'interprétation qu'en donnent ceux qui s'y frottent. Et les turbulents opérateurs de l'histoire des techniques ne cessent de réinterpréter et de détourner tout ce dont ils s'emparent pour des finalités diverses, imprévisibles, passant sans cesse d'un registre à l'autre. Cette mobilité est beaucoup plus évidente encore pour la technique contemporaine que pour celle des sociétés à évolution lente, quoique le moindre objet technique soit déjà arraché au domaine naturel, ou au précédent usage, pour être réinterprété, tordu à un autre usage. Aucune technique n'a de signification intrinsèque, d'« être » stable, mais seulement le sens que lui donnent successivement et simultanément de multiples coalitions sociales. Il y aurait peut-être une « essence de la technique », mais celle-ci se confondrait avec une capacité supérieure de capter, de détourner, d'interpréter qui est au noyau de l'anthropogenèse. Ce ne sont donc pas l'objectivation, la connexion mécanique entre la cause et l'effet, ou le déploiement aveugle d'un « système technicien » prétendument *inhumain* qui qualifient le mieux la technique, mais bien plutôt la grouillante activité herméneutique de collectifs innombrables.

Isabelle Stengers et Judith Schlanger [92] ont montré que loin de s'identifier à l'« application » automatique d'une théorie scientifique, une innovation technique constitue une création de significations. « Ces significations renvoient aussi bien à des contraintes économiques (coûts, brevets, situation du marché, investissements, stratégies de développement de la firme...) que sociales (qualifications, rapports sociaux impliqués par la construction ou l'utilisation de l'innovation), politiques (accessibilité des matières premières, état de la législation à propos de la pollution éventuelle, monopoles d'État) ou culturelles (rapports au public). Une innovation technique n'existe que si elle rencontre de manière cohérente ces différentes contraintes disparates, si elle réussit à prendre sens à la fois sur le plan scientifique, économique, culturel, etc. [1]. » Et aucune de ces prises de sens n'est garantie à l'avance, aucune avancée technique n'est déterminée *a priori* avant d'avoir été mise à l'épreuve du collectif hétérogène, du réseau complexe où elle devra circuler et qu'elle réussira éventuellement à réorganiser.

Une pensée-calcul ?

L'une des principales erreurs de Heidegger et de nombreux critiques de la technoscience est de *croire à la science*, c'est-à-dire de faire comme si les stratégies, les alliances, les interprétations, les négociations, qui se trament sous le label de la technoscience, possédaient une qualité spéciale, absente des autres entreprises humaines. Heidegger écrit par exemple : « L'exactitude du non-vrai possède une irrésistibilité propre dans tout le domaine de la volonté de volonté. » Ce qui

1. *In* Isabelle Stengers et Judith Schlanger, *Les Concepts scientifiques, invention et pouvoir*, La Découverte, Paris, 1989.

revient à dire que, dans leur sphère propre, la science est infaillible et la technique toujours efficace. Mais non ! On échoue souvent, on tâtonne toujours, en science comme ailleurs.

Michel Callon, Bruno Latour et la nouvelle école de sociologie des sciences ont montré que, loin d'être « irrésistibles », les propositions scientifiques faisaient l'objet de controverses acharnées. Même une fois admises, il faut encore les *maintenir* (puisque chaque membre de la communauté réinterprète et détourne ce qu'il reçoit des autres) au prix d'une dépense d'énergie considérable (laboratoires, appareils de mesure et d'enregistrement, circuits de publications, enseignement, financements, alliés divers...). Quant aux machines et aux procédés techniques, eux non plus ne se propagent pas « irrésistiblement ». Pour un appareil qui connaît le succès (tout le monde le reconnaît comme efficace, il fait partie du décor) cent ont avorté dans l'ombre. Science et technique sont de la même farine que les processus ordinaires du collectif.

Il est vrai que les énoncés scientifiques se donnent l'air d'être neutres, objectifs, factuels, formels, universels. Mais cette prétendue neutralité, inhumanité, infaillibilité de la science moderne est un effet, un produit. Elle ne concerne nullement l'essence de la science. La plupart des énoncés qui circulent dans la communauté scientifique et dans les laboratoires sont aussi incertains, polémiques, circonstanciels, personnalisés, interprétatifs que ceux qui ont cours dans les autres communautés. On confond le produit fini idéal et l'activité qui tente malaisément de la construire et y échoue la plupart du temps malgré une énorme dépense de laboratoires, de procédures compliquées, d'argent, de personnel, et l'intendance assurée par les institutions d'enseignements, les bibliothèques, l'industrie, etc. Ce qui est remarquable, c'est l'énorme effort qu'il faut fournir pour établir quelques énoncés neutres et universels, c'est-à-dire acceptés par tous et reproduits dans les manuels (stabilisation d'ailleurs toute provisoire, car « la science avance »...), et non pas qu'il existe un domaine merveilleux, transcendant, an-axiologique, etc., où la subjectivité, l'histoire et les conflits n'auraient pas cours.

S'il n'y a pas de technoscience comme *puissance séparée du devenir collectif*, il y a effectivement sous l'appellation de « science » une visée de connaissance qui ne doit pas être réduite à ce qui n'est qu'un aspect local et momentané de son devenir.

Il n'est pas seulement question dans la science de cette « [...] objectité en vertu de laquelle la nature s'offre à notre représentation comme un système cinétique spatio-temporel et de quelque manière précalculable » (Heidegger). C'est là, si j'ose dire, une image d'Épinal de la science à base de calcul, de lois universelles et de mécanisme déterministe. Si cette image était exacte, si c'était là tout ce que l'entreprise scientifique avait à offrir au collectif qui la nourrit, l'opposition entre le « monde de la vie » et la « raison » pourrait prendre quelque consistance. Mais Illya Prigogine et Isabelle Stengers [87] ont récemment fait justice de cette image trompeuse en montrant qu'elle ne correspondait qu'à une certaine étape de l'aventure scientifique, et dans certains domaines seulement. Malheureusement, on en reste trop souvent à la version husserlienne de la prétendue fondation de la science moderne par Galilée ou aux anathèmes de Heidegger contre la science qui « ne pense pas ». Le divorce que l'on prononce trop rapidement entre vie et raison, science et méditation ou technique et société est dépendant d'une version terriblement partielle de la démarche scientifique. Rien de tout cela n'est propre à favoriser l'établissement d'une techno-démocratie.

Heidegger ou Michel Henry « croient » à la science comme les gens du Moyen Âge croyaient à la royauté de droit divin. Celui-ci n'est pas roi parce que son père a fait égorger le monarque en titre, qu'il dispose de la force armée, de la soumission du peuple, du concours des grands et d'une alliance avec un puissant voisin, non, il est roi « de droit divin ». Machiavel n'a pas encore écrit *Le Prince*.

Il reste à accomplir pour la science et la technique l'œuvre de *laïcisation* que Machiavel a réalisée pour l'autorité politique. Ce travail est déjà très avancé, grâce aux travaux de la nouvelle école d'anthropologie des sciences. Ce n'est pas la « raison » contre la « vie » ou l'« objectité » contre l'« être », mais, comme ailleurs, des questions de forces, d'alliances, de réseaux plus ou moins solides, de finesse, de tâtonnements, et d'interprétation, aussi bien avec des entités humaines que non humaines (microbes, macromolécules, électrons, champs, circuits, moteurs, etc.).

D'une prétendue opposition de l'homme et de la machine

Comment l'opposition pourrait-elle être si radicale entre l'homme et la machine ? Le découpage pertinent ne passe pas entre la société des humains d'un côté, et la race des machines de l'autre. Tout l'efficace de l'un et la nature même de l'autre tiennent à cette interconnexion, cette alliance d'une espèce animale avec un nombre indéfini, toujours croissant d'artefacts, ces croisements, ces constructions de collectifs hybrides et de circuits augmentant en complexité, mettant toujours en jeu de plus vastes, ou de plus infimes, ou de plus fulgurantes portions d'univers.

Ce n'est pas dire que la machine est la meilleure amie de l'homme, pas plus que l'homme lui-même. Il est des machines de mort et d'asservissement, des machines d'exploitation, les machines folles lancées par des humains sur des humains, construites et entretenues par des hommes et broyant d'autres hommes. Mais la machine quotidienne, utile, appropriée, la machine cajolée, polie, entretenue, existe aussi.

Cessons de nous polariser sur l'opposition facile, grossière et spectaculaire entre l'homme de chair et la machine de métal et de silicone pour discerner les méga-machines hybrides, faites de pierres et d'hommes, d'encre et de papier, de mots et de chemins de fer, de règlements et de privilèges, de réseaux téléphoniques et d'ordinateurs : ces grands monstres hétéroclites que sont les entreprises, les administrations, les usines, les universités, les laboratoires, les communautés et collectifs de toute sorte. L'État, par exemple, depuis toujours ou presque, depuis Sumer, avec ses grands palais de briques vernissées, ses entrepôts, ses hiérarchies compliquées, ses gardiens, ses maîtres de corvée et ses canaux d'irrigation, ses forgerons, ses armes, ses esclaves, ses bœufs et son petit bétail, ses tablettes d'argile séchée, ses comptes cunéiformes et ses armées de scribes, ses terres semées d'orge, ses collecteurs d'impôts en marche sur les routes.

Quelles nouvelles méga-machines, quels agencements mutants les ordinateurs de demain vont-il organiser ?

Ce qu'il faudrait opposer, ce n'est pas l'homme à la technique devenue folle, mais le réel le plus massif, le plus épais, multiple, infiniment divers, intotalisable, insystématisable, tourbillonnant, dérangeant, mélangé, brouillant les cartes les mieux triées, presque totalement opaque d'un côté, et l'ordre ténu d'un circours rationnel où s'enchaîneraient logiquement les fins et les moyens, les moyens toujours subordonnés aux fins et les fins à quelque ciel éthéré de l'éthique, ou de la parole, ou de la liberté, ou d'une république des volontés raisonnables, ou de Dieu. Ce n'est certes pas le prétendu système technicien qui s'oppose à cette vision mièvre des destinées humaines, mais le bouillonnement infini du réel.

La cité contemporaine s'étend à l'ensemble du monde (cosmopolis)

L'hormone qui stimule la lactation des vaches a été découverte en 1920. Grâce au génie génétique, on réussit depuis peu à faire fabriquer cette hormone (rebaptisée pudiquement protéine) par des micro-organismes. Les groupes industriels qui ont financé ces recherches ont évidemment l'intention de les rentabiliser. Il leur faut pour cela convaincre les paysans de l'excellence, de l'utilité et de la rentabilité de leur produit. Il leur faut également persuader les administrations qui réglementent la santé et l'agriculture que l'hormone n'est pas nocive. A cet effet, une foule de tests ont été mis au point pour vérifier l'innocuité de la protéine. Ces tests mettent en jeu de nombreux produits chimiques, des appareillages compliqués, des animaux, des cobayes humains, etc. Comme les paysans et les administrations ont déjà été convaincus aux États-Unis, il sera plus facile aux industries vétérinaires de plaider leur cause auprès des Européens. Mais comme on le sait, l'Europe connaît une énorme surproduction de lait. Des budgets énormes sont consacrés à congeler du beurre et à fabriquer de la poudre. Les prix du lait sont artificiellement gonflés pour soutenir la paysannerie. Alors que faire d'un procédé qui permet de fabriquer plus de lait ? Réponse des industries vétérinaires : fabriquer autant de lait mais avec moins de vaches. Cela serait d'autant plus avantageux qu'il existe une prime à l'abattage, justement à cause de la surproduction. Là où les choses se compliquent encore, c'est que les vaches traitées avec cette hormone, parce qu'elles fabriquent plus de lait, ont besoin d'une nourriture beaucoup plus abondante et plus riche que l'herbe des pâturages normands ou charentais. Il leur faut donc des aliments spéciaux pour animaux, fabriqués industriellement. A partir de soja brésilien par exemple... Cette nouvelle demande de soja provoquera probablement l'extension de la monoculture pour l'exportation au Brésil. Sera-ce au détriment de la polyculture vivrière, aux dépens de la forêt primaire? De toute manière, il en résultera une modification de paysages et d'écosystèmes sur le continent sud-américain. La transformation du paysage rural européen n'est pas moins assurée. Comment évoluera le bocage normand après l'abandon du pâturage? Quelles espèces animales et végétales souffriront ou profiteront de ce changement?

Notons que rien, absolument rien ne *force* les organisations agricoles et les institutions européennes à souscrire au scénario des industries vétérinaires. Presque rien n'empêche des associations de citoyens de la CEE de tenter d'influer sur les décisions des organismes communautaires. Il est clair que les deux parties peuvent avoir leurs experts, leurs scientifiques, leurs agro-techniciens.

Un nouveau procédé pour fabriquer une protéine met donc en jeu un réseau complexe où interagissent des laboratoires pharmaceutiques, leurs appareils, leurs tests et leur ménagerie; mais aussi des microbes, des vaches, des paysans, les herbages normands, la monoculture du soja dans certaines régions du Brésil, les règlements européens, etc.

Ne s'agit-il ici que de rapports entre des hommes? A l'évidence non. Des relations se sont nouées entre hommes, bêtes, microbes, protéines, appareillages scientifiques, lois, règlements, paysages, plantes, écosystèmes, etc. Le but des industries pharmaceutiques est de défaire l'agencement précédent, pour en construire un autre, qui fonctionnerait à leur profit.

Sur quel terrain ces associations sont-elles ourdies ou dénouées? Dans la société? Non, le champ de manœuvre est beaucoup plus vaste que la société. On pourrait nommer *la Terre* ce lieu méta-social; on n'y fait pas de distinction entre les entités selon qu'elles sont inertes ou vivantes, selon que ce sont des hommes ou des choses, selon qu'elles sont petites (microbes) ou grandes (paysages ruraux, écosystèmes)... Le projet de démocratie technique se fonde sur *une anthropologie cosmopolite.*

Le prince moderne ne cesse de court-circuiter les frontières, les séparations et les règles. La démocratie doit faire de même.

Neutralité de la technique?

La technique en général n'est ni bonne, ni mauvaise, ni neutre, ni nécessaire, ni invincible. C'est une dimension, découpée par l'esprit, d'un devenir collectif hétérogène et complexe dans la cité du monde. Mieux on reconnaîtra cela, plus on se rapprochera de l'avènement d'une techno-démocratie.

Le processus de métamorphose sociotechnique était plutôt lent dans la plupart des sociétés du passé, son rythme s'est accéléré depuis deux ou trois siècles, d'abord en Occident et désormais partout. Il possède souvent un caractère épidémique et destructeur pour d'anciens « systèmes techniques » plus ou moins stabilisés et pour les sociétés qui s'étaient organisées autour de ces systèmes; car la « technique », répétons-le, est toujours intimement mêlée aux formes d'organisation sociale, aux institutions, aux religions, aux représentations en général. Les « valeurs » sont contingentes en un sens très profond puisqu'elles sont liées aux stabilisations provisoires de multiples dispositifs matériels et organisationnels, nécessairement susceptibles de réinterprétation, captures et abandons par une multitude de protagonistes. Voilà sans doute pourquoi de nombreux auteurs identifient la technique à l'une des causes essentielles du mal contemporain, ils voient en elle la source de la décadence des valeurs auxquelles ils étaient attachés. Mais la technique n'est qu'une dimension, découpée par l'esprit, de l'ensemble du jeu collectif, celle qui se rapporte aux agencements matériels, celle où se dessinent les connexions physiques du monde humain avec l'univers. Dès lors que l'on réifie cet angle de vue en force autonome on peut lui attribuer magiquement une vie propre, une responsabilité dans les difficultés qui accablent aujourd'hui l'humanité. Mais quelles que soient les horreurs commises par les armes perfectionnées, ou à l'occasion de désastres écologiques, de destructions de milieux de vie traditionnels, ou de l'établissement d'environnements inhumains, c'est la collectivité humaine qui est responsable de tels méfaits à l'encontre d'elle-même et des autres formes vivantes, non une entité extérieure et séparable que l'on pourrait charger de tous les maux, comme une sorte de bouc émissaire conceptuel.

Pour les mêmes raisons qu'il ne faut pas la condamner, il est tout aussi absurde d'encenser la technique. Surtout, ne rien lui demander quant à ce qui se rapporte aux fins ultimes, ne pas trop lui demander, en général. Aucune « solution » ne peut venir de « la technique », mais seulement certaines issues favorables ou défavorables des négociations et conflits auxquels se livrent entre eux agriculteurs, insectes, entreprises, atmosphère, journalistes, syndicats, universités, virus, laboratoires, fleuves, classes sociales, États, macromolécules, associations diverses, organismes internationaux, électrons, etc.

A qui l'observe jour après jour, dans le détail de son déroulement, le processus sociotechnique apparaît comme une multitude de singularités qui se connectent, s'agencent, se détruisent, s'évanouissent et mutent. Les marches régulières, les tendances à long terme, les paradigmes, les macrostructures ne sont que des illusions d'optique rétrospectives, des mises en scène au service d'opérations de capture, ce ne sont à leur tour que des productions temporaires de singularités.

Une fois le prétendu « système technicien » ou « la technique » replongés dans le fleuve du devenir collectif, on peut enfin reconnaître que la dimension instituante est partout présente, au moins en puissance. Se découvre une fois encore la portée politique de cette discussion : plus « la technique » sera conçue comme autonome, séparée, fatale, toute-puissante et d'une essence particulière, moins nous penserons qu'il nous reste de pouvoir. En revanche, mieux nous comprendrons « l'essence de la technique », et plus il apparaîtra clair qu'il y a place pour une techno-démocratie, qu'un large espace reste ouvert à la critique et à l'intervention, ici et maintenant.

A l'époque de la planète unifiée, des conflits mondialisés, du temps accéléré, de l'information déferlante, des médias triomphants et de la technoscience multiforme et omniprésente, qui ne sent qu'il faut repenser les objectifs et les moyens de l'action politique ? La pleine intégration des choix techniques dans le processus de décision démocratique serait un élément clé de la nécessaire mutation du politique. Les sociétés dites démocratiques, si elles méritent leur nom, ont tout intérêt à reconnaître dans les processus sociotechniques des faits politiques majeurs, et à comprendre que l'institution contemporaine du social se fait tout autant dans les organismes scientifiques et les cellules de recherche-développement des grandes entreprises, qu'au Parlement ou dans la rue. On contribue aussi bien à forger la cité du monde en lançant l'annuaire électronique, ou en travaillant aux manipulations génétiques, qu'en votant. Mais cette production du collectif est toujours ambiguë, polysémique, ouverte à l'interprétation. Le minitel français, de grand réseau étatique qu'il était à son lancement, a été rapidement réinterprété par nombre d'usagers comme un support de messagerie interactive où se sont inventées de nouvelles manières de communiquer, mais les messageries elles-mêmes ont été détournées par les marchands d'illusion rose, qui, eux-mêmes, etc.

On aura compris que, d'une certaine manière, la techno-politique *a déjà lieu* dans les réinterprétations, détournements, conflits, alliances et compromis auxquels se livrent les opérateurs du collectif. Pour devenir techno-démocratie, il ne manque à la techno-politique que de se jouer *aussi* sur la scène publique, où les acteurs sont des citoyens égaux, et où la raison du plus fort ne prévaut pas à tous les coups. Renoncer à l'image fausse d'une technoscience autonome, séparée, fatale, toute-puissante, cause du mal ou instrument privilégié du progrès pour y reconnaître une dimension particulière du devenir collectif, c'est mieux comprendre la nature de ce collectif et rendre plus probable l'avènement d'une techno-démocratie. Je ne nourris aucune illusion sur une prétendue *maîtrise* possible du progrès technique, il ne s'agit pas tant de maîtriser ou de prévoir avec certitude que d'*assumer collectivement* un certain nombre de choix. De s'en rendre responsables, tous ensemble. L'*avenir indéterminé* qui est le nôtre en cette fin du XXe siècle doit être affronté les yeux ouverts.

Bibliographie

ALFONSI Philippe, *Au nom de la science*, Barrault-Taxi, Paris, 1989.

CALLON Michel (sous la direction de), *La Science et ses réseaux*, La Découverte, Paris, 1989.

HEIDEGGER Martin, *Essais et conférences* (trad. André Préaux), Gallimard, Paris, 1958.

LATOUR Bruno, *Les Microbes, guerre et paix*, suivi de *Irréductions*, Métailié, Paris, 1984.

LATOUR Bruno, *La Science en action*, La Découverte, 1989.

LATOUR Bruno et WOOLGAR Steeve, *La Vie de laboratoire* (trad. M. Biezunski), La Découverte, Paris, 1988.

PRIGOGINE Illya et STENGERS Isabelle, *La Nouvelle Alliance*, Gallimard, Paris, 2e édition, 1986.

PRIGOGINE Illya et STENGERS Isabelle, *Entre le temps et l'éternité*, Fayard, Paris, 1988.
SERRES Michel (sous la direction de), *Éléments d'histoire des sciences*, Bordas, 1989.
STENGERS Isabelle (sous la direction de), *D'une science à l'autre, des concepts nomades*, Paris, Le Seuil, 1987.
STENGERS Isabelle et SCHLANGER Judith, *Les Concepts scientifiques, invention et pouvoir*, La Découverte, Paris, 1989.

Remerciements

Ce livre a été conçu et partiellement rédigé alors que j'étais professeur invité au département des communications de l'université du Québec à Montréal. Mes collègues montréalais Gilles « Zénon » Maheu, Charles Halary et Jacques Ajenstat m'ont suggéré de bonnes lectures et d'excellentes idées.

Les discussions qui se sont poursuivies aux colloques des Treilles entre les auteurs des *Éléments d'histoire des sciences* (sous la direction de Michel Serres) m'ont amené à réviser ma conception de la technique. Les silences éloquents, puis les encouragements de Bruno Latour ont peut-être eu, à cet égard, un rôle déterminant.

Je remercie particulièrement Isabelle Stengers, qui a inlassablement répondu par des critiques constructives, amicales et détaillées aux textes dont j'ai accablé sa boîte aux lettres.

Ma gratitude, enfin, va à Dominique, qui a tout fait pour faciliter mon travail, dont le soutien ne m'a jamais fait défaut et qui a patiemment relu les versions successives de ce livre en me faisant bénéficier de ses remarques.

Bibliographie générale

[1] ALFONSI Philippe, *Au nom de la science*, Barrault-Taxi, Paris, 1989.

[2] AMBRON Sueann, HOOPER Kristina (sous la direction de), *Interactive Multimedia*, Microsoft Press, Redmond, Washington, 1988.

[3] ANDERSON John R., *Cognitive Psychology and its Implications* (2e édition), W.H. Freeman and Company, New York, 1985.

[4] ANDLER Daniel (sous la direction de), *Une nouvelle science de l'esprit. Intelligence artificielle, sciences cognitives, nature du cerveau.* Numéro spécial de la revue *Le Débat*, n° 47, Gallimard, Paris, 1987.

[5] ANDRÉ-LEICKNAM Béatrice, ZIEGLER Christiane (sous la direction de), *Naissance de l'écriture. Cunéiformes et hiéroglyphes* (catalogue de l'exposition au Grand Palais), Éditions de la Réunion des musées nationaux, Paris, 1982.

[6] BADDELY Alan, *Your Memory : a User's Guide*, McGraw-Hill, Toronto, 1982.

[7] BATESON Gregory, *La Nature et la Pensée*, Le Seuil, Paris, 1984.

[8] BATESON Gregory, *Vers une écologie de l'esprit* (2 vol.), Le Seuil, Paris, 1977-1980.

[9] BLOOR David, *Socio/logie de la logique ou les Limites de l'épistémologie*, Éditions Pandore, Paris, 1982 (1re édition anglaise : *Knowledge and Social Imagery*, Routledge and Kegan Paul, Londres, 1976).

[10] BONNET A., HATON J.-P., TRUONG NGOC J.-M., *Systèmes experts, vers la maîtrise technique*, InterÉditions, Paris, 1986

[11] BOORSTIN Daniel, *Les Découvreurs*, Seghers, Paris, 1986 (1re édition américaine : *The Discoverers*, Random House, New York, 1983).

[12] BOTTERO Jean, *Mésopotamie. L'écriture, la raison et les dieux*, Gallimard, Paris, 1987.

[13] BRANDT Stewart, *Inventing the Future at MIT*, Viking Penguin Inc., New York, 1987.

[14] BRETON Philippe, *Histoire de l'informatique*, La Découverte, Paris, 1987.

[15] CALLON Michel (sous la direction de), *La Science et ses réseaux. Genèse et circulation de faits scientifiques*, La Découverte/Conseil de l'Europe/Unesco, Paris-Strasbourg, 1989.
[16] CASTORIADIS Cornélius, *L'Institution imaginaire de la société*, Le Seuil, Paris, 1975.
[17] *Chaos Computer Club* (sous la direction de Jürgen WIECKMANN), *Danger pirates informatiques*, Plon, Paris, 1989 (édition originale : *Das Chaos Computer* Club, Rowohlt Verlag GmbH, Reinbek bei Hamburg, 1988).
[18] CHESNEAUX Jean, *La Modernité monde*, La Découverte, Paris, 1989.
[19] CHOMSKY Noam, *Règles et représentations*, Flammarion, Paris, 1985 (édition originale : *Rules and Representations*, Columbia University Press, New York, 1980).
[20] CICOUREL Aaron, *La Sociologie cognitive*, PUF, Paris, 1979.
[21] Commission mondiale sur l'environnement et le développement, *Notre avenir à tous* (Rapport Brundtland), Éditions du Fleuve — Les publications du Québec, Montréal, 1988.
[22] CORTEN André, TAHON Marie-Blanche (sous la direction de), *La Radicalité du quotidien. Communauté et informatique*, VLB, Montréal, 1987.
[23] COULON Alain, *L'Ethnométhodologie*, PUF, Paris, 1987.
[24] DEBORD Guy, *Commentaires sur la société du spectacle*, Gallimard, Paris, rééd. 1992.
[25] DEBORD Guy, *La Société du spectacle*, Gallimard, Paris, 1992.
[26] DELEUZE Gilles, GUATTARI Félix, *Mille Plateaux. Capitalisme et schizophrénie*, Minuit, Paris, 1980.
[27] DELEUZE Gilles, *Le Pli. Leibniz et le baroque*, Minuit, Paris, 1988.
[28] DENIS Michel, *Image et cognition*, PUF, Paris, 1989.
[29] *Dix ans de tableur*, dossier *in Sciences et vie micro*, n° 68, janvier 1990.
[30] DOUGLAS Mary, *Ainsi pensent les institutions*, Usher, Paris, 1989 (édition originale : *How Institutions Think*, Syracuse University Press, Syracuse, New York, 1986).
[31] DURAND Jean-Pierre, LÉVY Pierre et WEISSBERG Jean-Louis, *Guide de l'informatisation. Informatique et société*, Belin, Paris, 1987.
[32] EISENSTEIN Elisabeth, *The Printing Revolution in Early Modern Europe*, Cambridge University Press, Cambridge/Londres/New York, 1983 (traduction française à paraître à La Découverte, Paris, 1991).
[33] ELLUL Jacques, *La Technique ou l'Enjeu du siècle*, Armand Colin, Paris, 1954.
[34] ELLUL Jacques, *Le Bluff technologique*, Hachette, Paris,1988.
[35] ELLUL Jacques, *Le Système technicien*, Calmann-Lévy, Paris, 1977.
[36] FEYERABEND Paul, *Adieu la raison*, Le Seuil, Paris, 1989 (édition originale : *Farewell to Reason*, Verso, Londres, 1987).
[37] FODOR Jerry, *La Modularité de l'esprit. Essai sur la psychologie des facultés*, Minuit, Paris, 1986 (édition originale : *The modularity of Mind. An Essay on Faculty Psychology*, MIT Press, Cambridge, Massachusetts, 1983).
[38] GANASCIA Jean Gabriel, *L'Âme machine. Les enjeux de l'intelligence artificielle*, Le Seuil, Paris, 1990.

[39] GARDNER Howard, *Frames of Mind : The Idea of Multiple Intelligence*, Basic Books, New York, 1983.
[40] GARDNER Howard, *The Mind's New Science. A History of the Cognitive Révolution*, Basic Books, New York, 1985.
[41] GARFINKEL Harold, *Studies in Ethnomethodology*, Prentice Hall, Engelwood Cliffs, New Jersey, 1967.
[42] GOLDSTINE Hermann, *The Computer from Pascal to von Neumann*, Princeton University Press, Princeton, New Jersey, 1972.
[43] GOODY Jack, *La Logique de l'écriture : aux origines des sociétés humaines*, Armand Colin, Paris, 1986.
[44] GOODY Jack, *La Raison graphique : la domestication de la pensée sauvage*, Minuit, Paris, 1979.
[45] GRAS Alain, POIROT-DELPECH Sophie (sous la direction de), *L'Imaginaire des techniques de pointe*, L'Harmattan, Paris, 1989.
[46] *Groupware*, dossier de la revue *Byte*, décembre 1988.
[47] GUATTARI Félix, *Cartographies schizoanalytiques*, Galilée, Paris, 1989.
[48] GUATTARI Félix, *Les Trois Écologies*, Galilée, Paris, 1989.
[49] GUINDON Raimonde (sous la direction de), *Cognitive Science and its Application for Human-Computer Interaction*, Laurence Erlbaum, Hillsdale, New Jersey, 1988.
[50] HAVELOCK Eric A., *Aux origines de la civilisation écrite en Occident*, Maspero, Paris, 1981.
[51] HAVELOCK Eric A., *The Muse Learns to Write : Reflections on Orality and Litteracy from Antiquity to the Present*, Yale University Press, New Haven, Connecticut/Londres, 1986.
[52] HEIDEGGER Martin, *Essais et conférences* (trad André Préaux), Gallimard, Paris, 1958.
[53] HENRI Michel, *La Barbarie*, Grasset, Paris, 1987.
[54] HOTTOIS Gilbert, *Le Signe et la Technique*, Aubier, Paris, 1984.
[55] *Hypertext*, dossier de la revue *Byte*, octobre 1988.
[56] ILLICH Ivan, SANDERS Barry, *ABC, l'alphabétisation de l'esprit populaire*, La Découverte, Paris, 1990. (Contient une très importante bibliographie sur le rapport entre l'oralité, l'écriture et la culture.)
[57] JANICAUD Dominique, *La Puissance du rationnel*, Gallimard, Paris, 1985.
[58] JOHNSON-LAIRD Philip N., *Mental Models*, Harvard University Press, Cambridge, Massachusetts, 1983.
[59] *La Recherche en intelligence artificielle*, VANDEGINSTE Pierre (articles réunis par), Le Seuil, Paris,1987.
[60] *La Techno-Démocratie, mode d'emploi*, dossier de la revue *Esprit*, numéro d'août-septembre 1983.
[61] LAFONT Robert (sous la direction de), *Anthropologie de l'écriture*, CCI du Centre Georges-Pompidou, Paris, 1984.
[62] LAMBERT Steve et ROPIEQUET Suzanne (sous la direction de), *CD ROM, the New Papyrus*, Microsoft Press, Redmond, WA., 1986. (Contient la reproduction du texte de Vannevar BUSH « As we may think » originellement paru dans *The Atlantic Monthly* en 1945.)
[63] LANDRETH Bill, *Out of the Inner Circle* (2e édition), Tempus Books, Microsoft Press, Redmond, Washington, 1989.

[64] LATOUR Bruno (sous la direction de), *Les Vues de l'esprit*, n° 14 de la revue *Culture technique*, juin 1985.
[65] LATOUR Bruno, *Les Microbes. Guerre et paix*, suivi de *Irréductions*, Anne-Marie Métailié, Paris, 1984.
[66] LATOUR Bruno, WOOLGAR Steve, *La Vie de laboratoire. La production des faits scientifiques*, La Découverte, Paris, 1988 (édition originale : *Laboratory Life. The Construction of Scientific Facts*, Sage Publications, Londres, 1979).
[67] LATOUR Bruno, *La Science en action*, La Découverte, Paris, 1989 (édition originale : *Science in Action*, Open University Press, Londres, 1987).
[68] LE MOIGNE Jean-Louis (sous la direction de), *Intelligence des mécanismes, mécanismes de l'intelligence*, Fayard /Fondation Diderot, Paris, 1986.
[69] LEROI-GOURHAN André, *Le Geste et la parole*, vol. 1 et 2, Albin Michel, Paris, 1964.
[70] LÉVY Pierre, « L'invention de l'ordinateur », *in Éléments d'histoire des sciences*, sous la direction de Michel SERRES, Bordas, 1989.
[71] LÉVY Pierre, *La Machine univers. Création, cognition et culture informatique*, La Découverte, Paris, 1987, et Le Seuil, coll. « Points Sciences », Paris, 1992.
[72] LIGONNIÈRE Robert, *Préhistoire et histoire des ordinateurs*, Robert Laffont, Paris, 1987.
[73] MARCHAND Marie, *La Grande Aventure du minitel*, Larousse, Paris, 1988.
[74] MATURANA Humberto, VARELA Francisco, *The Tree of Knowledge*, New Science Library, 1987.
[75] McCLELLAND James L., RUMELHART David E. (sous la direction de), *Parallel Distributed Processing. Explorations in the Microstructures of Cognition* (en deux volumes), MIT Press, Cambridge, Massachusetts/Londres, 1986.
[76] McLUHAN Marshall, *La Galaxie Gutenberg. Face à l'ère électronique*, Éditions H.M.H. Ltée, Montréal, 1967.
[77] McNEILL William, *The Pursuit of Power Technology : Armed Forces and Society since A.D.1000*, University of Chicago Press, Chicago, 1982.
[78] MIÈGE Bernard, *La Société conquise par la communication*, Presses universitaires de Grenoble, 1989.
[79] MINSKY Marvin, *La Société de l'esprit*, InterÉditions, 1988 (édition originale : *The Society of Mind*, Simon and Schuster, New York, 1986).
[80] MORIN Edgar, *La Méthode*. Tome 3 : *La Connaissance de la connaissance*. Livre premier : *Anthropologie de la connaissance*. Le Seuil, Paris, 1986.
[81] MUMFORD Lewis, *Technique et civilisation*, Le Seuil, Paris, 1950.
[82] ONG Walter, *Orality and Litteracy : the Technologising of the Word*, Methuen, Londres/New York, 1982.
[83] ONG Walter, *Method and the Decay of the Dialogue*, Harvard University Press, Cambridge, Massachusetts, 1958.
[84] PAPERT Seymour, *Jaillissement de l'esprit. Ordinateurs et apprentissage*, Flammarion, 1981 (édition Américaine : Basic Books 1980).

[85] PARRY Adam (ed.), *The Making of the Homeric Verse : The Collected Papers of Milman Parry*, Oxford, The Clarendon Press, 1971.
[86] PRIGOGINE Illya, STENGERS Isabelle, *La Nouvelle Alliance* (2e édition), Gallimard, Paris, 1986.
[87] PRIGOGINE Illya, STENGERS Isabelle, *Entre le temps et l'éternité*, Fayard, Paris, 1988.
[88] QUÉRÉ Louis, *Des miroirs équivoques*, Aubier-Montaigne, Paris, 1982.
[89] RASTIER François, *Sémantique interprétative*, PUF, Paris, 1987.
[90] SCHANK Roger, *The Cognitive Computer*, Addison-Wesley Reading, Massachusetts, 1984.
[91] SCHLANGER Judith, *Les Métaphores de l'organisme*, Vrin, Paris, 1971.
[92] SCHLANGER Judith, STENGERS Isabelle, *Les Concepts scientifiques. Invention et pouvoir*, La Découverte, Paris, 1988.
[93] SERRES Michel, *Le Parasite*, Grasset, Paris, 1980.
[94] SERRES Michel, *Statues*, François Bourin, Paris, 1987.
[95] SERRES Michel (sous la direction de), *Éléments d'histoire des sciences*, Bordas, Paris, 1989.
[96] SERRES Michel, « Gnomon », *in Éléments d'histoire des sciences* (sous la direction de Michel Serres), Bordas, Paris, 1989.
[97] SERRES Michel, *Hermes IV. La distribution*, Minuit, Paris, 1977.
[98] SIBONY Daniel, *Entre dire et faire, penser la technique*, Grasset, Paris, 1989.
[99] SIMONDON Gilbert, *Du mode d'existence des objets techniques*, Aubier, Paris, 1958.
[100] SIMONDON Gilbert, *L'Individuation psychique et collective*, Aubier, Paris, 1989.
[101] SPERBER Dan, « Anthropology and Psychology : towards an Epidemiology of Representations », *Man* (N.S.), 20, 73-89.
[102] SPERBER Dan, WILSON Deirdre, *La Pertinence. Communication et cognition*, Minuit, Paris, 1989.
[103] STENGERS Isabelle (sous la direction de), *D'une science à l'autre, des concepts nomades*, Paris, Seuil, 1987
[104] STILLINGS Neil *et al.*, *Cognitive Science. An Introduction*, MIT Press, Cambridge, Massachusetts, 1987.
[105] SVENBRO Jesper, *Phrasikleia. Anthropologie de la lecture en Grèce ancienne*, La Découverte, Paris, 1988.
[106] TURKLE Sherry, *Les Enfants de l'ordinateur*, Denoël, 1986 (édition originale : *The Second Self*, Simon and Schuster, New York, 1984).
[107] VARELA Francisco J., *Autonomie et connaissance. Essai sur le vivant*, Le Seuil, Paris,1989.
[108] VATTIMO Gianni, *Les Aventures de la différence*, Minuit, Paris, 1985.
[109] VIRILIO Paul, *L'Espace critique*, Galilée, Paris, 1987.
[110] WATZLAVICK Paul, HELMICK BEAVIN Janet, JACKSON Don D., *Une logique de la communication*, Le Seuil, 1972.
[111] WEISSBERG Jean-Louis (sous la direction de), *Les Chemins du virtuel. Simulation informatique et création industrielle*, numéro spécial des *Cahiers du CCI*, Paris, avril 1989.

[112] WINKIN Yves (textes recueillis et présentés par), *La Nouvelle Communication*, Le Seuil, Paris, 1981.
[113] WINOGRAD Terry et FLORES Fernando, *L'Intelligence artificielle en question*, PUF, 1988 (édition originale : *Understanding Computers and Cognition*, Ablex, Norwood, New Jersey, 1986).
[114] YATES Frances, *L'Art de la mémoire*, Gallimard, Paris, 1975 (édition originale : *The Art of Memory*, Routledge and Kegan Paul, Londres, 1966).
[115] YOUNG Jeffrey S., *Steve Jobs, un destin fulgurant*, Éditions Micro Application, 58, rue du Fbg-Poissonnière, 75010 Paris, 1989 (édition originale : *Steve Jobs. The Journey is the Reward*, Scott Foresman and Compagny, New York,1987).

Signalons enfin l'excellente revue *Terminal, informatique, culture, société*, 18, rue de Châtillon, 75014 Paris. (Plus de cinquante numéros parus.)

Table

II. Les trois temps de l'esprit : l'oralité primaire, l'écriture et l'informatique

III. VERS UNE ÉCOLOGIE COGNITIVE

IMPRIMERIE HÉRISSEY À ÉVREUX (EURE)
DÉPÔT LÉGAL : MARS 1993. N° 13091 (60600)

Collection Points

SÉRIE SCIENCES

dirigée par Jean-Marc Lévy-Leblond et Nicolas Witkowski

S1. La Recherche en biologie moléculaire
ouvrage collectif
S2. Des astres, de la vie et des hommes
par Robert Jastrow (épuisé)
S3. (Auto)critique de la science
par Alain Jaubert et Jean-Marc Lévy-Leblond
S4. Le Dossier électronucléaire
par le syndicat CFDT de l'Énergie atomique
S5. Une révolution dans les sciences de la Terre
par Anthony Hallam
S6. Jeux avec l'infini, *par Rózsa Péter*
S7. La Recherche en astrophysique
ouvrage collectif (nouvelle édition)
S8. La Recherche en neurobiologie (épuisé)
(voir nouvelle édition, S 57)
S9. La Science chinoise et l'Occident
par Joseph Needham
S10. Les Origines de la vie, *par Joël de Rosnay*
S11. Échec et Maths, *par Stella Baruk*
S12. L'Oreille et le Langage, *par Alfred Tomatis* (nouvelle édition)
S13. Les Énergies du Soleil, *par Pierre Audibert*
en collaboration avec Danielle Rouard
S14. Cosmic Connection ou l'appel des étoiles, *par Carl Sagan*
S15. Les Ingénieurs de la Renaissance, *par Bertrand Gille*
S16. La Vie de la cellule à l'homme, *par Max de Ceccatty*
S17. La Recherche en éthologie, *ouvrage collectif*
S18. Le Darwinisme aujourd'hui, *ouvrage collectif*
S19. Einstein, créateur et rebelle, *par Banesh Hoffmann*
S20. Les Trois Premières Minutes de l'Univers
par Steven Weinberg
S21. Les Nombres et leurs mystères
par André Warusfel
S22. La Recherche sur les énergies nouvelles
ouvrage collectif
S23. La Nature de la physique, *par Richard Feynman*
S24. La Matière aujourd'hui, *par Émile Noël et alii*
S25. La Recherche sur les grandes maladies
ouvrage collectif
S26. L'Étrange Histoire des quanta
par Banesh Hoffmann et Michel Paty
S27. Éloge de la différence, *par Albert Jacquard*
S28. La Lumière, *par Bernard Maitte*

S29. Penser les mathématiques, *ouvrage collectif*
S30. La Recherche sur le cancer, *ouvrage collectif*
S31. L'Énergie verte, *par Laurent Piermont*
S32. Naissance de l'homme, *par Robert Clarke*
S33. Recherche et Technologie
Actes du Colloque national
S34. La Recherche en physique nucléaire
ouvrage collectif
S35. Marie Curie, *par Robert Reid*
S36. L'Espace et le Temps aujourd'hui, *ouvrage collectif*
S37. La Recherche en histoire des sciences
ouvrage collectif
S38. Petite Logique des forces, *par Paul Sandori*
S39. L'Esprit de sel, *par Jean-Marc Lévy-Leblond*
S40. Le Dossier de l'Énergie
par le Groupe confédéral Énergie (CFDT)
S41. Comprendre notre cerveau
par Jacques-Michel Robert
S42. La Radioactivité artificielle
par Monique Bordry et Pierre Radvanyi
S43. Darwin et les Grandes Énigmes de la vie
par Stephen Jay Gould
S44. Au péril de la science ?, *par Albert Jacquard*
S45. La Recherche sur la génétique et l'hérédité
ouvrage collectif
S46. Le Monde quantique, *ouvrage collectif*
S47. Une histoire de la physique et de la chimie
par Jean Rosmorduc
S48. Le Fil du temps, *par André Leroi-Gourhan*
S49. Une histoire des mathématiques
par Amy Dahan-Dalmedico et Jeanne Peiffer
S50. Les Structures du hasard, *par Jean-Louis Boursin*
S51. Entre le cristal et la fumée, *par Henri Atlan*
S52. La Recherche en intelligence artificielle
ouvrage collectif
S53. Le Calcul, l'Imprévu, *par Ivar Ekeland*
S54. Le Sexe et l'Innovation, *par André Langaney*
S55. Patience dans l'azur, *par Hubert Reeves*
S56. Contre la méthode, *par Paul Feyerabend*
S57. La Recherche en neurobiologie, *ouvrage collectif*
S58. La Recherche en paléontologie, *ouvrage collectif*
S59. La Symétrie aujourd'hui, *ouvrage collectif*
S60. Le Paranormal, *par Henri Broch*
S61. Petit Guide du ciel, *par A. Jouin et B. Pellequer*
S62. Une histoire de l'astronomie, *par Jean-Pierre Verdet*
S63. L'Homme re-naturé, *par Jean-Marie Pelt*
S64. Science avec conscience, *par Edgar Morin*
S65. Une histoire de l'informatique, *par Philippe Breton*
S66. Une histoire de la géologie, *par Gabriel Gohau*

S67. Une histoire des techniques, *par Bruno Jacomy*
S68. L'Héritage de la liberté, *par Albert Jacquard*
S69. Le Hasard aujourd'hui, *ouvrage collectif*
S70. L'Évolution humaine, *par Roger Lewin*
S71. Quand les poules auront des dents
par Stephen Jay Gould
S72. La Recherche sur les origines de l'univers, *par La Recherche*
S73. L'Aventure du vivant, *par Joël de Rosnay*
S74. Invitation à la philosophie des sciences
par Bruno Jarrosson
S75. La Mémoire de la Terre, *ouvrage collectif*
S76. Quoi ! C'est ça, le Big-Bang ?, *par Sidney Harris*
S77. Des technologies pour demain, *ouvrage collectif*
S78. Physique quantique et Représentation du monde
par Erwin Schrodinger
S79. La Machine univers, *par Pierre Lévy*
S80. Chaos et Déterminisme, *textes présentés et réunis par A. Dahan Dalmedico, J.-L. Chabert et K. Chemla*
S81. Une histoire de la raison, *par François Châtelet (entretiens avec Émile Noël)*
S82. Galilée, *par Ludovico Geymonat*
S83. L'Age du capitaine, *par Stella Baruk*
S84. L'Heure de s'enivrer, *par Hubert Reeves*
S85. Les Trous noirs, *par Jean-Pierre Luminet*
S86. Lumière et Matière, *par Richard Feynman*
S87. Le Sourire du flamant rose, *par Stephen Jay Gould*
S88. L'Homme et le Climat, *par Jacques Labeyrie*
S89. Invitation à la science de l'écologie, *par Paul Colinvaux*
S90. Les Technologies de l'intelligence, *par Pierre Lévy*